Nt
1122.

(par Beverley.)

AVIS.

Thomas Lombrail, Libraire d'Amsterdam, reçoit regulierement tous les Mois les *Acta Eruditorum* de Leipsic. Le même Libraire vend ce Journal complet, & par années ou par mois separément.

PREFACE
de l'Auteur.

Tout le monde fait que les Voiageurs font plus foupçonnez que le refte des hommes, de manquer de fincerité, non feulement en particulier, quand ils raifonnent de leurs Voiages; mais auffi dans les Relations imprimées, dont ils infectent le Public, & qui contribuent quelquefois à ruiner leurs Libraires. En effet, il n'y a point de Livres, aux Légendes près, qui foient fi remplis d'Avantures Poëtiques & de Fables, que les Voiages; & plus les Païs, que ces Auteurs privilegiez décrivent, font éloignez; plus ils en impofent au Monde. Mais on peut dire que les François font plus coupables à cet égard, que les autres; & que ce défaut vient du genie de leur Nation, qui fe plait aux Romans & à l'Hyperbole. Ils aiment à répandre leur gaieté naturelle fur tous les fujets qu'ils manient, & à les habiller, pour ainfi dire, à la mode galante de leur Païs, dans l'efperance qu'ils en feront plus agréables aux Lecteurs. Il n'en eft pas de même des Anglois, qui s'attachent plus à la vraifemblance, lors qu'ils inventent, & qui préferent la fincerité à tous ces ornemens ridicules.

Malgré tout cela, je ne doute point que mon Livre ne foit taxé du même vice que je reproche aux autres, & que ma reputation ne foit ex-

PREFACE.

exposée, à l'exemple de celle des femmes, pour les pechez de ma Confrerie. Mais tout ce que je demande à mes Lecteurs, c'est qu'ils ne me condamnent pas, sans avoir de bonnes preuves, ou du moins des soupçons légitimes, & alors je me flate qu'ils me justifieront pleinement. Si mon témoignage étoit recevable dans ma propre cause, je pourrois protester avec toute la sincerité possible, que je ne sache pas d'avoir rien avancé de faux. Il est même à craindre, qu'on ne m'accuse d'avoir dit trop de veritez, & si j'ai commis quelque erreur à cet égard, malgré tous les soins que j'ai pris pour n'y pas tomber, j'espere que le Public, tout peu charitable qu'il est, me pardonnera ces fautes involontaires.

Si j'étois assez heureux pour m'attirer la créance de mes Lecteurs, je les supplierois encore de n'examiner pas mon Style en Critiques trop rigides. Je suis né aux Indes, & je n'aspire pas à la pureté du Langage : mais je me flate que mon impolitesse à cet égard, leur donnera des impressions plus favorables de la sincerité, à laquelle je prétens. La Verité ne cherche qu'à se faire entendre, sans se mettre en peine de la richesse des atours & de la parure. Elle ne compte que sur sa propre valeur intrinseque, & semblable à la Beauté, elle est plûtôt obscurcie, que relevée, par les ornemens.

Je m'étonne qu'aucun de mes Compatriotes n'ait publié jusques-ici une Relation passable de nos Colonies, & qu'il n'en ait paru que certaines Descriptions générales, qui avoient plûtôt en vûë le profit du Libraire que l'instruction du Public. S'il est permis de juger des autres, par celles qu'on a données de la Virginie, j'ose dire qu'il n'y en a pas une seule de vraie, ni même de bien inventée.

On

PREFACE.

On peut comparer ces Relations à ces méchans Portraits, qui ressemblent plûtôt à toute autre Personne, qu'à celles que le Peintre a voulu tirer. Pour moi, j'ai tâché d'atraper la Ressemblance, quoi que mon Coloris n'ait peut-être pas toute la force & la beauté que je souhaiterois.

Voici la Méthode que j'ai observée dans cet Ouvrage. Il est divisé en quatre Livres, dont le premier contient une Histoire Chronologique de tous les évenemens qu'il y a eus en Virginie, depuis que les Anglois s'y sont établis. J'y parle de toutes les Guerres que nous avons soutenuës contre les Indiens, & des causes qui les ont produites; de tous les Massacres & des autres infortunes, dont leur esprit vindicatif a été la source. J'y fais un détail exact de tous les Gouverneurs qu'on y a envoiez d'Angleterre, de leur administration, & des principaux Actes que l'Assemblée générale y a passez de leur tems. A l'égard de cet Article, j'ai eu soin de ne rien dire, que je ne puisse prouver par des témoignages authentiques: de sorte que si j'ai pris la liberté d'exposer aux yeux du Public les malversations de quelques uns d'entr'eux, c'est leur faute, & non pas la mienne. S'il y a des Hommes qui se plaisent à être injustes, à tenir une conduite opposée aux ordres de leurs Princes, à violer toutes les Loix d'un Païs, & à opprimer le Peuple, il est bon qu'ils soient connus & qu'ils deviennent l'horreur de tout le Genre Humain.

Le second Livre traite des Productions naturelles du Païs, & de l'état où les Anglois le trouverent à leur arrivée. C'est un sujet fort abondant, mais sensible au peu de connoissance que j'ai des ouvrages de la Nature, je ne l'ai pas touché dans toute l'étenduë qu'il mérite. Avec tout cela, je me

PREFACE.

flate d'en avoir assez dit, pour fournir l'occasion à d'autres de nous en donner une histoire plus complette. Il n'y a pas long temps que la mort nous a enlevé Mr. Banister, qui travailloit à une Histoire Naturelle de la Virginie, & qui avoit des talens extraordinaires pour y réüssir. Je ne doute pas que s'il eut vécu quelques années de plus, il n'eut rendu justice à ce charmant Païs, & qu'il ne l'eut décrit dans toute sa beauté naturelle.

Le troisieme Livre renferme un détail exact de tout ce qui regarde les Indiens, de leur Religion, de leurs Coûtumes & de leur Gouvernement. J'y ai inseré quatorze Planches de cuivre, dont les desseins ont été tirez d'après nature, pour donner une plus juste idée de leurs habits & de leurs manieres. Je me suis fait ici un devoir, comme dans tout le reste de l'Ouvrage, de ne rien avancer, que je ne puisse justifier par ma propre connoissance, ou par le témoignage de personnes dignes de foi.

Enfin, dans le quatrieme & dernier Livre je parle de la forme du Gouvernement que les Anglois y ont introduite, de tous les Officiers publics, de leurs fonctions & de leurs salaires. J'y raporte bon nombre de leurs Loix, & les procedures qu'on y observe dans l'administration de la Justice. J'y fais voir aussi le peu de soin que les Anglois ont eu d'y établir des Manufactures, & les avantages qu'ils en pourroient tirer, s'ils y emploioient quelque industrie. D'ailleurs, j'ai tâché de n'être point partial, & d'exposer naivement les incommoditez, de même que les avantages du Païs de ma naissance.

Voila en peu de mots ce que je traite dans cette Histoire: je m'estimerai fort heureux, si mes Lecteurs y trouvent toute la satisfaction que je me suis proposée de leur donner.

HISTOIRE DE LA VIRGINIE.

LIVRE PREMIER.

Où l'on donne une Histoire Chronologique de ce qui est arrivé de plus considerable en *Virginie*, depuis le premier établissement que les *Anglois* y firent en l'année 1585. jusques en 1700.

CHAPITRE I.

Où l'on raporte ce qui se passa dans les premieres tentatives que les Anglois *firent pour s'établir à la* Virginie, *avant qu'ils eussent découvert la Baye de* Chesapeak.

I. Tous ceux qui ont lu le Livre incomparable du Chevalier *Walter Raleigh*, qui a pour titre *L'Histoire du Monde*, peu-

peuvent s'apercevoir que ce brave & savant Chevalier avoit fait sur l'état de nôtre Terre des reflexions plus profondes & plus serieuses, que la plûpart des hommes de son tems. Ces idées qu'il en avoit, jointes aux Relations qui couroient alors en *Europe* à l'égard de l'*Amerique* ; à ce qui se disoit de la beauté naturelle & des grandes richesses de cette Partie du Monde ; & à ce qu'on publioit des profits immenses que les *Espagnols* retiroient d'une ou deux petites Colonies qu'ils y avoient établies, le determinérent à tenter de nouvelles découvertes dans ce Païs-là.

Il n'eut pas plûtôt formé ce projet, qu'en l'année 1583. il engagea diverses personnes de mérite, & qui avoient de grands biens, à concourir avec lui dans une Expedition de cette importance : & pour les y attacher plus fortement, il obtint de la Reine *Elizabet* des Lettres Patentes, datées du 25. *Mars* 1584. par lesquelles toutes leurs découvertes devoient tourner à leur propre avantage.

II. Au Mois d'*Avril* suivant, ils expedierent deux petits Vaisseaux, sous les ordres des Capitaines *Philippe Amidas*, & *Arthur Barlow* ; qui, après un heureux Voiage, mouillerent à l'entrée de *Roenoke*, qui est aujourd'hui sous le Gouvernement de la *Caroline* Septentrionale. Ces Avanturiers firent un bon troc avec les *Indiens*, & à leur retour, charmez de leur profit & de toutes les nouveautez surprenantes qu'ils avoient vûes, ils donnerent une relation fort avantageuse du Païs. Le terroir y étoit si fertile & si bon, le Climat si doux & si temperé, la Campagne si riante; en un mot, tout y étoit si agréable, qu'on auroit dit, à les entendre, qu'on y trouvoit le Paradis terrestre dans sa premiere beauté.

Ils raporterent qu'il y avoit une grande varieté d'excellens Fruits, & de quelques especes qu'ils n'avoient jamais vûes ailleurs; qu'il y avoit plus de raisins qu'aucune autre part du Monde connu; de gros Chênes, & d'autres Arbres de haute futaye; des Cédres rouges, des Cyprès, des Pins & plusieurs Arbres de cette nature qui étoient toûjours verds, & du Bois de senteur; que leurs tiges étoient les plus grosses & les plus hautes, dont ils eussent jamais entendu parler : qu'on y trouvoit enfin des Oiseaux sauvages, du Poisson, des Bêtes fauves & autre Gibier en si grande abondance, que l'*Epicurien* le plus délicat ne pouvoit rien souhaiter là-dessus, que ce nouveau Monde ne pût lui fournir.

Pour donner même plus d'envie de connoitre ce Païs, ils affurerent que les *Indiens* étoient fi afables & d'un fi bon naturel; fi peu inftruits des Arts & des Sciences; fi éloignez de toute forte de politique & de rufes; d'une fi grande fimplicité & fi avides de la compagnie des *Anglois*: qu'ils reffembloient plûtôt à de la Cire molle, propre à recevoir toute forte d'impreffions, qu'à des gens capables de s'oppofer à l'établiffement des *Anglois* dans leur voifinage. Ils repréfenterent que c'étoit un beau champ ouvert à la bonne Reine *Elizabet*, pour y planter l'Evangile & pour étendre fa Domination; & que la Providence, qui avoit fait échouer toutes les tentatives précedentes, fembloit avoir refervé le fuccès de cette entreprife à Sa Majefté. Pour s'attirer d'ailleurs plus de créance, ils amenerent deux *Indiens*, dont l'un s'apelloit *Wanchefe*, & l'autre *Manteo*.

III. La Reine fut fi charmée de leur recit, qu'elle approuva le deffein, & qu'elle concourut à fon execution, autant que la guerre, où elle étoit engagée avec l'*Efpagne*, le lui pouvoit permettre. Dans cette vûe, elle honora ce nouveau Païs du nom de *Virginie*, foit parce qu'on l'avoit découvert fous fon regne, & qu'elle étoit

étoit Vierge ; soit parce que le Païs même & ses habitans sembloient retenir encore la pureté, l'abondance & la simplicité de la premiere création. Du moins, les *Indiens* ne paroissoient pas adonnez à la débauche, ni au luxe, qui avoient corrompu le reste des hommes ; leurs mains n'étoient pas endurcies au travail, & leurs esprits n'étoient pas rongez du desir d'accumuler des richesses. Ils n'avoient point de bornes à leurs terres, ni du Bêtail en propre ; & ils sembloient n'avoir aucune part à la premiere malediction, qui condamne les hommes * *à gagner leur pain à la sueur de leur visage* : La Pêche & la Chasse fournissoient à tous leurs besoins ; ils ne se couvroient que de peaux, dont ils pouvoient même se passer dix Mois de l'Année ; ils mangeoient des Fruits de la terre, sans y employer aucun travail ; & à l'abri de la necessité présente, ils vivoient du jour à la journée, sans inquietude pour l'avenir.

IV. Cette relation fut appuyée par le témoignage de divers Marchands, qui écrivoient du *Mexique* & du *Perou* à leurs Correspondans en *Espagne*, & qui ne leur parloient que des trésors immenses de ces

* Gen. III. 17.

Païs-là. Quelques Vaisseaux de Sa Majesté avoient trouvé ces Lettres à bord des Galions *Espagnols*, qu'ils prirent & qui étoient richement chargez. Ceci ne contribua pas peu à exciter les *Anglois* à faire de nouvelles découvertes, & à ne rien oublier jusqu'à ce qu'ils en fussent venus à bout. Dès le Printems de l'Année 1585. le Chevalier *Richard Greenvile*, un des principaux associez du Chevalier *Raleigh*, se mit en Mer avec sept Vaisseaux bien pourvus de vivres, d'armes & de munition, & un certain nombre d'hommes qui devoient servir à faire un établissement : resolu de pousser plus loin la découverte, il prit avec lui les deux *Indiens*, & il arriva vers la fin du Mois de *Mai* au même endroit, où les *Anglois* avoient debarqué l'Année précedente : Il y sema des Pois & des Féves, & il les vit croître d'une maniere merveilleuse, au bout de deux Mois ou environ qu'il s'y arrêta. Après avoir fait quelques petites découvertes au Sud du Détroit, & chargé des Peaux, des Fourrures, des Perles, & autres raretez du Païs, qu'il eut en troc pour des choses de peu de valeur, il repartit pour l'*Angleterre*, & il laissa cent-huit hommes à *Roenoke*, sous le commandement de *Ralph Lane*, pour s'assurer de la possession de cette Isle. V.

V. Auſſi tôt que le Chevalier *Greenvile* eut fait voiles, ces hommes, impatiens d'obéïr à ſes ordres, ſe mirent en campagne pour découvrir le Païs. Ils allerent de tous côtez avec un peu trop d'indiſcretion, & ils ſe rendirent par là ſuſpects aux *Indiens*, qui après en avoir tué pluſieurs de ceux qui s'étoient éloignez des autres, n'auroient pas manqué de les détruire tous, ſi l'on n'avoit heureuſement prévenu l'effet de leurs complots. Cette avanture obligea les *Anglois*, qui juſques-là s'étoient trop repoſez ſur l'innocence & la ſimplicité des Naturels du Païs, à ſe tenir mieux ſur leurs gardes, & à ne s'écarter pas beaucoup, ſans être bien armez.

Les *Indiens*, après avoir joüé ce mauvais tour, n'obſervérent plus la bonne foi avec ces *Anglois*. Comme ils étoient d'un naturel ſoupçonneux & vindicatif, ils crurent que ceux-ci ne leur pardonneroient jamais; & dans cette crainte, qui venoit de leur poltronnerie, ils ne penſoient qu'à leur faire du mal.

Avec tout cela, les *Anglois* continuerent à pouſſer leurs découvertes; mais ils y aportérent plus de précaution qu'ils n'en avoient eu d'abord, & ils retinrent les *Indiens* dans quelque ſorte de reſpect, en leur diſant qu'ils attendoient un nouveau secours d'hommes & de vivres. Avant que le froid de l'Hiver fut devenu incommode, ils avoient étendu leurs découvertes le long de la Côte près de cent Miles au Nord; mais sans avoir trouvé aucun bon Havre, parce qu'ils ne poussèrent pas jusques au Cap Meridional de la Baye de *Chesapeak* en *Virginie*.

VI. Ils se maintinrent assez bien durant l'Hiver, jusques au Mois d'*Août*; mais peu accoutumez à la maniere de vivre des *Indiens*, & dépourvus des instrumens necessaires pour la Chasse & pour la Pêche, ils se virent alors reduits dans une grande extrémité, faute de provisions. D'ailleurs, brouillez qu'ils étoient avec les Naturels du Païs, ils appréhendérent de s'attirer leur mépris & d'éprouver leur barbarie, sur ce qu'ils n'avoient pas reçu le secours qu'ils attendoient au Printems, & dont ils avoient fait tant de bruit.

Tout ce qu'ils purent faire au milieu de ces desastres, ce fut d'avoir l'œil au guet du côté de la Mer, pour voir s'ils découvriroient quelque moien de s'échaper, ou de subvenir à leurs besoins. Le Mois d'*Août* n'étoit pas écoulé, qu'ils eurent la joie & la satisfaction de voir paroitre la Flote du Chevalier *François Drake*, composée de vingt-trois Vaisseaux, que Sa Ma-

Majesté envoioit sur les Côtes de l'*Amerique*, pour y surprendre les Galions d'*Espagne*. Cet Amiral avoit ordre de toucher à cette Plantation, & de fournir aux *Anglois*, qui s'y étoient habituez, tout le secours, dont ils auroient besoin. Ils le prierent donc de leur acorder un nouveau renfort d'hommes, & des vivres, avec une Fregate & quelques Bateaux, afin de s'en servir dans l'occasion, & de se pouvoir embarquer pour l'*Angleterre* en cas de malheur. Le Chevalier *Drake* ordonna d'abord qu'on préparât le petit Vaisseau qu'ils demandoient, & qu'on le remplît de toute sorte de munitions pour un long séjour; mais pendant qu'on y travailloit, une grosse tempête se leva, & ce même Vaisseau fut chassé avec quelques autres en pleine Mer; de sorte qu'il leur devint inutile pour le coup.

L'Amiral leur en ofrit un autre, mais ils avoient essuié déja tant de fatigues & de chagrins, que ce nouvel accident leur fit perdre courage, & qu'ils s'imaginérent que la Providence s'opposoit à leur établissement: pénétrez de cette imagination, & n'esperant plus d'ailleurs de recevoir cette Année le secours qu'on leur avoit promis d'*Angleterre*, ils suplierent le Chevalier *Drake* de les prendre avec lui, ce qu'il leur accorda.

C'est ainsi que ces *Anglois* abandonnerent le dessein qu'ils avoient formé de s'établir dans ce nouveau Monde, après y avoir découvert bien des choses que le Païs produisoit pour les necessitez de la vie & l'avantage du Commerce. Ils y avoient trouvé quantité de Poisson, de Volaille & de Gibier, de Fruits, de Plantes, de Racines, d'Arbres de haute futaye, de Bois de senteur & de Gommes. Ils étoient même parvenus à quelque connoissance du Langage des *Indiens*, de leur Religion, de leurs coutumes, & de la maniere dont ils correspondent les uns avec les autres; & ils n'avoient apris que trop par une funeste experience, les ruses & les mauvais tours, dont ils étoient capables.

VII. Pendant que ceci se passoit en *Amerique*, les associez d'*Angleterre* travailloient à y envoier de nouveaux secours; mais, outre les divers obstacles qu'il leur falut surmonter, ils eurent plusieurs démêlez entr'eux, ce qui retarda beaucoup leurs préparatifs. Quoi qu'il en soit, ils équiperent enfin quatre bons Vaisseaux, & après les avoir chargez de tout ce qui pouvoit être necessaire à la Colonie, le Chevalier *Raleigh* resolut d'y aller lui-même en personne.

Le

Le Vaisseau qu'il devoit monter se trouva prêt avant les autres; de sorte qu'il mit à la voile tout seul, dans la crainte qu'un trop long délai n'eut de fâcheuses conséquences, & que la Colonie ne se décourageât. Le Chevalier *Greenvile* partit quinze jours après avec les trois autres Vaisseaux.

Le Chevalier *Raleigh* toucha au Cap *Hattoras*, un peu au Sud de l'endroit, où les 108. hommes s'étoient d'abord établis, & après les avoir cherchez inutilement, il s'en retourna. Le Chevalier *Greenvile* découvrit bien cette Plantation, mais il la trouva tout-à-fait déserte; ce qui l'afligea beaucoup, dans la crainte qu'on n'eut détruit les *Anglois* qu'il y avoit laissé : car il ne savoit pas que le Chevalier *Drake* y eut mouillé l'ancre, & qu'il les eut pris à bord de ses Vaisseaux. Cependant *Manteo* le fit revenir un peu de sa fraieur, sur l'assurance qu'il lui donna que les *Indiens* ne les avoient pas tuez, quoi qu'il ne pût lui dire ce qu'ils étoient devenus. Malgré l'incertitude où se vit le Chevalier à cet égard, il laissa de nouveau cinquante hommes sur la même Isle de *Roenoke*, leur fit bâtir des Maisons, leur donna des vivres pour deux années, & il reprit la route d'*Angleterre*.

VIII.

VIII. L'Eté suivant de l'Année 1587. on envoia trois autres Vaisseaux, sous les ordres de *Jean White*, qui devoit y demeurer lui-même en qualité de Gouverneur, avec un renfort d'hommes, quelques femmes, & abondance de nouvelles provisions.

Ceux-ci arriverent à *Roenoke* vers la fin de *Juillet*, & ils eurent le chagrin d'aprendre que leurs compatriotes n'y étoient plus. *Manteo* les informa que les *Indiens* en avoient tué quelques uns par surprise, & que les autres s'étoient enfuïs, sans qu'on sût de quel côté. Cependant, quoique leur Plantation fut couverte de ronces & d'herbes sauvages, on repara leurs maisons à *Roenoke*, & ces derniers-venus s'y établirent.

Ils bâtiserent *Manteo* le 13. *Août*, & ils lui donnerent le titre de Seigneur de *Dassamonpeak*, qui étoit une des Nations *Indiennes*, en reconnoissance de la fidelité qu'il avoit euë pour les *Anglois*, depuis le commencement. J'ai cru que je pouvois marquer ici cette petite particularité, puis que c'est le premier *Indien* qui embrassa le Christianisme dans cette partie du Monde.

Je dirai encore à cette occasion que le premier Enfant qui nâquit ici de Pere &
de

de Mère Chrétiens, fut une Fille d'*A-nanias Dare*. Elle nâquit le 18. *Août* de cette même année, & on l'appella *Virginie*, du nom du Païs.

Cet Etablissement, qui s'étoit entrepris avec beaucoup de zéle & une grande union de la part des interessez, sembloit promettre une bonne réüssite. La Colonie étoit dirigée par un Gouverneur & douze Conseillers, qui faisoient un Corps sous le nom de Gouverneur & Assesseurs de la Ville de *Raleigh* en *Virginie*.

Plusieurs des Nations *Indiennes* renouvellerent leur Paix, & firent des Alliances avec ce Conseil. Les principaux des *Anglois* étoient si peu découragez par tous les malheurs précedens, qu'ils voulurent à toute force rester sur les lieux, & qu'ils contraignirent leur Gouverneur *J. White* à retourner en *Angleterre*, pour y solliciter du secours d'hommes & de vivres; ils n'ignoroient pas qu'il étoit le plus propre de tous à réüssir dans cette négociation: de sorte qu'il fut obligé de remettre à la voile, après avoir laissé une Colonie de cent quinze personnes.

IX. Il se passa plus de deux Années avant que *J. White* pût obtenir aucun secours, & il ne fut expedié que vers la fin de l'Année 1589. Alors il partit de

A 7 *Pli-*

Plimouth. avec trois Vaiſſeaux, & ſuivant la route ordinaire, il fit le tour des Iſles *Caribes*. Quoi que dès ce tems-là on entendit bien la Navigation, & l'uſage des Globes, la coutume avoit ſi fort prévalu, qu'on aimoit mieux faire un détour de mille Lieuës, que de tenter un paſſage plus direct.

Vers la mi-Août 1590. *White* arriva heureuſement ſur la côte, & après avoir debarqué au Cap *Hattoras*, il fut avec ſon monde, pour chercher la Colonie de *Roenoke*; mais par des Lettres qu'on trouva ſur des arbres, on aprit qu'ils s'étoient retirez à *Croatan*, une des Iſles qui forme le Détroit, & qui eſt à vingt Lieuës ou environ de *Roenoke*, ſans qu'on s'aperçut d'ailleurs, que la neceſſité les eut reduits à prendre ce parti. *White* reſolut d'y aller avec ſes Vaiſſeaux; mais une tempête qui ſurvint tout d'un coup, rompit leurs cables, leur fit perdre trois Ancres, & les chaſſa en pleine Mer: de ſorte qu'ils reprirent la route d'*Angleterre*, ſans avoir vû la Colonie, & qu'on ne penſa point à ſecourir ces pauvres infortunez durant ſeize années de ſuite. Quoiqu'il en ſoit, il y a grand' apparence que les *Indiens*, qui les virent abandonnez de leurs compatriotes & privez du ſecours qu'ils qu'ils en attendoient, les massacrerent tous: du moins, l'on ne pût jamais apprendre ce qu'ils étoient devenus.

C'est ainsi, qu'après une dépense extraordinaire, après tant de fatigues, de risques & de pertes, le Chevalier *Raleigh*, qui étoit le grand promoteur de ces découvertes en abandonna tout-à-fait le dessein durant presque douze années consecutives, à l'occasion des embarras où il se trouva lui-même engagé.

X. En l'année 1602. le Capitaine *Gosnell*, qui avoit été du nombre des premiers Entrepreneurs, équipa lui-même un petit Vaisseau, & partit de *Dartmouth* avec trente ou trente-cinq hommes; dans le dessein de tenir une route plus droite, de ne tourner pas tant vers le Sud, & de n'imiter pas les autres Voiageurs, qui alloient passer auprès des Isles *Caribes*. Il réüssit à cet égard; mais il arriva sur les Côtes de l'*Amerique* beaucoup plus au Nord de tous les endroits où les premiers Entrepreneurs avoient abordé: il se trouva d'abord entre les Isles, qui forment le côté Septentrional de la Baye de *Massachuset* dans la *Nouvelle Angleterre*; & sur ce qu'il ne découvrit pas les commoditez de ce Havre, il tourna de nouveau vers le Sud, & se remit, à ce qu'il croioit,

en

en pleine Mer; mais il se vit tout d'un coup devant la pointe du Cap *Codd*.

Il s'arrêta quelque tems sur cette Côte, un peu vers le Sud, où il fit quelque commerce avec les *Indiens*, & il donna les noms de *la Vigne de Marthe* & de l'Isle *d'Elizabet* à deux de ces Isles, qui les ont retenus jusques à ce jour. Il sema du Grain d'*Angleterre* sur la derniere, & il y crût aussi vite, qu'il avoit poussé à *Roanoke*. Ses gens y bâtirent des hutes pour se mettre à couvert durant la nuit & se garantir des injures du mauvais tems, & ils firent un bon negoce avec les *Indiens*, qui leur donnoient en troc des Fourrures, des Peaux, &c. Lors que l'envie les prenoit de se divertir, ils alloient visiter le Païs pour y établir des Receveurs, amasser les Gommes & les Sucs qui distilloient des Arbres aromatiques, & examiner les végétaux.

Après avoir fait ici un Mois de sejour, ils s'en retournerent en *Angleterre*, aussi contens de la beauté naturelle & de la fertilité du Païs, que des richesses qu'ils en raportoient. Mais ce qu'il y a de plus remarquable, c'est qu'aucun d'eux ne sentit pas le moindre mal durant tout le Voïage.

XI. Le bruit d'un si promt & si heureux

reux Voiage excita l'avidité des Marchands de *Bristol*. Dès le commencement de l'année 1603. ils expedierent deux Vaisseaux, qui eurent le bonheur d'aborder au même endroit, & qui, après avoir suivi la méthode du Capitaine *Gosnel*, dans leur trafic avec les *Indiens*, repasserent en *Angleterre* fort richement chargez.

XII. En 1605. il partit un Vaisseau de *Londres*, dans le dessein d'aborder à ce Païs-là vers le 39. degré de Latitude; mais les vents le pousserent un peu trop au Nord; de sorte qu'il se rendit à l'Est de *l'Isle longue*, comme on l'appelle aujourd'hui; mais alors tout ce Païs n'avoit d'autre nom que celui de *Virginie*. Quoi qu'il en soit, ceux qui montoient ce Vaisseau trafiquérent ici avec les *Indiens*, sur le même pié que les autres *Anglois* avoient déja fait, & ils y semérent quelque peu de nôtre Grain, pour éprouver la qualité du terroir. Les *Indiens* leur parurent d'abord aussi honêtes & obligeans qu'ils l'étoient ailleurs; mais soit qu'ils se crussent dupez, sur ce que les uns avoient mieux réüssi dans leur troc que les autres; soit qu'ils vinssent à mieux connoitre les *Anglois*; ils ne manquerent aucune occasion dans la suite de leur jouër de

mau-

mauvais tours, & de prendre leurs avantages toutes les fois qu'ils le pouvoient faire en sûreté. Enfin ces *Anglois* retournérent, après avoir rangé la Côte l'espace de quarante Miles, en montant la Riviere de *Connecticut*, & donné le nom de *Pentecôte* au Hâvre, où ils avoient mouillé, parce qu'ils y étoient arrivez ce jour-là.

Dans tous ces derniers Voiages, on ne pensa jamais à chercher l'endroit, où l'on s'étoit d'abord établi près du Cap *Hatteras*; & l'on n'eut aucune compassion de ces pauvres malheureux, au nombre de cent quinze ames, qui s'y étoient habituez en 1587. L'on n'en avoit eu depuis aucune nouvelle, & l'on ne s'étoit point informé, s'ils étoient morts ou en vie, jusques à l'année 1590. lors que les *Anglois* s'établirent en *Virginie* à la Baye de *Chesapeak*, où ils n'avoient jamais été auparavant. Le desir d'amasser des richesses, & de s'ouvrir un Commerce avantageux, dominoit alors les esprits avec tant de fureur, qu'il l'emportoit de beaucoup sur l'amitié que des Parens, des Compatriotes & des Chrétiens se doivent les uns aux autres; la vie des hommes n'étoit comptée pour rien à l'égard du profit que l'on recherchoit; quoi qu'il auroit

été

été facile de secourir ces infortunez, lors qu'on fut dans le voisinage du lieu de leur retraite.

CHAPITRE II.

Où l'on raporte le premier Etablissement qui se fit à la Baye de Chesapeak en Virginie, par une Compagnie formée à Londres, & où l'on traite de ses procedures lors qu'elle étoit gouvernée par un Président & un Conseil électif.

I. LEs Marchands de *Londres*, de *Bristol*, d'*Exeter* & de *Plimouth* s'aperçurent bientôt des grands profits qu'il y avoit à faire dans ce Commerce, s'il étoit bien regi, & si l'on établissoit des Colonies sur un bon fondement ; les retours avantageux de quelques Vaisseaux, qui n'avoient point eu de malheur, en fournissoient une preuve convaincante. Animez par cette esperance, ils présenterent de concert une Requête au Roi *Jaques* I. où après lui avoir dit, qu'il étoit au dessus des forces d'un seul d'envoier des Colonies, & de conduire un si vaste negoce, ils le suplièrent de vouloir bien les joindre en une Compagnie reglée, de les au-

autoriser à mettre un Fonds ensemble, & d'encourager leur entreprise.

Suivant cela, le Roi leur accorda des Lettres Patentes en date du 10. *Avril* 1606. par lesquelles il les formoit en deux Compagnies distinctes, dont chacune feroit sa Colonie, & où il déterminoit,
„ Que les Chevaliers *Thomas Gates* &
„ *George Summers*, Messieurs *Richard*
„ *Hackluit*, Chanoine Clerc de *West-*
„ *minster*, & *Edouard-Marie Wingfield*
„ Ecuier, Entrepreneurs de la Ville de
„ *Londres*, & tels autres qui se join-
„ droient à eux, auroient le titre de *pre-*
„ *miere Colonie*; avec pleine liberté de
„ commencer leur premier Etablissement
„ à tel endroit de la Côte de *Virginie*,
„ qu'ils trouveroient le plus commode,
„ entre le 34. & le 41. Degré de Lati-
„ tude Septentrionale: Que depuis cet-
„ te Plantation, ils pourroient étendre
„ leurs bornes le long de la Côte, jus-
„ qu'à cinquante Miles d'*Angleterre* à
„ droite & à gauche; & y enfermer tou-
„ tes les terres qui se trouveroient à cent
„ Miles vis-à-vis de la même Côte: sans
„ que personne pût s'etablir dans leur voi-
„ sinage vers le Continent, à moins que
„ d'en avoir obtenu la permission expres-
„ se & par écrit du Conseil de ladite Co-
„ lo-

,, lonie. Pour ce qui regarde la *seconde*, la même Patente portoit, ,, Que
,, Mrs. *Tho. Hanham, Rawleigh Gilbert,*
,, *Guillaume Parker* & *George Popham*, E-
,, cuiers, de la Ville de *Plimouth*, & tous
,, les autres qui se joindroient avec eux,
,, auroient la liberté de faire leur premie-
,, re Plantation à tel endroit de la Côte
,, de *Virginie*, qui leur paroitroit le plus
,, commode, entre le 38. & le 45. De-
,, gré de Latitude Septentrionale, avec
,, la même étenduë de bornes accordée
,, aux autres, pourvû qu'ils ne s'établis-
,, sent qu'à cent Miles d'eux.

II. En vertu de cette Patente, le Capitaine *Jean Smith* fut envoié par la Compagnie de *Londres* au Mois de *Decembre* 1606. avec trois petits Vaisseaux. On lui donna d'ailleurs une Commission, de-même qu'à divers autres Gentilshommes, pour établir une Colonie, qui seroit gouvernée par un Président, qu'on choisiroit tous les ans, & par un Conseil revêtu d'une autorité sufisante. Alors tout sembloit promettre un heureux succès à cette entreprise, & la Providence même parut la favoriser, lors qu'après un long & pénible voiage, où le Capitaine *Smith* tint l'ancienne route, autour des Isles *Caribes*, il arriva heureusement avec deux de

ses

ses vaisseaux, à cet endroit du Païs, qu'on apelle aujourd'hui la *Virginie*, & il jetta l'ancre à l'embouchure de la Baye de *Chesapeak*, quoi qu'il eut dessein d'aborder à ce Quartier, où l'on avoit laissé les cent quinze hommes, & où il n'y a point de bon Port. Le premier lieu, où il débarqua son monde, étoit le Cap Meridional de cette Baye. Ils le nommérent le Cap *Henri* & le Septentrional le Cap *Charles*, à l'honeur du Fils ainé & du second Fils de Sa Majesté. Ils donnerent aussi le nom du Roi *Jaques* à la premiere grande Riviere qu'ils reconnurent, & que les *Indiens* apelloient *Powhatan*.

III. Après avoir bien examiné cette Riviere, il fut resolu d'un commun acord qu'ils s'établiroient sur une Peninsule, qui est à cinquante Miles ou environ de son embouchure. Outre la fertilité du terroir, on trouva qu'elle étoit fort propre pour en faire une Place d'armes & de commerce, puis que les deux tiers en étoient baignez par la grande Riviere, qui fournit par tout un bon mouillage; & que l'autre tiers étoit environné d'une petite Riviere étroite, capable de porter des Navires de cent tonneaux, jusques à un endroit, où elle n'est separée de la grande Riviere que par un espace de trente te Verges, & où ses eaux y regorgent d'ordinaire au tems des hautes Marées. C'est ce qui a fait qu'on a donné le nom d'Isle au terrain qu'ils choisirent pour y bâtir. Au reste, les Vaisseaux peuvent mouiller dans la petite Riviere, attachez les uns aux autres & amarrez à terre, & ils y sont à l'abri contre toute sorte de Vents.

La Ville, aussi bien que la Riviere eurent l'honneur de porter le nom du Roi *Jaques*. Toute l'Isle enfermée dans ces bornes contient autour de deux mille * Acres d'un terroir élevé, & plusieurs Milliers d'un terroir marécageux, mais ferme, où il croit d'aussi bon pâturage qu'aucune autre part de tout le Païs.

Les *Anglois* se trouverent ici à couvert des insultes des *Indiens*, puis qu'on ne pouvoit venir à eux que par un defilé fort étroit: mais s'ils avoient sû alors, que dans les endroits où l'eau est somache, il y a des vers qui mordent, ils auroient eu cette nouvelle raison d'estimer le terrain qu'ils occupoient, en ce qu'il étoit exemt de cette incommodité.

IV. Ils ne joüirent pas plûtôt de ce bonheur, que l'avidité pour les trésors

des

---

* Un *Acre* de terre est un Quarré de 40. Perches de long & de 4. de large.

des *Indiens*, l'envie & le deſſein de ſe ſupplanter les uns les autres dans leur commerce, firent naitre des querelles & la diviſion entr'eux.

Au bout de cinq ſemaines de ſejour devant cette Place, les Vaiſſeaux reprirent la route d'*Angleterre*, après avoir laiſſé une Colonie de cent-huit hommes, gouvernée de la maniere que nous l'avons déja dit.

Les animoſitez & les deſordres ne tarderent pas enſuite à s'y renouveller, au grand dommage de toute la Colonie.

Les *Indiens* étoient ici de la même trempe qu'ailleurs ; c'eſt-à-dire, qu'ils parurent d'abord fort honêtes & bons amis, & qu'ils donnerent enſuite de grandes preuves de leur ſupercherie. Quoi qu'il en ſoit, ce fut ſur tout par le moien des proviſions du Païs, que les *Anglois* ſubſiſterent juſques au retour des Vaiſſeaux, qui s'y rendirent l'Année ſuivante. La Compagnie y en avoit envoié deux, bien chargez d'hommes & de vivres, dont l'un arriva heureuſement en droiture, mais l'autre fut pouſſé vers les Iſles *Caribes*, & ne ſe rendit au Port qu'après que le premier en fut reparti pour l'*Angleterre*.

V. Cependant les *Anglois* avoient déja fait un commerce fort avantageux avec les

Indiens ; ils auroient pû même y trouver un profit plus confiderable, & le regir d'une maniere plus fatisfaifante pour les Naturels du Païs, plus fûre & plus commode pour eux-mêmes, s'ils avoient voulu fe foumettre à quelque méthode fixe, & qu'ils n'euffent pas eu la liberté d'encherir les uns fur les autres. Cette mes-intelligence diminua leurs profits, & caufa du trouble & de la jaloufie entre les *Indiens*. Ceux-ci peu accoutumez à negocier, s'imaginerent qu'on les trompoit, fur ce que les uns avoient tiré meilleur parti de leurs denrées que les autres, & ils conçurent là-deffus une telle animofité contre les *Anglois*, qu'ils en firent une querelle Nationale. C'eft à cette occafion qu'on doit attribuer, fi je ne me trompe, l'origine de tous les maux que les *Anglois* foufrirent dans la fuite de la part des *Indiens*.

Mais un nouvel objet qui attira les yeux de toute la Colonie, & qui les empêcha même de prendre le foin qu'ils devoient de leurs perfonnes, produifit une plus grande interruption dans leur Commerce. Sur une Langue de terre, qu'il y avoit derriere l'Ifle de *James*, ils découvrirent un Ruiffeau d'eau douce, qui fortoit d'un petit Banc, & qui entrainoit une efpece

de poussiere de talc, qu'on voioit briller au fond de l'eau. Dans la pensée que tout ce qui luisoit étoit de l'or, & enivrez du desir insatiable d'aquerir des richesses, ils negligerent de se mettre en sûreté contre les machinations des *Indiens*, & de pourvoir à leur subsistance. Uniquement appuiez, à l'exemple du Roi *Midas*, sur la vertu toute-puissante de l'or, ils comptoient que par tout où ce métal se trouvoit en abondance, on ne pouvoit manquer de rien: mais ils s'aperçurent bientôt de la fausseté de leur calcul, & que supposé même que cette bouë dorée eut été de l'or effectif, ils n'auroient pû en tirer aucun avantage. Du moins, ils se virent reduits par leur négligence à une extrême disette de vivres, & le peu qu'ils en avoient fut consumé dans l'incendie de leur Ville, pendant qu'ils étoient tout occupez à ramasser ce trésor imaginaire. Il falut donc qu'ils vécussent quelque tems de fruits sauvages, d'Ecrevisses, de Moules, & d'autre pareille nourriture. Semblables aux *Indiens* les plus paresseux, qui ne prennent point de plaisir à l'exercice du corps, & qui ne veulent pas se donner la peine d'aller à la Chasse ni à la Pêche, ils ne vivoient que du jour à la journée, & pas si bien même que les Naturels du
Païs

Païs. Ce n'est pas tout, plusieurs d'entr'eux furent assassinez par ce Peuple barbare, & les autres, forcez à se contenter, pour ainsi dire, de ce qui leur tomboit dans la bouche, n'oserent plus sortir à la campagne.

VI. Ils étoient dans cette déplorable situation, lors que le premier de ces deux Vaisseaux, dont j'ai déja parlé, vint à leur secours ; mais le trésor chimerique, dont ils étoient les maitres, les aidoit à surmonter les plus grandes difficultez : ils ne parloient & n'avoient l'esprit rempli que de cet or, & plusieurs d'entr'eux ne penserent qu'à cela pour en charger le Vaisseau. En effet, cette poudre jaune fut le principal de sa charge, & l'on y mit d'ailleurs quelques Peaux, des Fourrures & du Bois de Cédre.

Après son départ, l'autre Vaisseau arriva; ils le farcirent aussi de cette prétenduë poudre d'or, dans l'esperance qu'ils s'enrichiroient à perpetuïté, & ils acheverent de le remplir avec du Bois de Cédre & des planches préparées pour faire de la futaille.

Ces deux Vaisseaux n'eurent pas été plûtôt expediez, que les *Anglois* firent plusieurs découvertes sur la Riviere * *James*,

---

* C'est-à-dire, *Jaques*.

& qu'ils paſſérent juſques à la Baye de *Cheſapeak*, ſous la conduite du Capitaine *Jean Smith*. D'ailleurs, ce fut en l'année 1608. qu'ils firent leur premiere recolte du Blé des *Indes*, qu'ils avoient planté eux-mêmes.

Pendant que le Capitaine *Smith* étoit occupé à ces découvertes, la confuſion ſe remit dans la Ville de *James*; & pluſieurs Eſprits inquiets, ravis de profiter de ſon abſence, ſe retirerent avec le petit Vaiſſeau qu'il y avoit laiſſé pour l'uſage de la Colonie. Entre tous ceux qui la formoient, ce Capitaine étoit le ſeul homme capable de la retenir dans le devoir, & de pouſſer les découvertes avec quelque ſuccès. Quoi qu'il en ſoit, les *Anglois* furent auſſi induſtrieux à ſe chagriner les uns les autres, que les *Indiens* étoient alertes pour leur jouër de mauvais tours.

VII. *Jean Laydon* & *Anne Burrows* furent les premiers Chrétiens, qui ſe marierent enſemble dans cette Partie du Monde en 1609. & l'année ſuivante il ſe trouva qu'il y avoit près de cinq cens hommes à la Colonie.

Cette même année la Ville *James* fit deux Plantations; l'une à *Nanſamond* ſur la Riviere *James*, à plus de trente Miles
de

de distance, & l'autre à *Powhatan*, à six Miles au dessous de la chute de cette Riviere; & l'on y envoia autour de six-vingts hommes à chacune. On acheta la derniere de l'*Indien Powhatan* pour une certaine quantité de Cuivre qu'on lui donna. Peu de tems après, l'on en fit une autre à *Kiquotan* près de l'embouchure de la même Riviere.

CHAPITRE III.

Où l'on raporte ce qui arriva depuis qu'on eut établi un Gouverneur à la place du Président électif jusques à l'entiere dissolution de la Compagnie.

I. LOrs que le Trésorier, le Conseil & la Compagnie de *Londres* virent que les retours, qu'on leur faisoit de la *Virginie*, ne répondoient pas à leur atente, ils crurent avec raison que ce défaut & toutes les querelles mal-entenduës de la Colonie ne venoient que de la mauvaise administration du Gouvernement. Là-dessus, ils priérent Sa Majesté de leur permettre d'y envoier un Gouverneur. Le Roi y donna les mains, & leur fit expedier à cette occasion une nouvelle Patente.

Aussi-tôt qu'ils en furent munis, ils équipérent neuf Vaisseaux, où ils mirent bon nombre d'hommes & toute sorte de provisions, & ils choisirent trois Gouverneurs, les Chevaliers *Thomas Gates* & *George Summers*, & le Capitaine *Newport*, qui devoient être revêtus d'un pouvoir égal.

Le Vaisseau, que ces trois Gouverneurs montoient, fut separé des autres dans une rude tempête, & il en fut si maltraité, qu'on y passa trois jours & trois nuits à pomper l'eau, jusqu'à ce qu'enfin il alla échouer à *Bermudes*, où il s'entr'ouvrit, mais par un grand bonheur tout le monde qui étoit à bord se sauva.

Malgré ce naufrage & l'extrémité commune où ils étoient reduits, ils ne purent s'accorder ensemble. Ce qu'il y eut de meilleur, c'est qu'ils trouverent quantité de vivres sur cette Isle, & qu'aucun *Indien* ne parut pour les inquieter: mais ils étoient toûjours aux prises entr'eux, sur tout les deux Chevaliers, qui après avoir fait leur parti, construisirent un Vaisseau de Cédre chacun, dont l'un fut nommé la *Patience*, & l'autre la *Délivrance*: ils y emploierent pour les agrez, ce qu'ils purent atraper du débris de leur premier Vaisseau, & au lieu de poix & de go-
dran

dran, ils se servirent d'huile de poisson, & de graisse de Porc mêlées avec de la chaux & des cendres. Il y avoit sur cette Isle quantité de Cochons d'*Espagne*, qui s'y étoient sauvez, selon toutes les apparences, de quelque naufrage, & qui s'y étoient multipliez dans la suite.

II. Pendant que ceci se passoit à *Bermudes*, le Capitaine *Smith*, qui avoit eu le malheur d'être blessé dans sa Chaloupe, par quelque poudre à Canon, où le feu prît, lors qu'il alloit à la découverte du Païs, fut obligé de s'en retourner en *Angleterre*, pour s'y faire traiter, & de se mettre à bord d'un Vaisseau, qui se trouva prêt à partir.

Plusieurs de ces neuf Vaisseaux, qui avoient mis en Mer de conserve avec celui des trois Gouverneurs, arrivérent au Port avec bon nombre de Passagers, dont quelques uns ne voulurent pas se soumettre au Gouvernement, sous prétexte que la nouvelle Commission détruisoit l'anterieure, qu'il y avoit des Gouverneurs établis à la place du Président, & qu'ils devoient être eux-mêmes du Conseil. Là dessus, ils s'arrogérent une espece d'indépendance; ils portérent le peuple à desobéir aux Loix; on abandonna toute sorte de discipline, & l'on négligea de se munir

nir contre les insultes des *Indiens*. Ceux-ci resolus d'exterminer tous les *Anglois*, eurent l'adresse de profiter de leurs divisions, & ils en massacrérent un bon nombre. On vit bien-tôt déserter les Plantations un peu éloignées, & ceux qui avoient échapé à la fureur des *Indiens* se retirerent dans la Ville : mais la petite Plantation de *Kiquotan*, où l'on avoit bâti un petit Fort, qu'on appelloit *Algernoon*, ne fut pas exposée à cet orage. Malgré tous ces revers, le desordre continua parmi les *Anglois*; ils consumerent leurs vieilles provisions, sans en faire de nouvelles; de sorte qu'ils se virent sur le point d'être afamez, & qu'ils n'osoient plus sortir de leurs maisons, pour cueillir des fruits, ou amasser des Écrevisses & des Moules sur le bord de la Riviere, & beaucoup moins, pour aller à la Chasse, ou à la Pêche. Ils furent reduits enfin à une telle extrémité qu'ils mangeoient le Cuir de leurs Chevaux, & les Cadavres des *Indiens* qu'ils tuoient : quelquefois même ils en venoient jusqu'à les déterrer & ils en faisoient un bon repas. C'est une époque, qu'on n'a pas oubliée, & qu'on appelle encor aujourd'hui *le tems de la famine*.

Une conduite aussi pitoiable, quoi que de courte durée, mit le Païs en si mauvaise odeur, que la tache n'en est pas encore bien éfacée. On a l'injustice d'attribuër de nos jours à la malignité du Climat, les maladies où les *Anglois* tomberent dans cette occasion, & qui ne venoient que de leur méchante nourriture, ou plûtôt de ce qu'ils manquoient de vivres. D'ailleurs, la disette, où l'on se trouva exposé, ne vint que de l'imprudence & de la folie de ceux qui s'ingerérent mal-à-propos dans le Gouvernement : je dis, mal-à-propos, parce que la nouvelle Commission, sur laquelle ils prétendoient être du Conseil, étoit encore à *Bermudes* avec les nouveaux Gouverneurs.

Quoi qu'il en soit, je ne saurois m'empêcher d'admirer ici la vigilance, le courage & l'habileté que le Capitaine *Jean Smith* fit paroitre durant son administration : il ne fonda pas seulement toutes ces Colonies, mais il les conserva dans un ordre merveilleux, & l'on peut dire que sans lui, elles auroient été bientôt détruites par la famine, ou la cruauté des *Indiens*; quoi que le Païs fournît assez de vivres, & qu'il ne s'agissoit d'autre chose que de les mettre quelque part en reserve.

Durant les trois premieres années que le Capitaine *Smith* resta ici, on n'eut que pour six Mois de Provisions d'*Angleterre*. Mais aussi tôt qu'il fut parti, tout alla en déroute, & les *Indiens* n'eurent plus aucune apprehension, ni la moindre amitié pour les *Anglois*. Six mois après le départ de cet Officier, les 500. hommes qu'il avoit laissé à la *Virginie* furent reduits à 60. & ceux-ci n'auroient pas manqué de mourir de faim, si le secours, auquel ils ne s'attendoient pas, fut arrivé une semaine plus tard.

III. Cependant, les trois Gouverneurs partirent de *Bermudes*, à bord de leurs deux petits Vaisseaux, où il y avoit 150. hommes, & après avoir été quinze jours en Mer, ils arriverent ensemble à la *Virginie*, le 25. de *Mai* 1610. Ils jetterent l'ancre devant la Ville, où ils trouverent les 60. hommes dans le déplorable état, que je viens d'insinuer.

IV. Les Chevaliers *Tho. Gates* & *George Summers*, & le Capitaine *Newport*, touchez de l'état de ces malheureux, assemblérent un Conseil, pour les avertir qu'ils n'avoient que pour quinze ou seize jours de provisions à bord de leurs Vaisseaux, & leur demander s'ils vouloient se mettre en Mer avec ce peu de vivres, ou s'arrêter à la Colonie, quelque danger qu'il y eut à courir; qu'en ce dernier cas, ils ne ne les abandonneroient point, & qu'ils partageroient toutes leurs provisions avec eux ; mais qu'il faloit se déterminer au plus vite. Le Conseil décida sur le champ qu'il valoit mieux s'en retourner en *Angleterre*, & comme ils avoient fort peu de provisions, on resolut de passer vers les Bancs de *Terre-neuve*, dans l'esperance qu'ils y trouveroient quelques Vaisseaux, puis que la saison de la Pêche étoit déja venuë. Afin même de ne manquer pas de vivres, & pour plus de commodité, ils resolurent de se mettre à peu près à nombre égal sur leurs Vaisseaux.

Cette resolution ne fut pas plûtôt prise, qu'ils s'embarquerent tous, & la nuit du 9. *Juin*, ils se trouverent à la hauteur de *l'Isle des Cochons* : Le lendemain matin ils reconnurent la Pointe de *l'Isle des Meuriers*, qui est à dix-huit Miles au dessous de *James-Town*, & à trente au delà de l'Embouchure de la Riviere ; Ce fut ici qu'ils découvrirent une Barque longue, que le Lord *Delawar*, qui venoit d'arriver avec trois Vaisseaux, avoit envoiée au devant pour sonder le Canal. Ce Lord, qu'on avoit fait Gouverneur en chef, étoit accompagné de divers Gentils-hommes, & il obligea ceux de la Colonie à retourner à la Ville, où après les avoir rétablis, & demeuré avec eux jusques au Mois de *Mars* suivant, il repartit pour l'*Angleterre*, à cause d'une grosse maladie, dont il fut ataqué, & laissa deux cens hommes ou environ à la Colonie.

V. Le Chevalier *Thomas Dale* fut mis à sa place, & il se rendit à la *Virginie* le 10 de *Mai* 1611. avec trois Vaisseaux, où il y avoit un nouveau secours d'hommes, de gros Bêtail & de Cochons. Il trouva les habitans de la Ville prêts à tomber dans les mêmes desordres, où on les avoit déja vûs, puis qu'ils n'avoient aucun soin de planter du blé des *Indes*, & qu'ils se reposoient uniquement sur leur Magasin, où il n'y avoit alors que pour trois Mois de provisions. Il les engagea donc au-plûtôt à préparer la terre, & quoi qu'ils ne commençassent ce travail qu'à la mi-*Mai*, ils eurent une assez bonne recolte.

VI. Au Mois d'*Août* de la même année le Chevalier *Thomas Gates* se rendit à *James-Town* avec six Vaisseaux, chargez de quantité de Cochons, de gros Bêtail, de Volaille, &c. de Munitions de Guerre, & de tout ce qu'il faloit pour établir une nouvelle Colonie, outre un renfort de trois cens cinquante hommes choisis.

Au

Au commencement de *Septembre* il forma une autre Ville à *Arrahattuck*, à cinquante Miles ou environ au-dessus de *James-Town*, & y enclava une Langue de terre à plus de deux Miles de la Pointe, depuis une des branches de la Riviere jusques à l'autre. Il bâtit ici des Forts & des Guérites, & il appella cette Place *Henrico*, à l'honneur de *Henri* Prince de *Gales*. Il fit d'ailleurs une Palissade à *Coxendale* de l'autre côté de la Riviere, pour mettre les Cochons en sureté.

VII. En l'Année 1612. il y arriva deux Vaisseaux avec de nouvelles provisions. Le Capitaine *Argall*, qui en commandoit un, fut envoié sur son bord à *Patowmeck* pour y acheter du blé; il y trouva *Pocahontas*, l'illustre fille de *Powhatan*; & après l'avoir engagée à venir sur son bord, sous prétexte de la regaler, il la retint prisonniere, & l'amena à *James-Town*, dans le dessein de faire servir sa délivrance à conclurre une bonne paix avec son Pere: Mais ce Prince fut si sensible à cet afront, que malgré la tendresse qu'il avoit pour sa fille, on ne pût jamais le reduire à capituler par un tour aussi mal-honête; jusqu'à ce qu'au bout de deux années, on proposa de marier cette Princesse avec *Jean Rolfe*

Rolfe Gentilhomme *Anglois*, *Powhatan*, qui prit cela pour une marque d'une amitié sincere, y donna les mains & conclut la Paix qu'on lui demandoit.

Il faut avouër que dès le commencement les *Indiens* avoient proposé diverses fois ces mariages reciproques, & qu'ils avoient soutenu en plus d'une occasion, que si les *Anglois* les refusoient, c'étoit une preuve constante qu'ils ne vouloient pas être de leurs amis. Je croi même qu'il auroit mieux valu pour les uns & pour les autres, que nos gens eussent accepté cette ofre; puis qu'on auroit prévenu par là tous les soupçons des *Indiens*, & par conséquent les meurtres, les rapines & les brigandages qui se commirent de part & d'autre. On peut dire aussi qu'en ce cas, les *Anglois* n'auroient pas été reduits à de si grandes extrémitez, qui coûterent la vie à plusieurs d'entr'eux; que leur Colonie auroit prosperé par ces mariages; que les bévuës & les desordres du premier Gouvernement n'auroient pas attiré une haine injuste sur tout le Païs; que la plûpart des *Indiens* auroient embrassé le Christianisme, selon toutes les apparences, ou que du moins on auroit épargné l'éfusion du sang, & que cette partie du nouveau Monde seroit

roit aujourd'hui fort peuplée. Alors, les différentes Nations du Païs, que la guerre disperfa de tous côtez, & qui font presqu'éteintes aujourd'hui, auroient continué dans leurs anciennes demeures: & la prosperité de la Colonie y auroit attiré une foule d'habitans, au lieu que ses desastres ont rempli tous les esprits de crainte & de fraieur.

VIII. *Pocahontas* se maria donc en l'année 1613. & l'on conclut une Paix ferme & durable avec son Pere; mais il ne jugea pas à propos de se trouver aux nôces. Les *Anglois* & les *Indiens* se crurent alors en pleine sureté, & ce mariage rétablit aussi l'union avec les *Indiens* de *Chickahomony*, quoi que ce ne fut pas à la consideration des *Anglois*, mais dans la crainte qu'ils n'aidassent *Powhatan* à les reduire sous sa domination absoluë, dont il les avoit menacez plusieurs fois.

IX. En l'année 1616. le Chevalier *Thomas Dale* retourna en *Angleterre*, & prit avec lui *Rolf* & son Epouse *Pocahontas*, qui fut bâtisée à son mariage, & à qui l'on imposa le nom de *Rebecca*. Il choisit d'ailleurs le Capitaine *George Yardly* pour son Lieutenant, & pour gouverner en son absence la Colonie, qui étoit alors en pleine paix avec ses voisins, &

il

il arriva à *Plimouth* le 12 du Mois de *Juin*.

Le Capitaine *Jean Smith*, qui étoit alors en *Angleterre*, n'eut pas plûtôt apris l'arrivée de *Poeahontas* à *Portsmouth*, qu'il n'oublia rien pour lui marquer sa reconnoissance. Il avoit été condamné par le Pere de cette Princesse à avoir la tête cassée, & lors qu'il l'avoit déja sur le bloc, elle mit la sienne tout-auprès; de sorte qu'on n'osa fraper le coup. Il devoit s'embarquer incessamment pour la *Nouvelle-Angleterre*, & dans la crainte qu'il ne manquât l'occasion de lui témoigner sa gratitude, avant qu'elle se rendit à *Londres*, il présenta un Placet à la Reine en sa faveur. Voici ce qu'il lui demandoit, je le raporterai dans ses propres termes, afin de m'épargner la peine d'en faire le recit au long.

REQUETE du Capitaine SMITH à Sa Majesté, en faveur de *Pocahontas*, Fille de l'Empereur Indien *Powhatan*.

A la très haute & très vertueuse Princesse ANNE, *Reine de la Grande Bretagne.*

MADAME,

„ L'Amour que j'ai pour mon Dieu, mon Roi & ma Patrie, m'a si souvent rempli de hardiesse au milieu des plus grands perils, que l'honneur me contraint aujourd'hui de passer au delà de mes bornes, & d'offrir ce petit discours à Vôtre Majesté. Si l'Ingratitude est le poison mortel de toutes les Vertus, je me rendrois coupable de ce crime, si j'omettois aucun moien de marquer ma reconnoissance.

„ Il y a dix années ou environ que *Powhatan*, l'un des principaux Rois des *Indes*, me fit prisonnier à la *Virginie*, & que je reçus de lui des honnêtetez extraordinaires. Son fils *Nan-*

« *taquaus*, l'homme le mieux fait, le
» plus robuste & le plus hardi que j'aie
» vû parmi les Sauvages, & sa Sœur *Po-*
» *cahontas*, la très-chere & bien aimée
» fille de ce Monarque, se signalérent à
» me témoigner de la compassion, dans
» le triste état où je me trouvois réduit.
» C'est ce qui m'oblige à conserver pour
» cette Princesse une estime toute parti-
» culiere. Quoi que je fusse le premier
» Chrétien que ce fier Monarque, & sa
» Cour Barbare eussent jamais vû, &
» qui fut tombé sous leur pouvoir, je
» puis dire que malgré toutes leurs me-
» naces, ils pourvurent largement à tous
» mes besoins en tout ce qui dépendoit
» d'eux. Après qu'on m'eut engraissé
» autour de six Semaines de suite à la
» compagnie de ces Courtisans sauvages,
» & lors qu'on étoit sur le point de me
» faire sauter la cervelle, cette Princesse
» hasarda sa tête pour garantir la mienne,
» & obtint même de son Pere qu'on me
» conduiroit en sûreté à *James-Town*,
» où je ne trouvai que trente-huit mise-
» rables *Anglois* tout malades, qui ser-
» voient à garder ces vastes territoires de
» la *Virginie*. Telle étoit alors la foibles-
» se de cette pauvre Colonie, qui n'au-
» roit pas manqué de perir de faim, si
» les

„ les Sauvages ne nous avoient donné des
„ vivres.

„ Nous en fumes sur tout redevables,
„ très puissante Reine, à la générosité
„ de la Princesse *Pocahontas*, qui malgré
„ la guerre qu'il y avoit entre nous & les
„ *Indiens*, & son âge tendre, se hasar-
„ doit à nous venir voir, terminoit sou-
„ vent nos querelles, & ne manquoit ja-
„ mais de fournir à nos besoins. Je ne
„ saurois dire, si c'étoit son Pere qui
„ l'emploioit à cette bonne œuvre par
„ politique, ou si la Providence s'en ser-
„ voit comme d'un instrument, ou si
„ l'afection extraordinaire qu'elle avoit
„ pour nous, la faisoit agir : mais il est
„ certain, que lors que son Pere, armé
„ de tout son pouvoir, cherchoit à me
„ surprendre, avec dix-huit autres *An-*
„ *glois* qui étoient à ma compagnie, ni
„ les ténébres de la nuit, ni l'épaisseur
„ des Forêts, ni la difficulté des che-
„ mins, ne l'empêcherent pas de me ve-
„ nir trouver les larmes aux yeux, & de
„ me donner ses avis, pour échaper à la
„ fureur de son Pere, qui l'auroit infail-
„ liblement tuée, s'il en avoit eu le moin-
„ dre soupçon.

„ D'ailleurs, cette Princesse suivie de
„ son cortége fréquentoit *James-Town*,
„ avec

» avec la même liberté que l'habitation
» de son Pere, & durant l'espace de
» deux ou trois années, ce fut elle, qui,
» après Dieu, garantit cette Colonie de
» la famine, & d'une entiere desolation.
» Si cela fut arrivé alors, il y a grand'
» apparence que la *Virginie* seroit aujour-
» d'hui dans le même état où nous la
» trouvames, & qu'on n'auroit plus pen-
» sé à y faire de nouveaux établissemens.
» Quoi qu'il en soit, après mon départ,
» cette Colonie éprouva plusieurs revers
» de fortune, & pendant une guerre lon-
» gue & pénible qu'elle eut avec *Pow-*
» *hatan*, l'on n'entendit point parler de
» la Princesse sa fille, jusqu'à ce qu'en-
» fin les *Anglois* l'enleverent. On la re-
» tint prisonniere autour de deux années,
» & cet expédient servit à faire obtenir
» des vivres à la Colonie, & à conclur-
» re la Paix. Enfin cette Princesse, re-
» nonçant à son état barbare, épousa un
» Gentilhomme *Anglois*, avec qui elle
» est arrivée en *Angleterre*. C'est la pre-
» miere personne de cette Nation-là qui
» ait embrassé le Christianisme, & la
» premiere Dame de la *Virginie* qui ait
» parlé nôtre Langue, ou qui ait eu un
» enfant d'un mariage contracté avec un
» *Anglois*. Et ne sont-ce pas là des cho-
                                                » ses

„ ses qui méritent d'être communiquées
„ à une Princesse de vôtre augusse
„ rang?

„ Je ne doute pas, très-puissante Rei-
„ ne, que nos Historiens les plus fide-
„ les, ne vous racontent au long ce que
„ je viens de vous raporter en abregé,
„ & que vous ne destiniez quelques heu-
„ res de vôtre précieux loisir à lire ces
„ grands évenemens arrivez sous le regne
„ de Vôtre Majesté. Mais quoi qu'une
„ Plume plus habile puisse vous les tra-
„ cer au naturel, il n'y en a point qui
„ le puisse faire avec plus de franchise
„ & de sincerité que moi.

„ Je n'ai jamais demandé aucune grace
„ à l'Etat, ni à personne; mais l'inca-
„ pacité où je me trouve de secourir cet-
„ te Princesse, son mérite extraordinai-
„ re, sa naissance, sa vertu, ses besoins
„ & sa simplicité d'une part; vôtre éle-
„ vation, vos grands revenus & vôtre
„ pouvoir de l'autre, m'engagent à su-
„ plier très-humblement Vôtre Majesté
„ de tourner les yeux sur cette illustre
„ *Indienne*, quoi qu'elle vous soit recom-
„ mandée par un de vos indignes servi-
„ teurs, & d'avoir pitié de son Epoux,
„ qui n'a pas les moiens de lui donner
„ des habits décens pour se présenter à
„ vôtre Personne Roiale.   „ C'est

„ C'eſt là tout ce que je puis faire,
„ & je n'en dois pas moins à cette Prin-
„ ceſſe, qui a l'ame auſſi grande que ſon
„ corps eſt de petite taille. Si elle n'é-
„ toit pas bien reçue dans ce Roiaume,
„ qui en peut aquerir un autre par ſon
„ moien, il ſeroit à craindre que l'ami-
„ tié qu'elle a pour nous ne ſe tournât
„ en fureur; que le Chriſtianiſme ne de-
„ vint mépriſable parmi les *Indiens*, &
„ que tout le bien que nous en eſperons
„ ne ſe convertit dans le plus grand de
„ tous les maux. D'un autre côté, ſi
„ elle trouve que, pour avoir été chari-
„ table & bienfaiſante envers vos Sujets,
„ Vôtre Majeſté lui fait plus d'honeur
„ qu'elle n'en atendoit, elle en ſera ſi
„ touchée, qu'elle n'épargnera rien pour
„ effectuer ce que vos bôns Sujets & ceux
„ du Roi ſon Pere ſouhaitent avec beau-
„ coup d'ardeur. Je baiſe très-humble-
„ ment les mains de Vôtre Majeſté, &c.

Juin 1616.

Signé

JEAN SMITH.

X. Le Capitaine *Smith* préſenta cette Requête à Sa Majeſté, qui la reçut favorablement: mais avant qu'il s'embarquât pour la *Nouvelle Angleterre*, la Princesse *Indienne* se rendit à *Londres*, & son Epoux lui prit un Logement à *Branford*, afin de l'éloigner un peu de la fumée de cette Ville. Le Capitaine *Smith*, accompagné de quelques amis de cette Dame, ne manqua pas de lui rendre visite au plûtôt, & après lui avoir témoigné la part qu'il prenoit à son heureuse arrivée, il l'entretint de la Requête qu'il avoit présenté à la Reine en sa faveur.

Cette Dame *Indienne* avoit toûjours cru, jusqu'à ce qu'elle arriva en *Angleterre*, que le Capitaine *Smith* étoit mort, parce qu'il s'étoit absenté de *James-Town*, pour aller faire une seconde Plantation dans le Païs, qu'on apelle aujourd'hui la *Nouvelle Angleterre*. Lors donc qu'il parut en sa présence, elle ne voulut pas le voir & se retira, fâchée de ce qu'on avoit osé lui dire un si gros mensonge. Il lui en coûta bien des suplications & quelques heures d'atente, avant qu'elle pût se resoudre à lui parler: mais enfin elle s'apaisa & s'entretint librement avec lui. Après lui avoir rapellé tous les actes de son ancienne bienveillance & de sa générosité passée, elle lui reprocha le peu de
sou-

souvenir qu'il en avoit, tant il est vrai que la Nature même a de l'horreur pour l'ingratitude.

Elle avoit à sa suite un grand homme de sa nation, qui s'apelloit *Uttamaccomack*, & qui avoit ordre de *Powhatan*, de compter le nombre des habitans d'*Angleterre*, pour lui en faire un raport exact. Mais comme les *Indiens* n'ont point de caracteres, il ne fut pas plûtôt arrivé, qu'il se munit d'un bâton, sur lequel il devoit faire une coche pour chaque personne qu'il verroit, il se lassa bien-tôt de ce penible exercice ; il jetta son bâton, & lors qu'à son retour, le Roi lui demanda, quel nombre de gens il y avoit dans nôtre Isle, il le pria de compter les étoiles du Ciel, les feuilles des Arbres, & le sable qui est sur le rivage de la Mer ; *car*, dit-il, *il y a un pareil nombre d'habitans en* Angleterre.

XI. La Reine fit de grands honeurs à *Pocahontas* sur ce que le Capitaine *Smith* lui avoit représenté. Madame *Delawarr* l'introduisit souvent à la Cour ; elle fut traitée en public comme fille de Prince ; on la mena diverses fois à la Comédie, au Bal, & à d'autres divertissemens de cette nature, & toutes les Dames de la Cour la reçurent avec de grandes marques
de

de respect & de soumission. Elle se conduisit dans toutes ces occasions avec tant de bienséance & de grandeur, qu'elle soûtint merveilleusement bien le caractere que le Capitaine *Smith* avoit donné de sa personne. Ses manieres honêtes & obligeantes lui aquirent l'estime de tout le monde, & peu s'en falut qu'on ne mit son pauvre mari en justice, de ce qu'il avoit eu la temerité d'épouser la fille d'un Roi, sans avoir son aprobation. Il est vrai que le bruit avoit couru d'abord que *Rolfe* avoit tiré avantage de ce qu'elle étoit prisonniere, qu'il l'avoit forcée à se marier avec lui, & que *Powhatan* en avoit témoigné beaucoup de chagrin: mais quand on eut instruit ce Monarque du veritable état de l'afaire, il déclara tout-haut qu'il en étoit content.

D'ailleurs, tout le monde s'empressoit à marquer de l'estime à cette jeune Princesse; & il y a grand' apparence que, si elle fut retournée dans son Païs, elle auroit reconnu toutes ces honêtetez avec usure, & engagé les *Indiens* à être plus favorables à nôtre Colonie. Mais par malheur elle tomba malade à *Gravesend*, lors qu'elle se disposoit à se rembarquer, & peu de jours après, pendant lesquels elle donna de bons témoignages de son

C at-

attachement à la Religion Chrétienne, elle rendit l'ame. Elle ne laiſſa qu'un Fils, nommé *Thomas Rolfe*, dont la poſterité eſt encore aujourd'hui en bonne reputation à la *Virginie*.

XII. Le Capitaine *Yardly* ne s'aquitta pas trop bien de ſon emploi; il laiſſa déperir les Maiſons & les Forts; il ne ſe mit pas en ſûreté contre les *Indiens*, & au lieu de ſemer du blé, pour en faire bonne proviſion, il occupa tout ſon monde à planter du Tabac, parce qu'il en revenoit un profit plus clair. La Colonie étoit dans cette ſituation, lors que le Capitaine *Samuel Argall* y fut envoié pour Gouverneur en l'année 1617. il trouva que les habitans y étoient reduits à un peu plus de quatre cens hommes, & qu'il n'y en avoit guére plus de la moitié qui fuſſent propres pour le travail. Cependant les *Indiens*, qui les fréquentoient tous les jours, aprenoient l'uſage des armes à feu: Les *Anglois* même en inſtruiſoient quelques uns à les manier, & ils les emploioient à la chaſſe, tant le mariage de *Pocahontas* avec *Rolfe* les avoit endormis. Mais le Gouverneur *Argall*, qui n'aprouvoit point cette méthode, y mit ordre à ſon arrivée, & le Capitaine *Yardly* s'en retourna en *Angleterre*.

XIII. La

XIII. La Colonie fleurît & s'accrût beaucoup sous le gouvernement d'*Argall*, qui eut soin d'y entretenir l'abondance & la paix. L'année 1618. le Lord *Delawarr* y fut renvoié avec deux cens hommes de renfort, & quantité de provisions : mais après avoir tenu la route des Isles Occidentales, il eut les vents contraires, & la maladie se mit dans son Equipage : de sorte que lui-même en mourut, avec une trentaine de ses hommes, & qu'ainsi le Gouvernement resta entre les mains du Capitaine *Argall*.

XIV. *Powhatan* mourut au Mois d'*Avril* de cette même année, & il laissa pour Successeur son second Frere *Itopatin*, qui n'avoit pas à beaucoup près autant de genie que son ainé *Oppechancanough*, que *Powhatan* avoit desherité, parce qu'il s'étoit revolté contre lui avec les *Indiens* de *Chickahomony*, dont il étoit devenu le Roi. Cet *Oppechancanough*, qui ne manquoit ni de ruses, ni de bravoure, se rendit bien-tôt maître de tout l'Empire : quoi que dès l'avenement d'*Itopatin* à la Couronne, ils eussent renouvellé la Paix avec nôtre Colonie.

XV. Au milieu de la prosperité dont elle jouïssoit, sans inquietude & sans crainte de la part des *Indiens*, le Gouververneur *Argall* chercha de nouvelles occasions d'étendre son commerce. Dans cette vûë, il resolut de faire un voiage le long de la Côte vers le Nord, pour visiter les lieux où les Vaisseaux *Anglois* avoient si souvent chargé ; & s'il les manquoit, de pousser jusques aux Bancs de *Terre-neuve*, afin d'établir quelque correspondance avec l'un ou l'autre de ces endroits. Lors qu'il vint à toucher, sur sa route, au Cap *Codd*, les *Indiens* de ce Quartier l'avertirent, qu'un petit nombre d'hommes blancs, qui lui ressembloient, étoient venus s'habituer à leur Nord, sur la Côte des Nations voisines. Le Capitaine *Argall*, qui n'avoit pas ouï dire que les *Anglois* eussent fait aucune Colonie de ce côté-là, soupçonna d'abord que ce pourroient être des *Européens* de quelque autre Nation, & il ne se trompa point. Rempli donc de zéle pour l'honeur & l'avantage de l'*Angleterre*, il resolut de chercher cet endroit suivant les informations qu'il en avoit reçues, & de voir qui étoient ces nouveaux venus. En effet, il trouva leur Plantation, & un Vaisseau qui étoit à l'ancre dans le voisinage. Quelques *François* y avoient pris poste, & s'étoient fortifiez sur une petite Montagne au Nord de la *Nouvelle Angleterre*. XVI.

XVI. Ils s'attendoient si peu à l'arrivée de ce Capitaine, que sa présence les mit en confusion, & qu'ils n'eurent pas le tems de faire des préparatifs à bord de leur Vaisseau, pour lui résister. Le Capitaine *Argall* le serra de si près, qu'avec sa mousqueterie il chassa tous les hommes du tillac, & les empêcha de faire usage de leur Canon. Il y avoit sur ce Bord deux Jesuites, dont l'un fut plus hardi que prudent: il voulut se hasarder, malgré le risque où il se trouvoit, à mettre le feu à une Piece d'Artillerie; mais il fut tué d'un coup de mousquet pour sa peine.

Le Capitaine *Argall* n'eut pas plûtôt pris le Vaisseau, qu'il mit pié à terre, se présenta devant le Fort & le somma de se rendre. La Garnison demanda du tems pour y penser; & sur ce qu'on ne voulut pas lui en donner, elle se retira à la sourdine & s'enfuit dans les Bois. Làdessus le Capitaine *Argall* entra dans le Fort, & y passa la nuit. Le lendemain les *François* se rendirent à sa discretion, & lui remirent la Patente que le Roi de *France* leur avoit accordée pour faire cet établissement. Ce Capitaine en usa trèsbien à leur égard; il permit à ceux qui avoient envie de retourner en *France*, de

cher-

chercher leur passage sur les Vaisseaux de la Pêche, & il amena en *Virginie* ceux qui voulurent bien y aller : mais il ne soufrit pas qu'aucun d'eux restât dans ce poste.

XVII. Ces *François* étoient sous la direction de deux Jesuïtes, qui, après avoir eu quelque chagrin contre *Biencourt* Gouverneur d'*Acadie*, avoient abandonné la Plantation *Françoise* de *Port-Roial*, Place située sur la Baye, au Sud-Ouest d'*Acadie*.

XVIII. Lors que le Capitaine *Argall* fut sur le point de retourner en *Virginie*, le Pere *Biard*, celui des deux Jesuïtes qui restoit encore en vie, l'avertit, par un principe d'animosité contre *Biencourt*, de l'Etablissement que les *François* avoient à *Port-Roial*, & lui ofrit de le conduire jusques-là. Nôtre Capitaine accepta l'ofre de bon cœur, & il se rendit maître de ce Poste avec la même facilité qu'il avoit occupé l'autre. Les *François* y avoient déja semé & moissonné ; ils y avoient fait des Granges, des Moulins & autres bâtimens, que le Capitaine *Argall* ne voulut pas détruire. Content d'en chasser les *François*, il leur donna la même permission qu'il avoit accordée à leurs autres compatriotes, de se reti-

retirer là où ils voudroient : de forte que les uns s'en retournerent en *France*, & les autres allérent s'établir fur la Riviere de *Canada*. Pour lui, il fe rendit à la Colonie *Angloife*, chargé du butin qu'il avoit fait dans ces deux Plantations.

XIX. Le bruit de ces exploits paffa bien-tôt en *Angleterre :* je ne fai s'ils y furent defaprouvez, parce qu'on les avoit entrepris fans un ordre particulier : mais dans le Mois d'*Avril* fuivant il arriva un petit Vaiffeau à la *Virginie*, qui ne fervit qu'à ramener le Gouverneur *Argall* en *Angleterre*. Il laiffa le Capitaine *Nathaniel Powell* pour fon Lieutenant : & bientôt après le Capitaine *Yardly* y fut renvoié pour Gouverneur avec le titre de Chevalier.

XX. On y envoia cette même année quantité de Bêtail & d'autres provifions, avec mille ou douze cens hommes. On rétablit alors toutes les anciennes Plantations qu'on avoit abandonnées, on ajouta de nouveaux Membres au Confeil, & l'on convoqua une Affemblée de Deputez de tous les Quartiers du Païs, qui devoient être élûs par les habitans des différentes Plantations.

Au Mois de *Mai* 1620. ces Deputez fe rendirent auprès du Gouverneur & du

Conseil à *James-Town*, & ils s'assemblerent avec eux dans la même Chambre, à la maniere du Parlement d'*Ecosse*, pour déliberer sur les affaires & le Gouvernement du Païs.

Ce fut la premiere Assemblée générale qu'on y tint, & quoi que les deux Chambres ne se soient pas réünies depuis, je souhaiterois de tout mon cœur qu'elles voulussent joindre leurs efforts, & unir leurs afections pour le bien du Païs.

XXI. Au Mois d'*Août* suivant un Vaisseau de guerre *Hollandois* y débarqua vingt Negres, pour les exposer en vente, & ce furent les premiers qu'on eut jamais transporté dans le Païs.

XXII. Cette année on borna l'étenduë de chaque Communauté : mais on ne trouve rien sur les Registres d'aucun Octroi fait à cette occasion. Il est vrai que dans un des Registres nouvellement transcrits on voit un témoignage du Gouverneur *Argall*, à l'égard des bornes de la Communauté de *James-Town*, où il déclare qu'il en avoit connoissance : mais il n'y a pas un seul mot d'aucune Charte ou Patente en faveur de cette Communauté.

On fit alors divers partages des terres, soit pour la Compagnie même, pour le Gou-

Gouverneur, pour un Collége, & plusieurs particuliers : On en destina une certaine quantité pour les Curez des Paroisses, & l'on fit diverses Plantations sur les Rivieres *James* & *York*. Chacun instruit alors de ce qui lui apartenoit en propre, & persuadé que son travail tourneroit à son profit, plusieurs devinrent fort industrieux, & l'on tâcha de se surpasser les uns les autres en Plantations, en Bâtimens & autres commoditez de la vie. Deux Gentilshommes furent deputez à la Compagnie, pour regler la ferme de ses terres, & de celles du Collége. On ne craignit plus aucun danger de la part des *Indiens*. On fit de grosses Donations à l'Eglise, au Collége, & pour élever les Enfans des *Indiens* à l'Ecôle. On resolut de ne donner des terres qu'à ceux qui aporteroient des efets, & qui ameneroient un certain nombre de personnes, pour augmenter la Colonie. On dressa même un Formulaire des Patentes qu'on accorderoit pour cela. Enfin, nos gens commencerent alors à s'imaginer qu'ils étoient le plus heureux peuple du Monde.

XXIII. Les grands secours qui arrivoient sans cesse à la *Virginie*, & les nouveaux établissemens que l'on y faisoit de tous côtez, la rendirent floriffante & peuplée. On fit une Saline au Cap *Charles*, fur le rivage Oriental; & une Forge de fer à *Falling-Creek*, fur la Riviere *James*. Cette Mine fe trouva fi bonne, qu'on écrivit à la Compagnie de *Londres*, qu'on ne doutoit pas de la perfectionner, & d'avoir provifion de fer pour leur ufage à Pâque fuivante. On ne parloit en ce tems que de l'abondance & des richeffes, où les *Anglois* vivoient à la *Virginie*: & quoi que le Chevalier *George Yardly* eut alors une belle occafion de reparer les fautes de fon premier Gouvernement, il foufrit que le peuple retombât dans fon ancienne fecurité, & qu'il négligeât de pourvoir à fa propre défenfe: ce qui fut la fource de toutes les calamitez qu'on éprouva dans la fuite.

XXIV. Lors que le terme de fon adminiftration étoit fur le point d'expirer, le Chevalier *François Wyat*, qui n'étoit qu'un jeune homme, fut nommé fon Succeffeur. Le nombre des habitans augmentoit de jour en jour, & il y eut cette année treize cens perfonnes qui s'y établirent. Cela fut caufe qu'on planta une fi grande quantité de Tabac, qu'on s'en trouva furchargé. Le Roi, touché de compaffion pour le Païs, envoia ordre,

dre, qu'on ne souffrit point que ceux qui cultivoient cette Plante en fissent plus de 100 ℔ chacun; parce que le prix en étoit si bas, qu'il ne pouvoit pas leur en donner plus de trois Chelins de la ℔. D'ailleurs, Sa Majesté leur conseilla d'employer le tems qu'ils auroient de reste à se pourvoir de blé & de Bêtail, à faire de la Gravelée, ou à s'occuper à quelque autre Manufacture.

Le Chevalier *François Wyat* se rendit en *Virginie* au Mois d'Octobre 1621. Au Mois de *Novembre* suivant le Capitaine *Newport* y arriva avec cinquante hommes qu'il amenoit à ses frais, outre les passagers, & il fit une Plantation dans un endroit qu'il appella de son nom le *nouveau Newport*. Le Gouverneur *Wyat* visita toutes les Plantations *Angloises*, & il permit qu'on en fît de nouvelles jusques à la Riviere *Patowmeck*. Il faut observer ici que les *Indiens* établis sur le rivage Oriental ne donnerent jamais aucune inquietude aux *Anglois*, & qu'ils leur témoignérent toûjours beaucoup d'amitié & de consideration. Peut-être que les *Anglois* avoient profité de leurs bevûes passées, lors qu'ils allerent s'établir dans ce Quartier-là, & qu'ils avoient apris à mieux regler leur commerce avec les *Indiens*,

diens, & à les traiter avec plus de douceur.

XXV. Ce fut en l'année 1622. que l'Assemblée générale établit des Cours subalternes, qu'on appelloit *Cours des Provinces*, pour l'expedition des petites affaires; mais le Gouverneur & le Conseil formoient toûjours la Cour souveraine de la Colonie. Cependant, depuis le mariage de *Pocahontas*, & l'avenement d'*Oppechancanough* à la couronne, les *Anglois* s'étoient si fort multipliez, & avoient joüi d'un si long calme, qu'ils tombérent dans une securité fatale : devenus familiers avec les *Indiens*, ils mangeoient, buvoient & couchoient au milieu d'eux sans aucun scrupule : de sorte que les *Indiens* aprirent bien-tôt en quoi consistoit nôtre principale force, & quel étoit l'usage de nos armes; ils savoient toûjours en quel tems & à quel endroit ils pourroient trouver nos hommes; s'ils étoient chez eux, ou dans les Bois; plusieurs en corps, ou dispersez; en état de se défendre, ou non. L'imprudence des *Anglois* à découvrir leur foiblesse les rendit plus méprisables, qu'ils n'auroient été sans cela; & fournit l'occasion aux *Indiens* d'être de plus mauvaise humeur, & plus entreprenans à leur égard.

XXVI.

XXVI. En effet, *Oppechancanough* fut si choqué de la mort d'un de ses Capitaines de Guerre, comme ils les appellent, quoi qu'on l'eut tué justement, qu'il prit la resolution de s'en vanger par un massacre général de tous les *Anglois*. Il fixa le jour au 22 de *Mars* de la même année 1622, un peu avant midi, lorsque tout nôtre monde travailloit à la Campagne, & qu'ils étoient dispersez d'un côté & d'autre sans armes. Ce dessein diabolique, qui devoit s'executer au même instant par toutes les Plantations, ne s'étendit pas jusqu'à celles qu'il y avoit sur le rivage Oriental. Les *Indiens* s'étoient rendus si familiers avec les *Anglois*, qu'ils empruntèrent leurs Bateaux & leurs Canots pour traverser les Rivieres, lorsqu'ils alloient engager leurs voisins dans cet execrable Complot. Afin même de mieux cacher leur dessein, la veille du jour marqué pour l'execution, ils firent des présens aux *Anglois* de Bêtes fauves, de Poulets d'Inde, de Poisson & de Fruits. Ce n'est pas tout, le Lendemain matin ils parurent au milieu d'eux librement & sans armes, ils mangerent avec eux, & ils en usérent avec la même amitié & la même franchise qu'à l'ordinaire, jusques au moment qu'ils devoient fraper le coup. Alors ils fondirent de toutes parts sur les *Anglois*, dont ils assommérent les uns à coups de certaines haches, qu'ils appellent *Tomahawks*, & les autres avec les houes & les haches des *Anglois* eux-mêmes; ils tirérent sur ceux qui s'étoient d'abord échapez de leurs mains, & suivant leur coutume barbare, ils n'épargnérent ni l'âge ni le sexe, afin qu'il ne restât personne qui pût tirer vangeance de leur cruauté. Mais ceux qui ne furent pas surpris ce jour-là se garantirent de la mort, & il y eut plusieurs *Anglois*, qui avertis assez tôt de la conspiration, resistérent vigoureusement aux *Indiens*. Le nombre des Chrétiens qui perirent dans cette journée, montoit à 347, qui furent presque tous massacrez avec leurs propres instrumens.

XXVII. Le Massacre auroit été beaucoup plus universel, si par un effet de la Providence, la mine ne se fut éventée quelques heures avant qu'on la fît jouer. Voici de quelle maniere cela se passa: Il arriva que deux *Indiens*, que les *Anglois* envoioient d'ordinaire à la chasse pour leur service, coucherent ensemble la veille du Massacre dans la maison d'un *Anglois*,

glois, où l'un d'eux étoit emploié. L'*Indien* étranger voulut perfuader à l'autre de fe lever la nuit, pour aller tuer fon Maitre, avec promeffe qu'il tueroit le fien le jour fuivant; & là-deffus il lui découvrit tout le complot. Le Domeftique fit femblant d'y aquiefcer; mais au lieu d'affaffiner fon Maitre, il lui revela le fecret qu'il venoit d'apprendre. Cet *Anglois* fe leva d'abord, mit fa maifon en fûreté, & fe rendit avant le jour à *James-Town*. Par ce moien, les habitans de cette Ville, & les Plantations du voifinage en eurent avis affez-tôt, pour fe pouvoir garantir du maffacre. Le Capitaine *Crofhaw*, qui étoit à bord de fon Vaiffeau à *Patowmeck*, en fut averti par un jeune *Indien*, & il échapa de cette maniere à la fureur des conjurez.

XXVIII. Au refte, le Capitaine de guerre qu'on avoit tué, comme nous l'avons déja dit, & dont la mort avoit porté *Oppechancanough* à cet excès de rage, s'appelloit *Nemattanow*. Il étoit actif, grand Guerrier & fort eftimé des fiens: On croioit même qu'il étoit invulnerable & immortel, parce qu'il s'étoit trouvé en diférentes occafions, où il n'avoit jamais reçu la moindre bleffure. D'ailleurs, il étoit fin & rufé, & pour en-

entretenir la haute opinion qu'on avoit conçuë de sa personne, & fraper avec plus de succès l'imagination du peuple, il afectoit des manieres étranges & qui sembloient tenir du prodige. Il se paroit souvent de plumes, qui lui donnoient un air tout-à-fait ridicule : ce qui obligea les *Anglois* à l'appeller par moquerie *Jean de la plume*.

Ce *Nemattanow*, entêté des babioles qu'un certain *Morgan* avoit, se rendit un jour à sa Plantation, pour l'engager à les aller vendre à *Pamunky*. Il le flata même de l'esperance qu'il y trouveroit bien son compte, & lui promit de l'aider en cela de tout son pouvoir. Enfin *Morgan* se laissa persuader : mais après son départ, l'on n'entendit plus parler de lui ; de sorte qu'on crut avec raison que ce *Nemattanow* l'avoit tué en chemin, & qu'il lui avoit enlevé son petit trésor. Du moins, peu de jours après, il retourna à la maison de *Morgan* avec le bonnet de ce dernier sur la tête, & il y trouva deux jeunes garçons fort resolus, qui lui demanderent où étoit leur Maître. Il leur répondit franchement qu'il étoit mort. Cet aveu, joint au bonnet qu'ils reconnurent, leur fit soupçonner que ce barbare l'avoit assassiné, & là-dessus ils lui pro-
po-

poferent de comparoitre devant le Juge de paix: mais il refufa d'y aller, & les traita même d'une maniere fort infolente. Ceux-ci choquez de fa refiftance lui déchargérent un coup de Fufil dans le corps, dont il mourut, dans le tems qu'ils le portoient chez le Gouverneur.

Lors qu'il étoit fur le point d'expirer, il pria inftamment ces jeunes garçons de lui promettre deux chofes; l'une, de ne dire pas qu'ils l'euffent tué; & l'autre, de l'enterrer parmi les *Anglois*. L'ambition de cet indigne Paien étoit fi grande, qu'il ne fongeoit qu'à paffer après fa mort, pour ce qu'on l'avoit cru durant fa vie, c'eft-à-dire pour invulnerable & immortel; quoi que la défaillance où il fe trouvoit, le convainquit de la fauffeté de l'un & de l'autre. Il s'imaginoit fans doute que fi on l'enterroit au milieu de nos gens, ceux de fa Nation pourroient ignorer fa mort, & croire même qu'il avoit été tranfporté dans quelque Climat plus heureux. C'eft ainfi qu'il fe flata jufques au dernier foupir de fa vie, bercé par les promeffes que ces jeunes garçons lui firent de repandre ce menfonge. Quoi qu'il en foit, la mort de ce Capitaine fut l'unique raifon qui porta le fier & le vindicatif *Oppechancanough* à jouer

cette

cette sanglante tragedie, & à se donner des mouvemens infinis pour y engager les Rois & les Nations qui étoient à la frontiere des *Anglois*, sur la Côte Occidentale de *Chesapeak*.

XXIX. Une action aussi barbare que celle-ci fournit aux *Anglois* un prétexte specieux de travailler à la ruïne totale des *Indiens*, mais sur tout d'*Oppechancanough* & de sa Nation. En effet, ils les poursuivirent durant quelques Mois à force ouverte, mais inutilement, parce que les *Indiens* se cachoient dans les Bois, où il étoit impossible de les attaquer. Pour en venir donc à bout, ils crurent qu'ils pouvoient mettre en usage la Maxime des Catholiques Romains, qui porte, *Qu'on n'est pas obligé de tenir la foi aux hérétiques*; ils offrirent la Paix aux *Indiens*, leur donnerent de bonnes paroles, & leur promirent d'oublier tout le passé. Leurs Lettres, qu'on peut voir encore aujourd'hui dans les Registres, & leurs actions mêmes prouvent manifestement, que leur but étoit d'atirer les *Indiens* hors de leurs retraites; de les engager à planter leur blé dans les terres les plus voisines de celles des *Anglois*; de le faucher ensuite, lors que l'Eté seroit trop avancé pour en pouvoir atendre une seconde recolte

colte de toute l'année; & de les reduire par ce moien à la famine. Le projet fut executé en partie; après avoir obtenu des *Indiens* qu'ils femeroient leur Maïz dans leurs Plantations ordinaires, ils tombérent fur eux à l'improvifte, taillerent en pieces tous ceux qui ne purent pas s'échaper, & ils firent le dégat de leur grain.

XXX. Les *Anglois*, intimidez par le maffacre de leurs gens, fe raprocherent les uns des autres, & fe reduifirent de nouveau en fix ou fept Communautez, afin d'être mieux à portée de fe défendre, en cas de befoin. D'ailleurs, cette trifte avanture fit échouër quelques bonnes entreprifes, qu'on avoit alors commencées, & qu'on n'a pas mifes en execution jufques à ce jour; telles étoient par exemple les Verreries de *James-Town*, & la Forge de fer de *Falling-Creek*, dont nous avons déja parlé. Le Maffacre fut fi cruel & fi général dans ce dernier endroit, qu'il n'en rechapa qu'un feul garçon & une petite fille, qui fe cacherent avec beaucoup de peine.

Le Surintendant de cette Forge avoit auffi découvert une Mine de plomb, qu'il ne voulut jamais indiquer à perfonne, & dont il fourniffoit des bales & de la dragée

gée à tous ses voisins. Mais comme il fut envelopé avec les autres dans le Massacre, on ne retrouva cette Mine qu'au bout de quelques années. Le Colonel *Byrd*, sous prétexte d'aller à la chasse avec un *Indien*, qui savoit le lieu où étoit la Mine, l'engagea à laisser tomber sa * hache sur l'endroit même pour lui servir de signal, parce que l'*Indien* n'auroit jamais osé la lui découvrir en public, de crainte d'être assassiné. En effet, celui-ci donna le signal, & l'on trouva d'abord divers morceaux de bonne Mine de plomb sur la superficie de la terre. Afin même de ne manquer pas l'endroit, on marqua les arbres du voisinage : malgré tout cela, je ne sai par quel enchantement, on n'a pû le retrouver jusques-ici ; quoi qu'il soit sur les terres du Colonel *Byrd*. Peut-être qu'on le découvrira avec le tems, si l'on y fait de nouvelles Plantations.

XXXI. C'est ainsi que par toutes ces fréquentes malversations, la Compagnie de *Londres* se vit exposée à de grosses pertes & à plusieurs revers de fortune : quantité de ses Membres s'en dégoûtèrent & vendirent leurs Capitaux, mais ceux qui se mirent à leur place, pressèrent pour envoier à la *Virginie* de nouveaux

---

* *Tomahawk.*

veaux secours d'hommes & d'effets. Cependant tous les interessez n'avoient autre chose en vûe que d'enlever les trésors de ce Païs-là, & de s'enrichir au plus vîte, sans se mettre en peine de former une Colonie reguliere, ni d'y établir un Gouvernement capable de procurer un bonheur de longue durée.

Il y eut divers Gentilshommes qui s'y transporterent avec leurs effets & leurs domestiques, sans avoir aucune part au fonds de la Compagnie, dans l'esperance d'obtenir des terres du Gouvernement, à l'exemple du Capitaine *Newport*; ou du moins d'obtenir des Patentes suivant le reglement qu'on avoit fait là-dessus. Il y en eut d'autres qui demanderent ces Octrois à la Compagnie de *Londres*, & qui en obtinrent des terres, avec une certaine jurisdiction, qui ne relevoit pas du Gouvernement; ce qui fut la source de mille desordres, & des malheurs qui arrivérent dans la suite. Entre ces Messieurs, un Capitaine appellé *Martin*, fit de grands préparatifs pour s'établir dans ce Païs-là, il obtint des terres de la Compagnie, & fut élû Membre du Conseil. Mais ambitieux de s'élever à de plus hautes dignitez & d'aquerir plus de richesses, il y causa tant de brouilleries, qu'à

la

la fin il mit tout en combuſtion. Les *Indiens*, qui ne reſpiroient que la vangeance, ne manquerent pas de profiter de ces diviſions, de ſurprendre les *Anglois*, & d'en faire un nouveau carnage.

XXXII. Les ſuites funeſtes du mauvais Gouvernement de la Compagnie firent tant de bruit, que le Roi *Charles* I, dès ſon avenement à la couronne, fut touché de compaſſion envers ſes pauvres ſujets, qu'on avoit tranſportez dans ce Païs-là, & dont pluſieurs y avoient peri. Là-deſſus il caſſa la Compagnie en l'année 1626, il reduiſit le Païs & le Gouvernement ſous ſa direction immédiate; il nomma le Gouverneur & les Membres du Conſeil; il ordonna que toutes les Patentes & les procedures ſe fiſſent en ſon propre nom; & il ne ſe reſerva qu'une rente foncière de deux Chelins pour chaque cent Acres de terre, & ainſi à proportion.

CHAPITRE IV.

Où l'on raporte l'Histoire du Gouvernement depuis la Dissolution de la Compagnie jusques à l'année 1704.

I. Le Roi n'eut pas plûtôt pris en main la direction des afaires de la *Virginie*, qu'il ordonna qu'elles seroient administrées par un Gouverneur, un Conseil & l'Assemblée générale. Il confirma les différentes Cours de Justice qu'on avoit établies en l'année 1620, & il voulut qu'on en appellât en dernier ressort à l'Assemblée. Enfin il renouvella tous les Reglemens que la premiere Assemblée avoit faits pour la distribution des terres, & l'octroi des Patentes qu'on en donnoit aux Particuliers qui vouloient s'y habituer.

II. Un si bon Etablissement répondoit aux vœux de la Colonie, & tout sembloit concourir alors à la rendre florissante. On s'y transportoit en foule, chacun muni d'une Patente y prenoit des terres à sa guise, & sans penser qu'à devenir les maîtres d'une grande étenduë de Païs, ils se dispersérent en diférentes
Plan-

Plantations fort éloignées les unes des autres. Malgré tout cela, bien loin d'appréhender les *Indiens*, ils les écartérent plus que jamais de leur voisinage; & ceux-ci, intimidez par le grand nombre des *Anglois*, qui se multiplioient de jour en jour, étoient bien aises de se tenir à quartier, & de vivre en paix avec eux.

Quoi qu'il en soit, cette liberté de prendre les terres qu'on vouloit, & l'ambition d'être le proprietaire d'une vaste étenduë de Païs, quoi qu'inculte, jointes à la commodité de plusieurs Rivieres, qui fournissoient un bon ancrage devant la porte de chacun, avoient réduit le Païs & le Commerce dans un état si fâcheux, que jusques à ce jour il n'y a pas un seul Lieu qui puisse porter à juste titre le nom de Ville.

III. Tandis que le Gouvernement fut bien administré à la *Virginie*, on n'y craignit aucun malheur, & diverses personnes de qualité s'y transporterent avec toutes leurs familles; les uns pour rétablir leurs affaires domestiques; & les autres pour cause de Religion, ou quelque autre motif de cette nature. *Cecile Calvert*, Lord *Baltemore*, Catholique Romain, fut de ce nombre: dans la pensée qu'il jouïroit avec plus de liberté de l'exerl'exercice de sa Religion, s'il alloit dans ce nouveau Monde; il se rendit en *Virginie*, pour voir s'il s'accommoderoit bien du Païs; mais nos *Anglois* le regardérent de si mauvais œuil, à cause de sa Religion, & le traitérent si mal, qu'il perdit l'envie de s'y arrêter.

IV. Ce Lord, peu satisfait de la maniere dont on en avoit usé envers lui, resolut de faire quelque autre tentative. Il aprit qu'il y avoit un beau Païs & plusieurs grandes Rivieres à la hauteur de la Baye de *Chesapeak*, & que les *Anglois* ne s'y étoient pas encore habituez: de sorte qu'il forma le dessein d'y établir une nouvelle Colonie. Dans cette vûë, il fit un voiage vers le Nord, pour découvrir le Païs, & observer ce qui lui conviendroit le mieux.

Après y avoir trouvé toutes choses à souhait, il retourna en *Angleterre*; & parce que les établissemens faits à la *Virginie* ne s'étendoient alors qu'au Sud de la Riviere *Patowmeck*, ce Seigneur obtint la proprieté de * *Maryland*, qui étoit bornée au Sud par la Riviere *Patowmeck*, du côté du rivage Occidental; & à l'Est, par une Ligne tirée depuis la Poin-

---

* C'est-à-dire, *Terre Marie*, du nom de la Reine Epouse de *Charles* I.

Pointe * *Look-out*, du côté du rivage Oriental: mais il mourut avant qu'il pût s'embarquer pour la Terre promise.

V. En l'année 1633, son fils, qui lui succeda, obtint la confirmation de la Patente que son Pere avoit euë, & se rendit sur les lieux, pour établir sa nouvelle Colonie.

Ce fut un grand malheur, qu'un Païs, que la Nature sembloit avoir formé pour être sous un seul Gouvernement, se vit partagé en deux Colonies différentes. Elles en soufrirent beaucoup & en soufrent encore aujourd'hui l'une & l'autre. Comme ce sont les seuls endroits de la dépendance de l'*Angleterre*, où l'on plante une quantité considerable de Tabac, il arrive que si l'une des Colonies défend le débit du mauvais Tabac, pour faire hausser le prix du bon; l'autre ne manque pas d'en tirer avantage & d'envoier en *Angleterre* tout ce qu'elle en peut recueillir de bon & de mauvais, sans aucune distinction. Ceci porte beaucoup de préjudice à celle des deux Colonies qui s'expose à perdre sur la quantité pour en ameliorer la qualité.

VI. Mais cet Octroi attira bien d'autres malheurs à la pauvre *Virginie*. Un si

---

* C'est-à-dire, Guérite.

si pernicieux exemple eut des conséquences terribles, & il produisit enfin l'une des occasions qui engagérent les *Indiens* à faire un nouveau Massacre. Les Courtisans, fondez sur l'exemple du Lord *Baltemore*, quoi qu'ils n'eussent pas le même dessein que lui de s'habituer en *Virginie*, demanderent des Octrois de la même nature pour en tirer de l'argent. Ainsi, quelques années après, le Païs fut si démembré, que non seulement on donnoit les terres & les rentes foncieres, mais les jurisdictions mêmes qui apartenoient à la Colonie. Le Chevalier *Jean Harvey*, qui en étoit le Gouverneur, n'y contribua pas peu par ses mauvais tours, & quelquefois même il inseroit dans ces injustes Donations les Etablissemens qu'on avoit déja fait, sous prétexte d'en avoir reçu les ordres de Sa Majesté.

VII. Ce ne fut pas la seule injustice dont ce Chevalier se rendit coupable: toutes ses procedures étoient arbitraires, & il fit monter fort haut les droits & les amendes que les Assemblées avoient eu l'imprudence de lui accorder. Il traita même le Conseil & les Gentilshommes les plus qualifiez du Païs avec tant de hauteur, que sa tyrannie devint insuportable, & qu'en l'année 1639, le Conseil l'enl'envoia prisonnier à *Londres*, avec deux de ses Députez pour maintenir l'Accusation qu'on avoit formée contre lui. Le Roi *Charles* I. n'eut pas plûtôt cette nouvelle, qu'il en témoigna beaucoup de chagrin, & que sans vouloir entendre les Deputez, il renvoia le Chevalier dans son Gouvernement ; mais par les premiers Vaisseaux qu'on expedia ensuite il eut la bonté de le rapeller, & de mettre à sa place l'honête & l'équitable Chevalier *Guillaume Berkeley*, qui servit à dédommager la Colonie de tous les maux que l'autre lui avoit faits.

VIII. Cependant les opressions du Chevalier *Harvey*, & les difficultez qu'on trouvoit à obtenir son rapel, causérent un mécontentement si général, que toute la Colonie étoit en desordre. Les *Indiens* eux-mêmes, habiles à profiter de tout, resolurent de se vanger du tort que ces Octrois leur faisoient. Lors donc que les *Indiens* virent que les *Anglois*, mécontens de leur Gouverneur, étoient desunis entr'eux, ils formérent, sous la direction de leur Roi *Oppechancanough*, le projet d'un nouveau Massacre. Il y périt près de cinq cens Chrétiens ; mais il ne fut pas si général que le premier, parce qu'on ne soufroit pas que les *Indiens* fré-

fréquentassent avec la même liberté l'interieur du Païs, où les *Anglois* demeuroient. Ainsi la violence du Massacre tomba sur ceux qui habitoient au côté Meridional de la Riviere *James*, & vers les sources des autres Rivieres; sur tout de celle d'*York*, où l'Empereur *Oppechancanough* faisoit sa residence.

IX. Ce Prince avoit la taille avantageuse, l'air noble, & un genie extraordinaire. Quoi qu'il n'eut aucune sorte de litterature, non plus que les autres *Indiens*, il entendoit parfaitement bien l'art de gouverner ce Peuple grossier & barbare. Ses sujets les plus éloignez respectoient son nom, & trembloient à sa parole.

Smith raporte dans son Histoire que ce Prince étoit frére de *Powhatan*; mais les *Indiens* ne le croient pas: du moins ils disent qu'il étoit venu chez eux d'un Païs étranger, qui est fort avant au Sud-Ouest. Il semble même par le récit qu'ils en font, qu'il étoit du nombre des *Indiens* soûmis aux *Espagnols*, du voisinage du *Mexique*, ou des Mines de Ste. *Barbe*. Quoi qu'il en soit, depuis le Massacre, dont je viens de parler, jusques au jour qu'on le fit prisonnier de guerre, il n'y eut ni paix ni trêve entre lui & les *Anglois*.

X. Le

X. Le Chevalier *Berkeley* ne fut pas plûtôt arrivé à son Gouvernement, qu'il desaprouva les injustes Donations que son Prédecesseur avoit faites, & qu'il y en eut très-peu qui obtinssent leur effet : celles mêmes qui passèrent furent assujeties à toutes les conditions que le Gouvernement avoit reglées, & à paier les rentes foncieres sans aucun rabais. D'ailleurs, il encouragea l'essai que l'on fit de diverses Manufactures de Gravelée, de Savon, de Sel, de Chanvre, de Lin, de Soie & de Coton. Mais on fut si occupé à la guerre que le Massacre excita, qu'on ne pensa plus à l'execution de tous ces bons desseins.

XI. L'âge & les fatigues de la guerre avoient rendu *Oppechancanough* si décrepit, qu'il n'avoit plus la force de marcher seul, & qu'on étoit obligé de le porter par tout où il vouloit aller. Son corps étoit tout flétri, ses nerfs étoient relâchez, & ses paupieres étoient devenues si pesantes, qu'elles lui fermoient les yeux, & qu'il ne pouvoit pas les ouvrir, à moins que ses domestiques ne l'aidassent. Il se trouvoit dans ce misérable état, lors que le Chevalier *Berkeley*, averti qu'il n'étoit pas éloigné de son habitation ordinaire, resolut de l'enlever à

quel

quel prix que ce fut. Pour en venir à bout, il marcha promtement avec un parti de Cavalerie, le furprit dans fon Quartier, & l'amena prifonnier à *James-Town*, où il le fit traiter avec tout le refpect & tous les égards poffibles. Il avoit deffein de l'envoier en *Angleterre*, & de le préfenter au Roi, dans l'efperance qu'un prifonnier de cet ordre, qui pouvoit mettre en Campagne dix fois plus de monde qu'il n'en avoit lui-même dans tout fon Gouvernement, ferviroit à lui faire aquérir un nouveau degré de reputation. Il croioit d'ailleurs que la vieilleffe de ce Prince fourniroit un bel exemple de la bonté du Climat, & de la longue vie des Naturels du Païs. Mais il eut le chagrin de ne le garder qu'une quinzaine de jours; un des Soldats *Anglois*, outré des maux que cet Empereur avoit caufez à nôtre Colonie, fut affez lâche pour lui tirer un coup de fufil dans le dos, dont il mourut bientôt après.

Il conferva fa grandeur d'ame jufques au dernier foupir de fa vie, & il ne témoigna jamais la moindre foibleffe au milieu de fa prifon. Un jour qu'il entendit marcher beaucoup de monde autour de lui, il fe fit ouvrir les paupieres, & à la vûë d'une foule de gens qu'on avoit fait entrer pour le voir, il demanda d'un ton fort indigné le Gouverneur. Celui-ci ne parut pas plûtôt, qu'*Oppechancanough* lui dit d'un air dédaigneux, Que si le sort l'avoit fait tomber entre ses mains, il n'auroit jamais été assez lâche pour l'exposer à la risée du peuple.

XII. Le Chevalier *Berkeley* & les *Indiens* firent ensuite la Paix, qui fut de si longue durée, qu'on n'appréhendoit plus une rupture. Mais le Chevalier lui-même ne jouît pas long-tems de ce bonheur : car les troubles du Roi *Charles* I. lui causérent de grands embarras, aussi bien qu'à toute la Colonie. Pour prévenir que l'infection ne passât jusqu'à eux, on y fit des loix sevéres contre les *Puritains*, quoi qu'alors il n'y en eut pas un seul dans le Païs. D'un autre côté, toute correspondance avec l'*Angleterre* fut interrompuë, on manqua de nouveaux secours, & le commerce n'alloit point. En un mot, tout le monde y étoit dans l'impatience de voir à quoi tous ces desordres aboutiroient.

XIII. Enfin le Roi fut indignement décapité en *Angleterre*, & *Olivier Cromwell* fut établi Protecteur. Cependant on ne reconnut son autorité en *Virginie* qu'au bout de quelques années, & qu'à
la

la derniére extrémité. En 1651, *Cromwell* y envoia une Escadre de Vaisseaux de guerre, sous le Capitaine *Dennis*, qui s'y rendit des Isles *Caribes*, où il avoit passé pour soûmettre *Bardoes*. La Colonie s'opposa d'abord à ses desseins; & le Chevalier *Berkeley* fit une vigoureuse resistance, avec le secours de quelques Vaisseaux *Hollandois*, qui s'y trouverent par hasard. Mais enfin le Capitaine *Dennis* inventa un stratagême, qui eut le succès qu'il en attendoit. Il avoit à bord de ses Vaisseaux une quantité considerable d'effets, qui apartenoient à deux Membres du Conseil; il trouva le moien de les en faire avertir, & de les reduire par là à cette fâcheuse alternative, ou de subir le joug de *Cromwell*, ou de perdre leurs effets. Ceci causa de si grandes factions, que tout le monde se soûmit, & que le Chevalier *Berkeley* luimême fut enfin obligé de reconnoitre l'Usurpateur, à condition qu'il donneroit une Amnistie générale à tous les *Anglois* habituez dans ce Païs-là. On peut dire à l'honneur de cet illustre Chevalier & à la gloire immortelle de cette Colonie, que de tous les Païs sujets à la domination du Roi, ce fut le dernier qui reconnut *Cromwell*, & le premier qui en secoua le joug.   XIV.

XIV. *Cromwell* n'eut pas plûtôt réduit ces Plantations, qu'il chercha les moiens de les retenir dans le devoir, & de les empêcher de lui donner aucun embarras dans la suite. Pour cet effet, il jugea à propos d'interdire leur correspondance avec toutes les autres Nations, & d'éviter par là qu'on leur fournit des armes & des munitions de guerre. Dans cette vûë, il fit passer un Acte au Parlement, qui leur défendoit avec la derniere severité de recevoir ou d'envoier aucunes denrées de l'*Europe*, à moins que des *Anglois* ne les y eussent aportées à bord de Vaisseaux bâtis en *Angleterre*. On leur défendit absolument toute correspondance avec les Nations ou les Colonies, qui n'étoient pas soûmises à la Couronne de ce Roiaume, & on ne voulut jamais soufrir qu'elles eussent des Facteurs étrangers, quoi qu'on les eut toûjours laissées en pleine liberté à tous ces égards.

XV. Malgré cet Acte de Navigation, *Cromwell* se croioit si peu assuré de ces Colonies, qu'il en changea plus d'une fois les Gouverneurs, dans la crainte qu'ils ne formassent des intrigues avec le peuple: du moins, durant le court espace de la regence, il y en eut trois, *Digs*, *Bennet* & *Mathews*.

Quoi

Quoi qu'il en soit, le joug insuportable qu'il mit sur ces Plantations les affligea beaucoup. Il eut la cruauté de leur défendre toute sorte de commerce avec les autres Nations, dans un tems que l'*Angleterre* étoit divisée, & qu'elle ne pouvoit ni recevoir leurs denrées, ni leur en fournir une quantité sufisante de celles de son crû. On peut dire même qu'elle ne leur avoit jamais envoié la moitié de ce qu'elles consumoient, & qu'elle n'en tiroit pas non plus au-delà de la moitié du Tabac qu'elles faisoient. Toutes ces procedures violentes mirent les gens au desespoir, & leur inspirerent l'envie d'en venir aux derniers remédes, & de se délivrer de son usurpation tyrannique. Peu de tems après, il s'en ofrit une belle occasion : le Gouverneur *Mathews* mourut, & l'on ne mit personne pour lui succeder. Là-dessus, le peuple eut recours au Chevalier *Berkeley*, qui avoit mené jusquesici une vie privée dans sa Plantation, & d'une commune voix on le choisit pour Gouverneur.

XVI. Le Chevalier *Berkeley*, qui avoit toûjours demeuré fidéle à la famille Roiale, dit alors franchement au peuple. Qu'il ne pouvoit que condamner les oppressions de *Cromwell*; qu'il étoit resolu de ne servir jamais que l'Heritier légitime de la Couronne; & qu'il n'accepteroit le Gouvernement que sur la promesse solemnelle qu'ils lui feroient de suivre son exemple, & d'exposer leurs biens & leurs vies pour le Roi, qui étoit alors en *France*.

Le peuple, qui ne demandoit pas mieux, lui répondit d'un commun accord, qu'ils étoient prêts à tout hasarder pour le service du Roi. Cependant, il n'étoit pas encore de retour en *Angleterre*; de sorte que cette action partit d'un vrai principe de fidelité, dont ils n'avoient point eu d'exemple. Aussi-tôt que le Chevalier eut accepté leur choix, il fit proclamer *Charles* II. Roi d'*Angleterre*, d'*Ecosse*, de *France*, d'*Irlande* & de la *Virginie*, & ordonna que toutes les procedures se fissent en son nom. C'est ainsi que Sa Majesté fut actuellement Roi en *Virginie*, avant que de l'être en *Angleterre*: mais bien-tôt après la Providence de Dieu le rétablit sur le trône de ses ancêtres, & par ce moien la *Virginie* ne fut pas chatiée pour avoir secoué le joug de l'Usurpateur.

XVII. Ce Prince envoia d'abord une nouvelle Commission au Chevalier *Berkeley*, avec la permission de retourner en
An-

Angleterre, & de nommer un Lieutenant à sa place. D'ailleurs, Sa Majesté informée durant son exil de la fidelité de ce Gentilhomme, avoit dès lors renouvellé sa Commission.

XVIII. Là-dessus, le Chevalier choisit pour son Lieutenant le Colonel *François Morrison*, & il repassa en *Angleterre*, où il fut très-bien reçu de Sa Majesté. Le Roi lui donna des instructions fort pressantes pour encourager le peuple à l'Agriculture & aux Manufactures, sur tout à faire de la soie & à planter des Vignes. Il y a même une tradition qui dit, que le Roi, pour faire plaisir à cette Colonie, porta le jour de son Couronnement une Robe faite de la soie, qu'on lui avoit envoiée de ce Païs-là. Mais ce fut aussi toute la recompense qu'elle eut pour sa fidelité; puis qu'il permit au Parlement de renouveller l'Acte de l'Usurpateur, qui ne tendoit qu'à la ruine des Plantations, & d'y joindre même des clauses plus severes.

XIX. Pendant l'absence du Chevalier *Berkeley*, le Colonel *Morrison*, ensuite des ordres qu'il en avoit reçus, fit faire une revision des Loix, & en compiler un Corps, pour être confirmé par l'Assemblée générale au retour du Gouverneur.

neur. Ces Loix établissoient la Religion de l'Eglise *Anglicane* pour celle du Païs, regloient la dépense du Gouvernement, encourageoient le Commerce & les Manufactures, proposoient de bâtir une autre Ville, & mettoient ordre à toutes les affaires qu'on avoit à démêler avec les *Indiens*.

XX. On avoit aussi reglé toutes les Paroisses, fixé de bons gages pour les Ministres, jusques à la valeur de quatre-vingt Livres Sterlin par an, outre certains droits & des terres, & prescrit la maniere de leur élection. On se pourvut d'Eglises convenables, & l'on nomma tous les Officiers qu'il faloit dans chaque Paroisse. On fit d'ailleurs quelques démarches pour établir une Ecole & un Collége aux dépens du public, & l'on pourvut à la subsistance de tous les pauvres.

XXI. Pour servir à l'entretien du Gouvernement, on rendit perpetuels le droit de deux Chélins par Barrique sur toute sorte de Tabac, & celui d'un Chélin par Tonneau, (qui étoit le droit du Fort) sur tous les Vaisseaux; & les Receveurs étoient obligez d'en rendre compte à l'Assemblée générale.

XXII. Pour encourager les Manufactufactures, on établit des Prix pour les Ouvriers qui feroient les meilleures Pieces de Toile & de Drap, & l'on donnoit une recompense de cinquante Livres de Tabac pour chaque Livre de Soie. Tout le monde eut ordre de planter des Meuriers, à proportion des Acres de terre que chacun possedoit. On dressa des Taneries dans chaque Province, aux frais de la Communauté; & l'on n'oublia rien pour faire une Saline sur le rivage Oriental. On promit une recompense pour tous les Vaisseaux qu'on y bâtiroit, proportionnée à leur capacité, avec une exemption de tous les droits que les autres Navires devoient paier.

XXIII. Le Roi avoit commandé que tous les Vaisseaux, qui trafiquoient en *Virginie*, se rendissent à *James-Town*, pour y être enregistrez avant qu'on commençât à les décharger : mais l'Assemblée, qui savoit que cet ordre étoit impraticable, n'en exigeoit l'observation que des Vaisseaux qui venoient dans la *Riviere-James*. A l'égard des autres, on leur permettoit de mouiller là où ils vouloient, dans les Rivieres, où ils étoient destinez, sans leur fixer un certain poste : à leur exemple, les Vaisseaux de la *Riviere-James*, n'avoient pas plûtôt donné leur

leur nom & leur charge à l'Officier de *James-Town*, qu'ils se dispersoient de tous côtez, pour se décharger, & qu'ils trafiquoient par tout où ils vouloient sur cette Riviere. Ainsi cet ordre ne servit qu'à ruiner le dessein qu'on avoit de bâtir des Villes, à procurer de la douceur à l'Officier de la *Riviere James*, & à rendre sa place meilleure.

XXIV. On fit des Loix pour entretenir la Paix & le Commerce avec les *Indiens*, & l'on passa divers bons Actes pour supléer aux besoins du Gouvernement ; de sorte qu'on n'avoit alors autre chose à faire, comme il sembloit, qu'à cultiver le Païs, & à pousser les Manufactures que le Roi avoit recommandées, ou en essaier d'autres qui pourroient être de quelque avantage à la Colonie.

XXV. Lors que le Chevalier *Berkeley* se vit en possession de son Gouvernement, & en pleine Paix avec les *Indiens*, il eut l'adresse d'employer l'industrie de tout le monde pour améliorer le Païs. Il passa un nouvel Acte pour encourager l'acroissement de *James-Town*, & là-dessus on y bâtît quantité de Maisons aux frais communs de diverses Provinces. Mais ce qui contribuë le plus à l'augmentation des Villes y manquoit toûjours, c'est-à-dire

dire qu'on devoit y confiner la Navigation & le trafic; & qu'à faute de cela tous les autres expédiens ne servoient de rien; car la plûpart des maisons y furent converties en Cabarets.

XXVI. En l'année 1663, il y eut divers Sectaires qui se répandirent dans le Païs; & par un zéle mal entendu, on les traita fort rudement, & on leur imposa de grosses amendes, pour prévenir la contagion de leurs dogmes. Cette cruauté en obligea plusieurs de s'enfuïr à d'autres Colonies, & en détourna beaucoup d'autres de s'aller habituer à la *Virginie*. Comme le mauvais traitement qu'on avoit fait au Lord *Baltemore*, avoit empêché diverses personnes de s'y établir, & en avoit chassé d'autres à *Maryland*; de même les severitez qu'on exerça contre les Non-conformistes privérent la *Virginie* d'un bien plus grand nombre d'habitans, qui se retirerent aux Colonies voisines, & qui auroient fort contribué à rendre celle-ci florissante.

XXVII. Peu s'en falut que les bornes étroites, où l'on avoit renfermé son Commerce, la persecution des Sectaires, & le médiocre débit du Tabac, n'eussent des conséquences très-fâcheuses. Le pauvre peuple, qui soufroit beaucoup de tout cela,

cela, ne pouvoit retenir ses murmures; & plusieurs des Soldats de *Cromwell*, qu'on y avoit envoiez pour servir de domestiques, travailloient à les fomenter. Ceux-ci accoutumez à la rebellion & unis d'interêt avec tous les mécontens, formérent l'execrable dessein de tuer leurs Maitres, & de s'établir sur leur ruïne.

Cette machination fut tenuë si secrette, qu'on ne la découvrit que la veille du jour qu'on devoit l'executer. Un des complices, nommé *Birkenhead*, & qui étoit domestique de Mr. *Smith* de *Purton*, dans la Province de *Gloucester*, éventa la mine. Le rendez-vous de ces perfides devoit être dans le voisinage, à un lieu qu'on apelloit * *Poplar-Spring*.

XXVIII. Aussi-tôt que le Gouverneur, qui étoit à † *Green-Spring*, fut averti de ce Complot, il donna des ordres secrets à quelques troupes de la Milice d'aller au rendez-vous des Conspirateurs, un peu avant l'heure qu'ils avoient marquée, & de les saisir à mesure qu'ils y arriveroient les uns après les autres. Ces ordres furent heureusement executez, & par là on prévint les suites de cette Conspiration diabolique. Mais on n'arrêta
qu'un

---

* C'est-à-dire, la Fontaine des Peupliers.
† C'est-à-dire, la Fontaine verte.

qu'un petit nombre des Complices; parce qu'il y en eut plusieurs qui s'aperçurent du piége qu'on leur tendoit, & qu'en se retirant, ils en avertirent ceux qu'ils trouverent en chemin. On pendit quatre de ces Coquins: mais *Birkenhead* obtint sa liberté, avec une recompense de deux cens Livres Sterlin.

XXIX. D'ailleurs, le 13 de *Septembre*, qui étoit le jour auquel ces marauts devoient fraper ce terrible coup, fut établi pour célébrer l'Anniversaire de cette heureuse délivrance; & plût à Dieu qu'on en observât quelques autres qui ne le méritent pas moins que celui-là!

XXX. Lors que le Roi *Charles* II. eut apris cette nouvelle, il ordonna qu'on bâtît un Fort à *James-Town*, pour la sûreté du Gouverneur, & pour servir de frein à ceux qui voudroient tenter de pareilles entreprises. Mais dans la pensée qu'il n'y avoit plus rien à craindre, les habitans se contentérent de dresser une Baterie de quelques petites Pieces de Canon.

XXXI. Le Parlement d'*Angleterre* fit cette année un nouvel Acte à l'égard de la *Virginie* plus rude que le précedent. Il croioit sans doute que celui-ci, qui leur défendoit de recevoir aucunes denrées

rées qu'à bord des Vaisseaux bâtis en *Angleterre* & montez par des *Anglois*, ne sufisoit pas pour resserrer leur commerce: de sorte qu'il ordonna par le dernier, que les Plantations ne recevroient aucunes denrées ou marchandises des Païs étrangers, à moins qu'elles n'eussent premierement abordé en *Angleterre*, & qu'on ne les y transportât de là en droiture.

Ce fut un double malheur pour la Colonie, puis que d'un côté, cela fit tomber son Tabac à un très-bas prix, & que de l'autre, cela fit monter les marchandises de l'*Europe* aussi haut qu'on voulut.

XXXII. Tout le reméde que l'Assemblée générale pût trouver à ce mal aboutît à défendre qu'on plantât du Tabac de toute une année, & d'encourager cependant le peuple à l'entreprise des Manufactures. Mais sur ce que *Maryland* ne voulut pas concourir à l'execution de ce projet, on fut obligé de revoquer l'Acte de l'Assemblée, & d'en revenir à l'ancienne fatigue de planter du Tabac.

XXXIII. L'on en fit alors une quantité fort considerable, à cause du grand nombre des gens de service qu'il y avoit, & qu'on ne pouvoit presqu'employer à autre chose. Cela joint aux difficultez

du

du Commerce, dont nous avons déja parlé, mit le peuple au desespoir, parce qu'il se voioit reduit à troquer ses denrées avec les Marchands d'*Angleterre*, sur le pié que ceux-ci vouloient. Pour remedier à ce mal, l'Assemblée renouvella son Acte & défendit qu'on plantât du Tabac durant l'espace d'une année. La *Caroline* & *Maryland* y consentirent, mais je ne sai par quelle avanture l'Agent de la *Caroline* oublia d'en avertir *Maryland* au jour fixé : d'où le Gouverneur de cette derniere Province prit occasion de déclarer l'Acte nul ; quoi qu'aucun de ses habitans n'ignorât que ceux de la *Caroline* avoient donné les mains à tout ce qu'on avoit exigé d'eux à cet égard. Mais il voulut tirer avantage de ce manque de formalité, parce que la diminution du Tabac auroit fait une grande brêche à ses revenus annuels : de sorte que tout le monde retomba dans la manie de planter du Tabac.

La *Virginie* fut plus piquée de la maniere indigne, dont *Maryland* en avoit usé en cette rencontre, que de son premier refus. Mais sensible à son mauvais état, elle resolut de tout souffrir patiemment, & de chercher quelque reméde à ses maux par la voie de la douceur. Dans
cette

cette vûë, elle nomma des Agens pour reprendre le Traité, & se soûmit à les envoier à Ste. *Marie*, qui étoit le Lieu où le Gouverneur de *Maryland* faisoit sa residence, & où les Assemblées avoient accoutumé de se tenir. Mais tout cela ne fut pas capable de ramener cette Province. Le Gouverneur répondit qu'il avoit observé l'Accord en ce qui le regardoit, & il ne voulut jamais convoquer une autre Assemblée à cette occasion.

XXXIV. Il se passa deux années de cette maniere, sans que la *Virginie* pût rien obtenir pour le retablissement de son Commerce. D'ailleurs, l'*Angleterre* mit tout en œuvre, pour l'empêcher de recevoir aucun secours des autres Païs. Afin même d'y mieux reüssir, on crut qu'il étoit à propos de borner son Commerce à un seul endroit. Mais comme cela étoit impraticable, à cause du grand nombre de Rivieres qui separent les habitations, & des commoditez que chacune d'elles fournit, Sa Majesté envoia des ordres pour bâtir des Forts sur les différentes Rivieres; Elle enjoignit aux Vaisseaux de mouiller sous ces Forts, & que ces Places seroient les seules où l'on trafiqueroit.

XXXV.

XXXV. Ces ordres furent exactement observez la premiere année; on jetta des chauffées & des Moles pour faire des Havres, dans les endroits que l'Assemblée marqua; & les Vaisseaux s'y rendirent alors. Mais l'Incendie & la Peste, dont la Ville de *Londres* fut afligée en même tems, rendirent les secours que la *Virginie* en attendoit cette année fort incertains. Dans la crainte même que les marchandises qui venoient de *Londres* ne fussent infectées de la Peste, le peuple abandonna ces Ports, & chacun se remit à vivre à sa guise.

XXXVI. Quoi qu'il en soit, le trafic du Tabac ne prosperoit point; & les Marchands *Anglois* fournissoient à peine, pour ce qu'ils en tiroient, des habits à la Colonie. L'Assemblée n'étoit pas insensible à ce mal; mais elle ne prenoit pas une bonne voie pour y remedier. Tout ce qu'elle pût faire, ce fut d'engager les diférentes Provinces à dresser des Métiers de Tisserand & des Ateliers à leurs propres frais. Elle promit de nouveau une recompense à ceux qui feroient de la soie, & imposa de grosses amendes à ceux qui negligeroient la manufacture du Lin & du Chanvre. Ce fut à peu-près en ce tems que la *Virginie* soutint quelque perte

à

à l'occasion de la guerre que les *Anglois* eurent avec les *Hollandois*; & cela même l'obligea de rebâtir ses Forts de brique: mais on avoit alors si peu de connoissance de l'avantage des Villes, qu'elle n'ordonna point aux Vaisseaux d'ancrer sous leur Canon. Cela seul bien executé les auroit garantis de toute insulte.

XXXVII. Le Chevalier *Berkeley*, toûjours industrieux à procurer le bien des Plantations, non content de donner un bon exemple par les divers Essais qu'il faisoit chez lui de la Gravelée, du Chanvre, du Lin, de la Soie, &c. il entreprit de faire de nouvelles découvertes dans le Païs.

Pour en venir à bout, il y emploia une petite troupe de quatorze *Anglois* & d'un pareil nombre d'*Indiens*, sous les ordres du Capitaine *Henri Batt*. Ils partirent tous ensemble d'*Appamattox*, & au bout de sept jours de marche ils arrivérent au pied des Montagnes. Les premieres qu'ils virent n'étoient pas fort hautes ni escarpées: mais après avoir passé la premiere chaine, ils en trouverent d'autres qui sembloient ateindre aux nuës, & qui étoient si perpendiculaires & si environnées de précipices, que dans un jour entier de marche, ils n'avançoient pas quelqueque fois plus de trois Miles en ligne droite. Ils rencontrerent en d'autres endroits de vastes Plaines & des *Savannas*, de trois ou quatre Miles de large, où il y avoit une infinité de Poules d'Inde, de Cerfs, d'Elans & de Bufles, si doux & si familiers, qu'ils n'avoient aucune peur à leur aproche, & qu'on pouvoit presque y mettre la main dessus. Ils y trouverent aussi des Grapes d'une grosseur si prodigieuse, que les grains ressembloient à des Prunes sauvages. Après avoir traversé toutes ces Montagnes, ils arrivérent dans une autre belle Plaine, où couloit un petit Ruisseau. Ils le suivirent durant plusieurs jours, jusqu'à ce qu'enfin ils trouverent des champs cultivez & des Cabanes, où il y avoit eu des *Indiens*, qui s'étoient sans doute enfuis à l'aproche de *Batt* & de sa Compagnie. Quoi qu'il en soit, le Capitaine suivit l'ancienne coûtume de laisser quelques bagatelles dans leurs Cabanes, afin qu'ils connussent à leur retour que c'étoient des amis qui avoient passé chez eux. Tout auprès de ces Cabanes il y avoit de grands Marais; où les *Indiens*, qui alloient avec le Capitaine *Batt*, firent alte, sans vouloir passer outre. Ils lui dirent là-dessus, qu'il y avoit dans le voisinage une Nation d'*Indiens*, qui faisoient du sel, & le vendoient à leurs voisins: mais que c'étoit un peuple nombreux & puissant, qui ne soufroit jamais qu'aucun Etranger, qui avoit découvert leurs Villes, retournât chez lui. Le Capitaine eut beau leur alléguer des raisons pour les exciter à poursuivre leur marche; tout cela fut inutile; de sorte que la timidité de ces *Indiens* obligea ce petit détachement de retourner sur ses pas, sans avoir fait aucune découverte considerable.

XXXVIII. Sur le raport que le Capitaine *Batt* fit de cette Expedition, qui n'avoit échoué que parce qu'il n'avoit pas assez d'autorité en main, le Chevalier *Berkeley* resolut d'entreprendre un Voiage en personne, afin qu'il n'y eut pas le même obstacle. Il prit donc toutes les mesures qu'il faloit pour se mettre en marche, & il jetta les yeux sur celui qui devoit gouverner en son absence. L'Assemblée fit aussi un Acte, pour encourager ce louable dessein. Mais tous ces préparatifs s'en allérent en fumée, à cause de la revolte de *Bacon*, qui arriva bientôt après. Depuis ce tems-là, la *Virginie* n'a pas tenté de faire aucune découverte.

XXXIX.

XXXIX. Il n'est pas facile de pénétrer la cause de cette Rebellion : mais il est certain que plusieurs choses y concoururent. Du moins, il n'y a nulle apparence, comme quelques-uns le prétendent, qu'à l'instigation de deux ou trois Marchands, qui vouloient faire un monopole du Commerce avec les *Indiens*, tout le Païs se fut soûlevé. Peut-on croire que les Particuliers eussent non seulement hasardé leurs vies à cette occasion; mais tâché de perdre un Gouverneur qu'ils adoroient & qu'ils avoient choisi d'une commune voix, qui avoit consacré sa vie & son bien au service du public, & contre lequel on n'avoit jamais fait la moindre plainte en l'espace de trente-cinq ans ? Est-il vrai-semblable que pour un aussi petit sujet, ils eussent pris un Chef qui leur étoit presqu' inconnu, pour s'opposer à un Gentilhomme qui faisoit depuis si long-tems & à si juste titre les délices de tout le Peuple ? Ne doit-on pas inferer de là qu'il y eut quelque cause plus légitime, pour engager le peuple à une revolte si universelle ?

On en peut compter jusques à quatre, qui furent les principales sources de cette émotion intestine; 1. L'excessive médiocrité de la valeur du Tabac, & le préjudice qu'on faisoit aux propriétaires dans leurs échanges, sans que tous les éforts de l'Assemblée y pussent remedier. 2. Le partage de la Colonie en diverses Donations, contre la teneur des Chartres originales; & les sommes exorbitantes qu'elle étoit obligée de paier pour les amortir. 3. Les cruelles restrictions que le Parlement d'*Angleterre* mit sur tout son Commerce. 4. Les troubles excitez par les *Indiens*.

XL. J'ai déja touché assez au long la *premiere* de ces causes; de sorte que je ne m'arrêterai qu'aux suivantes. A l'égard de la *deuxieme*, il faut savoir que le Roi *Charles* II. fit deux grosses Donations au Nord & au Sud de la *Virginie* à quelques Seigneurs de sa Cour, qui se trouvoient également interessez à l'une & à l'autre, & que ces endroits n'étoient pas en friche par tout, ni remplis de Forêts; mais que durant plusieurs années on en avoit cultivé une grande étenduë à l'abri des Chartres, que les Rois ses prédecesseurs avoient accordé à cette Colonie. On suspendit l'execution de ces Octrois pour quelques années, & on ne les fit valoir qu'en 1674. Aussi-tôt que les habitans en eurent avis, ils firent des remontrances pour s'y opposer; & l'Assemblée générale

nérale dreſſa une Requête pour s'en plaindre à Sa Majeſté, & lui repréſenter que de pareilles Donations renverſoient les Chartres & les Priviléges, dont Elle-même & ſes Ancêtres les avoient favoriſez. On députa *Ludwell* Secretaire & le Colonel *Park*, pour délivrer cette Requête au Roi, & le ſuplier très-humblement de vouloir bien revoquer ces Octrois. D'ailleurs, pour fournir à la dépenſe de ce Voiage, on mit une Taxe de cinquante Livres de Tabac par tête, qui devoit durer deux années conſecutives, & qui jointe aux autres Taxes qu'il y avoit déja, ne ſervit qu'à redoubler le fardeau, ſous le poids duquel on gémiſſoit. On y ajoûta des Amendes de ſoixante-dix, cinquante & trente Livres de Tabac ſur toutes les Cauſes qui ſeroient jugées dans le Païs. Enfin on appliqua au même uſage ce qui reſtoit dû, pour faire la balance, ſur les deux Chelins par Barrique, & ſur les droits de Fort. Le poids de ces Taxes & de ces Amendes tomboit preſque tout ſur les pauvres, qui ne gagnoient pas même dequoi habiller leurs femmes & leurs enfans. C'eſt ce qui les mit au deſeſpoir, ſur tout lors qu'après avoir attendu une année entiere ſous toutes ces difficultez, ils n'eurent au-

aucune esperance de la part de leurs Agens à *Londres*, d'obtenir quelque reméde à leurs maux, ni d'être délivrez de ces rudes impôts.

XLI. La *troisiéme* cause de la revolte fut l'Acte que le Parlement d'*Angleterre* passa l'An 25 du regne de *Charles* II, pour mieux assurer le commerce de la *Virginie*. Cet Acte imposoit divers droits sur le trafic d'une Plantation à l'autre. Avanie, d'autant plus grande, que le revenu qu'on en tiroit ne s'emploioit pas à l'usage de la Plantation même, où ces droits se levoient; mais étoit destiné à enrichir quelques Officiers; du moins le Collecteur en avoit la moitié, le Controleur un quart, & l'autre quart servoit au paiement de divers petits Salaires.

Le même Acte mettoit de gros droits sur l'entrée du Poisson Salé, que les *Anglois* de la Colonie préparoient, quoi que leurs compatriotes d'*Angleterre* fussent exemts de toute Doüane à cet égard. Ce n'est pas tout, bien qu'on transportât en *Angleterre*, à bord de Vaisseaux de la fabrique *Angloise* & montez par des *Anglois* naturels, l'huile, le lard & la côte de Balcine, que les habitans des Plantations envoioient, cela n'empêchoit pas qu'on n'en exigeât un droit considerable.

XLII.

XLII. C'étoient là les griefs, sous lesquels la Colonie gemissoit, lors que le *quatriéme* accident, que j'ai insinué, arriva. Les *Indiens* habituez vers la tête de la Baye, & ceux des frontieres y donnerent occasion, & voici comment.

Les premiers avoient un trafic reglé avec les *Hollandois* établis à *Monadas*, qu'on apelle aujourd'hui la *nouvelle-York*; & dans le voiage, qu'ils y faisoient tous les ans, ils avoient accoûtumé de passer & repasser par les frontieres de la *Virginie*, pour acheter des peaux & des fourrures des *Indiens* qui demeuroient au Sud. Ils en vendoient même une partie aux *Anglois*, & portoient le reste à *Monadas*. Ce trafic continua sans aucune interruption, pendant que les *Hollandois* occupérent cette Place. Mais lors que les *Anglois* en furent devenus les maitres, & qu'ils eurent apris les avantages que les Naturels de la *Virginie* retiroient de leur commerce avec les *Indiens* de la Baye, les premiers inspirerent à ceux-ci une telle haine pour les *Anglois*, qu'au lieu de continuer paisiblement leur négoce, comme ils avoient fait plusieurs années de suite, ces *Indiens* ne retournerent plus que pour commettre des brigandages & des massacres.

Pour ce qui regarde les *Indiens* des frontieres, ils n'étoient pas mieux intentionnez en faveur des *Anglois*. D'un côté leurs Marchands avoient perdu une bonne partie de leur Commerce, sans qu'ils en puſſent déviner la cauſe; & de l'autre, ils apréhendoient que les décovertes, que le Chevalier *Berkeley* méditoit, avec l'aprobation de l'Aſſemblée, ne ſerviſſent à leur enlever le reſte de leur profit. Inquiets de tout cela, ils devinrent fort incommodes à leurs voiſins; qui de leur côté, ſurpris de l'émotion extraordinaire qu'ils voioient parmi les *Anglois*, & tout éfraiez du mauvais traitement qu'ils en recevoient, ſoupçonnerent d'abord qu'on machinoit quelque choſe contr'eux, & s'enfuirent à leurs habitations les plus éloignées. Leur retraite confirma les *Anglois* dans la penſée que ces *Indiens* étoient les auteurs ſecrets des meurtres & des brigandages, dont nous venons de parler. Malgré tout cela, ils ne leur donnerent point de relâche, juſqu'à ce qu'ils les euſſent forcez à devenir leurs ennemis ouverts.

XLIII. Ce ſurcroît de malheur à des Eſprits déja ulcerez, ne ſervit qu'à porter le peuple à décharger ſon reſſentiment ſur les pauvres *Indiens*. Il n'y avoit rien

à

à gagner au commerce du Tabac; & les autres Manufactures ne tournoient pas à compte; de forte que les plus pauvres étoient bien aifes de renoncer à toutes ces occupations inutiles, pour fervir en qualité de Volontaires contre les *Indiens*.

Ils s'atrouperent d'abord tumultuairement, & ils alloient par bandes, d'une Plantation à l'autre, fans avoir aucun Chef, jufqu'à ce que l'efprit feditieux du Colonel *Nath. Bacon* l'engagea à fe mettre de la partie. Ce Gentilhomme avoit étudié en droit dans un des Colléges de *Londres*, & il n'avoit qu'une mediocre fortune. D'ailleurs, il étoit jeune, actif & hardi; il avoit l'air prévenant & il ne manquoit pas d'éloquence. En un mot, il étoit fort propre pour fervir de Chef à une populace inconftante & légére. Il n'avoit pas été trois années dans le Païs, qu'il fut élû Membre du Confeil, & que fes beaux talens lui aquirent l'eftime & l'amitié du Peuple. Auffi, dès qu'il parut favorifer cette canaille factieufe, ils jettérent tous les yeux fur lui, pour en faire leur Général, & ils lui promirent d'obéir à fes ordres. Là-deffus, il les harangua en public; il aggrava les malheurs qui venoient de la part des *Indiens*,

& il en attribua la cause au défaut d'un bon reglement pour le Commerce. Il fit un détail de tous les autres griefs qu'ils enduroient, & il protesta qu'il n'acceptoit le commandement que dans la vûe de servir le Païs, & qu'il étoit prêt à s'exposer aux plus grands perils pour une si bonne cause. Enfin il les assura qu'il ne quitteroit jamais les armes, qu'il ne les eut vangez des *Indiens*, & qu'il n'eut remedié à tous leurs autres griefs.

XLIV. Par ces insinuations adroites, il anima & réünit si bien les esprits de ses gens, qu'ils se devouérent tous à son service. Après donc les avoir passez en revûe, il depêcha un homme au Gouverneur, pour lui représenter vivement les maux que les *Indiens* avoient fait aux *Anglois*, & le prier de lui donner une Commission de Général, pour marcher contr'eux. Ce Gentilhomme étoit alors si estimé du Conseil, que le Gouverneur n'osa pas le refuser tout-à-fait; mais il lui fit dire, qu'il en parleroit au Conseil, & qu'il lui rendroit ensuite une réponse plus positive.

XLV. Cependant, le Colonel *Bacon* hâtoit ses préparatifs, & sans attendre sa Commission, qu'il faisoit solliciter par di-

divers Exprès, qu'il envoioit au Gouverneur, lors que tout fut en état, il se mit en marche, appuié de l'autorité, dont le peuple l'avoit revêtu. Mais le Gouverneur, bien loin de lui expédier cette Commission, lui envoia des ordres positifs de licencier son monde, & de comparoitre lui-même en personne, sous peine d'être déclaré rebelle.

XLVI. Cet ordre, auquel *Bacon* ne s'attendoit pas, le surprit beaucoup, & causa une grande émotion parmi ses gens. Malgré tout cela, enflé par le nombre de ses troupes & le crédit qu'il avoit auprès du peuple, il resolut d'executer son premier dessein, & d'aller trouver le Gouverneur. Pour cet effet, il se mit dans une Chaloupe avec une quarantaine d'hommes armez, & il se rendit à *James-Town*, où étoit le Chevalier *Berkeley* avec son Conseil.

XLVII. Sur ce que les affaires ne tournérent pas ici à son gré, il lui échapa des paroles si libres, que le Gouverneur lui défendit l'entrée du Conseil: de sorte qu'il se retira tout en colere avec son monde & sa Chaloupe. Mais outre une Barque longue bien armée, que le Gouverneur mit à ses trousses, & qui obligea le Colonel de passer dans son

Esquif, pour voguer plus vite, il envoia des ordres par terre aux Vaisseaux qui étoient à la * *Baye-sablonneuse* de l'y retenir, s'il y abordoit. Ce dernier expédient réüssit, & à son retour à *James-Town*, le Gouverneur, qui l'avoit suspendu trop à la hâte, & sans en avoir aucune instruction, le rétablit dans le Conseil & lui fit bien des amitiez, dans l'esperance que cela serviroit à pacifier tous les troubles.

XLVIII. Mais le Colonel persista toûjours à demander une Commission de Général des Volontaires, pour servir contre les *Indiens* ; & comme il avoit quelque vûe secrette en tout ceci, le Gouverneur ne pût jamais l'en dissuader, quelques raisons qu'il lui alléguât. La nouvelle qu'on reçut des meurtres & des pillages que les *Indiens* venoient de commettre tout fraichement, favorisa beaucoup sa demande importune. Lors donc qu'il vît qu'il n'y avoit pas moyen de l'obtenir par les voies de la douceur, il partit de *James-Town*, à la sourdine, & il n'y retourna qu'à la tête de six cens Volontaires. Après avoir rangé ce monde en bataille devant la maison où étoit l'Assemblée, il y comparut lui-même, l'entretint

---

* Sandy-Bay.

tretint de ses préparatifs, & assura que s'il avoit eu sa Commission, la guerre contre les *Indiens* auroit pû être finie.

XLIX. Le Gouverneur fut si choqué de son insolence, qu'il lui refusa tout opiniatrément, & qu'il présenta sa poitrine toute nuë aux armes de ces mutins. Mais dans la crainte qu'il n'y eut trop de peril à provoquer une multitude mécontente, qui avoit les armes à la main, & qui tenoit le Gouverneur, le Conseil & l'Assemblée à sa discretion, les Membres de l'Assemblée priérent le Gouverneur d'accorder à *Bacon* ce qu'il demandoit. Ils dressèrent eux-mêmes la Commission, où ils l'établissoient Général des forces de la *Virginie*, & ils la présentérent au Gouverneur pour la signer. Celui-ci n'eut d'abord aucun égard à leur demande; mais enfin il y consentit, quoi qu'avec beaucoup de repugnance, & par là il mit le pouvoir de faire la guerre & la paix entre les mains de *Bacon*. Là-dessus, ce nouveau Général, ravi d'être en état de s'attirer à lui & à ses amis tout le commerce des *Indiens*, ce qui étoit son unique but, sortit de la Ville avec son monde.

L. D'abord que l'Assemblée crut qu'il étoit assez éloigné de *James-Town*, pour pouvoir délibérer en toute sûreté, elle engagea le Gouverneur à publier une Proclamation, où il étoit déclaré rebelle, avec ordre à ceux qui le suivoient de le remettre à la Justice, & de se retirer incessamment chacun chez soi. Le Gouverneur n'en demeura pas là ; il fit lever la Milice du Païs pour courir sur lui.

LI. Mais le Général *Bacon* avoit eu l'adresse de gagner si bien le cœur du peuple, déja reduit au desespoir, que ses gens lui promirent d'une commune voix, que bien loin de le trahir, ils ne souffriroient pas qu'on lui tirât impunément un seul cheveu de la tête. Ils demeurérent donc armez, & au lieu de continuer leur marche contre les *Indiens*, ils retournerent à *James-Town*, resolus de sacrifier à leur vangeance ceux de leurs amis & de leurs compatriotes qui voudroient s'opposer à leur entreprise.

LII. Aussi-tôt que le Gouverneur se fut aperçu de leur dessein, il s'enfuit à travers la Baye à *Accomack*, où il esperoit que la revolte de *Bacon* n'auroit pas encore infecté les esprits. Mais, au lieu d'y trouver des gens prêts à le recevoir à bras ouverts, en memoire des services qu'il leur avoit rendus, ils commencerent à capituler avec lui, & à demander qu'il remé-

remédiât à leurs griefs, & qu'il retablît la liberté du Commerce. C'est ainsi que le Chevalier *Berkeley*, qui avoit presqu'été l'Idole du peuple, se vit abandonné tout d'un coup de la plûpart du monde, pour être fidelle à son devoir. Il n'y eut qu'un petit nombre d'*Anglois* du rivage Occidental qui se rendirent auprès de lui à bord de leurs Chaloupes & de leurs Bateaux : de sorte qu'il se passa quelque tems avant qu'il pût faire tête à *Bacon*, qui cependant couroit par tout le Païs, sans trouver aucun obstacle.

LIII. Le Général *Bacon* tint d'abord une Assemblée des principaux Gentilshommes du Païs, qui voulurent le joindre, sur tout de ceux qui demeuroient autour de * *Middle-Plantation*, qui étoient à la main. Dans cette Assemblée, on fit une Déclaration pour justifier ses procedures injustes ; on obligea le peuple à lui prêter serment & à le reconnoitre pour son Général ; & l'on fut d'avis qu'il convoquât une autre Assemblée dans les formes, par des Lettres circulaires signées de sa main & par quatre Membres du Conseil, sous prétexte que le Gouverneur avoit abandonné sa charge. Voici mot pour mot les termes du Serment.

„ D'au-

* C'est-à-dire, *la Plantation du milieu.*

,, D'autant que la Colonie a levé une
,, Armée pour servir contre les *Indiens*
,, nos ennemis communs, sous les ordres
,, du Général *Bacon*, & que cette Ar-
,, mée étant sur le point de marcher, en
,, a été détournée, pour supprimer les
,, forces, que des gens mal intentionnez
,, ont mis sur pied, pour exciter une
,, guerre civile, à la ruine du Païs de
,, Sa Majesté : Et d'autant qu'il est de
,, notorieté publique, que le Chevalier
,, *Guillaume Berkeley*, Gouverneur de ce
,, Païs, assisté, conseillé & appuié par
,, lesdites personnes mal intentionnées,
,, a non seulement fomenté cette guerre
,, civile, mais s'est aussi retiré lui-mê-
,, me, au grand étonnement du peuple,
,, & à la subversion de la Colonie. En-
,, fin, d'autant que ladite Armée se
,, trouve fort mécontente & se tient au
,, milieu du Païs, pour repousser les at-
,, taques dudit Gouverneur & de ses mau-
,, vais Conseillers; & qu'il n'y a pas eu
,, moien jusques-ici de remedier aux des-
,, ordres, & de prévenir les cruautez &
,, les meurtres que les *Indiens* commet-
,, tent tous les jours en divers endroits
,, du Païs, ledit Général a cru qu'il
,, étoit à propos de convoquer à *Midd-*
,, *le-Plantation*, tous les honêtes Gentils-
,, hom-

„ hommes qui pourroient s'y rendre, eu
„ égard à l'état préfent des affaires, pour
„ confulter & délibérer fur les moiens
„ de rétablir la paix & la tranquilité pu-
„ blique. Ainfi, nous lesdits Gentils-
„ hommes, affemblez dans cette vûe le
„ 3. d'*Août* 1676, avons refolu & dé-
„ claré, & nous jurons d'obferver ce
„ qui fuit:

„ 1. Que nous fommes prêts à join-
„ dre en tout tems ledit Général *Bacon*,
„ & fon Armée, contre nos ennemis
„ communs.

„ 2. Que certaines perfonnes aiant le-
„ vé depuis peu des troupes contre ledit
„ Général & l'Armée qu'il commande,
„ pour exciter une guerre civile; nous
„ tâcherons de découvrir & d'arrêter ces
„ perfonnes mal-intentionnées, & nous
„ les retiendrons, jufqu'à ce que le Gé-
„ néral en ait ordonné autrement.

„ 3. Que le Gouverneur aiant infor-
„ mé le Roi, à ce que l'on publie, que
„ ledit Général & les habitans qui ont
„ pris les armes fous lui, font des rebel-
„ les, & qu'il auroit befoin de quelques
„ troupes de Sa Majefté, pour les redui-
„ re; Nous déclarons & croions en con-
„ fcience, qu'il eft de l'interêt de ce
„ Païs, & de nôtre devoir à l'égard du
„ Roi,

„ Roi, que nous les habitans de la *Vir-*
„ *ginie* nous opposions de toutes nos for-
„ ces à des troupes de cette nature, juf-
„ qu'à ce que le Roi soit pleinement inf-
„ truit de l'état de cette affaire, par ce-
„ lui ou ceux que ledit *Nathaniel Bacon*
„ y envoiera, en faveur du peuple, &
„ que la resolution de Sa Majesté soit
„ arrivée ici. Enfin nous promettons
„ & jurons d'aider & d'assister en tout
„ ce qui dépendra de nous ledit Géné-
„ ral & l'Armée qu'il commande.

LIV. Le Gouverneur avoit alors as-
semblé quelque monde, & il leur fournit des Chaloupes, des armes & de munition, pour croiser dans la Baye, & attaquer les mécontens. Il y eut quelques
Escarmouches, où plusieurs perdirent la
vie, & d'autres la liberté. C'est ainsi
qu'ils se détruisoient les uns les autres, &
qu'ils travailloient à la ruine de leur nouvelle Patrie, lors qu'au bout de quelques
Mois d'une violente discorde, il plut à
Dieu de mettre fin à tous ces malheurs,
par la mort naturelle de *Bacon*, & de
renverser tous les projets ambitieux de ce
Général.

Il mourut dans la Province de *Gloucef-
ter* chez le Dr. *Green*: mais on ne pût
jamais découvrir l'endroit, où on l'avoit
en-

enterré, quoi qu'on le recherchât dans la suite avec beaucoup de soin, pour jetter ses os à la voirie.

LV. D'ailleurs, ces desordres produisirent un abandon presque universel de l'Agriculture, & la desolation des Troupeaux; de sorte qu'on ne voioit dans un afreux avenir qu'une triste image de la famine. Mais les mécontens desunis entr'eux par la mort de leur Général, sur la bravoure duquel ils se reposoient tous, commencerent à se quereller, & alors chacun ne pensa qu'à faire sa paix le mieux qu'il pût.

Le Lieutenant Général *Ingram*, dont le veritable nom étoit *Johnson*, & le Major Général *Walklate* se rendirent, à condition qu'on leur accorderoit une amnistie pour eux & leurs partisans; mais l'un & l'autre furent obligez de soufrir qu'on les déclarât incapables d'exercer aucun Emploi dans le Païs.

La Paix ne fut pas plûtôt rétablie, que le Chevalier *Berkeley* reprit son Gouvernement, & que chacun retourna chez soi.

LVI. Pendant que la guerre civile se fomentoit en *Virginie*, les Deputez de ce Païs en *Angleterre* ne pouvoient rien obtenir contre les Donations faites à certains

tains Particuliers, quoi qu'on leur promit souvent de les revoquer. Mais sur la nouvelle qu'on eut à *Londres* de toutes ces brouilleries intestines, le Roi ne voulut jamais passer outre : de sorte que les Deputez crurent que le plus court étoit de composer avec les Proprietaires. On convint donc de leur paier quatre cens Livres Sterlin à chacun, & cela fait, l'on n'entendit plus parler de ces Donations qu'au bout de douze ou de quinze années après.

LVII. Le calme n'eut pas plûtôt succedé à l'orage que *Bacon* avoit excité, que le Gouverneur convoqua une Assemblée pour rétablir les affaires du Païs dans leur premier train, & reparer le mal que l'opression avoit fait à certaines personnes. Un Regiment d'Infanterie, qu'on envoioit d'*Angleterre*, pour appaiser le tumulte, n'arriva qu'après coup, & ces nouveaux debarquez n'eurent pas l'occasion d'exercer leur bravoure. Malgré tout cela, on les retint en pié trois années de suite, & ils ne furent congediez que sous le Gouvernement du Lord *Colepepper*.

LVIII. Après que les Deputez eurent fait leur accord avec les Proprietaires, ils obtinrent du Roi une nouvelle Char-

Chartre, qui confirmoit la *Virginie* dans son premier établissement, & lui donnoit une pleine assurance, qu'elle resteroit à l'avenir sous la protection de Sa Majesté & de ses Successeurs, & que leurs terres ne releveroient immédiatement que de la Couronne.

LIX. Le desordre qui accompagna la guerre civile, & l'occasion qu'elle fournit aux *Indiens* de massacrer les *Anglois* sur toutes leurs frontieres, produisirent une telle desolation dans le Païs, & reculérent si fort les progrès des habitans, que jusques à ce jour on n'est presque pas sorti des bornes qu'on occupoit alors. Ce fut au milieu de toutes ces horreurs qu'un des Capitaines de *Bacon*, nommé *Richard Lawrence*, reduisit *James-Town* en cendres, & que ses gens ne voulant pas obéir à un ordre si barbare, il l'executa lui-même de sa propre main.

Cette infortunée Ville n'est pas arrivée depuis à l'état florissant où elle se trouvoit alors: & l'on peut dire qu'aujourd'hui elle est presque devenuë deserte par le projet extravagant du Gouverneur *Nicholson*, qui a fait transporter l'Assemblée & la haute Cour de justice à *Williamsburg*, qui est à sept Miles de là.

LX.

LX. Sa Majesté envoia des Commissaires en *Virginie* avec le Regiment, dont nous venons de parler, & leur ordonna de rechercher la cause & les auteurs de la Rebellion. Bien-tôt après le Chevalier *Berkeley* retourna en *Angleterre*; mais il y fut si malade à son arrivée, qu'il ne sortit pas de la chambre jusques à sa mort, & qu'il n'eut pas ainsi l'honeur de baiser la main du Roi. Cependant Sa Majesté déclara qu'Elle étoit fort satisfaite de sa conduite en *Virginie*, & lui témoigna beaucoup de bienveillance durant tout le tems qu'il fut malade; Elle s'informoit presque tous les jours de l'état de sa santé, & lui fit dire qu'il ne se hasardât pas trop tôt à sortir, pour se rendre à la Cour.

LXI. A l'occasion du Voiage du Chevalier *Berkeley* en *Angleterre*, Herbert *Jeffreys*, Ecuier, fut établi Gouverneur. Il conclut une Paix dans les formes avec les *Indiens*, & il convoqua une Assemblée générale à *Middle-Plantation*, où l'on rétablit la liberté du Commerce avec les Naturels du Païs, sous de certaines regles, & à condition qu'ils porteroient leurs Denrées à certains Marchez fixes. Mais cela ne plut pas aux *Indiens*, qui n'avoient jamais été soûmis à de pareils

reils reglemens. Ils crurent que la Paix ne pouvoit être parfaite, & qu'ils ne devoient pas se reposer là-dessus, si tous les anciens usages n'étoient rétablis: de sorte que toutes ces nouvelles restrictions devinrent inutiles.

Le Gouverneur *Jeffreys* ne jouît pas long tems de son Emploi, puis qu'il mourut dès l'année suivante.

LXII, Vers la fin de l'année 1678, le Chevalier *Henri Chicheley* fut nommé à sa place, en qualité de Lieutenant. C'étoit lui qui dirigeoit les affaires, lorsque l'Assemblée fit bâtir des Magasins vers les sources des quatre grandes Rivieres du Païs, & les fournit d'armes, de munition, & d'hommes, pour intimider les *Indiens* & les tenir dans le respect.

Cette même Assemblée défendit aussi l'entrée du Tabac, que la *Caroline*, & quelquefois *Maryland*, y envoioient pour le faire passer en *Angleterre*. Mais je croi qu'en ceci la *Virginie* ne connut pas ses veritables interêts; puis que, cette coûtume étant une fois introduite, ce qui n'auroit pas manqué d'arriver bientôt, elle seroit devenuë la maîtresse de la Navigation, & qu'elle auroit pû regler à loisir le négoce du Tabac, sans avoir
be-

besoin du concours de ces deux autres Colonies, ni de se soûmettre à leur mauvaise humeur, comme elle avoit déja fait.

LXIII. Le Lord *Thomas Colepepper* y arriva le Printems suivant, avec le titre de Gouverneur, & il apporta quelques Loix, qu'on avoit minutées en *Angleterre*, pour les faire passer dans l'Assemblée générale. Il avoit eu l'adresse d'y mêler l'interêt du Païs avec le sien propre ; ce qui étoit le veritable moien d'en obtenir l'aprobation. D'ailleurs, le dessein dans lequel il venoit de rétablir la Paix au milieu d'un peuple accablé de misére, ne pouvoit que lui être favorable ; & son influence étoit d'autant plus grande, qu'il avoit le pouvoir de pardonner à ceux qui avoient eu quelque part dans les desordres commis durant la derniere revolte.

LXIV. Dans la premiere Assemblée qu'il tint, il passa trois Actes fort avantageux au Païs. L'un regardoit le pouvoir de naturaliser les Etrangers, qu'on mettoit entre les mains du Gouverneur. L'autre étoit pour encourager le voisinage des habitations, le Commerce & les Manufactures ; & cet Acte fixoit un certain Lieu dans chaque Province, où
toutes

toutes les Marchandises qui entroient, ou qui sortoient devoient être déchargées & embarquées, achetées & venduës. Mais cet Acte n'aboutît à rien par l'opposition des Marchands de *Londres*. Le troisiéme accordoit une amnistie générale pour toutes les fautes & les excès commis dans le tems de la derniere revolte; & promettoit reparation à toutes les personnes, à qui l'on feroit quelque reproche là-dessus. Mais le Lord *Colepepper* avoit eu l'adresse d'y cacher le hameçon sous l'apas, & d'y faire inserer une Clause propre à justifier toutes les opressions d'un mauvais Gouverneur: je veux dire celle qui imposoit une amende de cinq cens Livres Sterlin & une année de prison à tous ceux qui parleroient avec mépris du Gouverneur. Il n'y avoit point de meilleure Sauvegarde pour la tyrannie, puis qu'un Gouverneur pourroit commettre mille abus, sans que personne osât en murmurer, ni même en porter ses plaintes à la Cour d'*Angleterre*, de peur d'encourir une si grosse amende.

La même Loi condamne à cent Livres Sterlin d'amende, & à une prison de trois Mois, sans en pouvoir sortir en donnant caution, tous ceux qui oseront

F   par-

parler ou écrire avec peu de respect d'aucun des Membres du Conseil, ou d'aucun Juge, ou de tout autre Officier superieur.

Quoi que cet Acte ne tendît d'abord qu'à supprimer la Revolte, qu'à pacifier les troubles, & qu'à reconcilier les esprits; & que même aucun Gouverneur n'ait jamais trouvé à propos de mettre cette Clause en execution : cependant on s'en est servi en dernier lieu, pour vanger des injures personnelles, & apuier les malversations criantes, qui font soupirer aujourd'hui le peuple.

LXV. Si le Lord *Colepepper* passa quelques Actes qui étoient agréables à tout le monde, il en fit passer un autre qui ne lui étoit pas moins avantageux à lui-même ; je veux dire, celui qui établissoit un revenu public pour le soûtien du Gouvernement. Il obtint par cet Acte que les droits qu'on lui attribuoit seroient rendus perpetuels, & que l'argent, dont on rendoit compte autrefois à l'Assemblée, seroit à la seule disposition de Sa Majesté. Cela fait, il obtint du Roi deux mille Pieces de gages par an, au lieu de mille que les autres en avoient. Il eut d'ailleurs cent cinquante Pieces tous les ans pour la rente d'une maison,

son, outre tous les profits de sa Charge.

LXVI. On étoit alors de si bonne volonté, que ce Lord n'eut pas de peine à obtenir qu'on fixât un de ses droits les plus considerables, & qu'au lieu du présent de liqueurs ou de vivres que les Maîtres des Vaisseaux avoient accoûtumé de faire pour la table du Gouverneur, on lui donnât une certaine somme en argent, paiable à chaque voiage. On la reduisit à vingt Chelins pour chaque Navire, qui seroit au dessous de cent Tonneaux de port, & à trente pour ceux qui seroient au-dessus. Tous les Gouverneurs qui sont venus depuis, ont exigé cette Somme comme un droit légitime.

LXVII. Ce Lord étoit fort habile à trouver les moiens de faire venir de l'argent dans ses Coffres, & il ne manquoit jamais de profiter de l'occasion. C'est pour cela qu'il paroissoit touché du mauvais état où se trouvoit le Païs, à cause de la rareté de l'argent; Il craignoit que les Colonies voisines, qui n'avoient pas mis leur monnoie sur un pied si bas que la *Virginie*, ne l'attirassent tout chez elles; & là-dessus il proposa qu'on en haussât le prix.

La *Virginie* avoit souhaité autrefois cette

te augmentation, & l'Assemblée travailloit actuellement à la fixer: mais cet illustre Gouverneur l'empêcha, sous prétexte qu'il le feroit lui-même par une Proclamation, parce que c'étoit une des prérogatives du Roi. L'Assemblée n'y voulut pas donner les mains, convaincuë que si elle faisoit cette démarche, ce Lord & tous ses Successeurs s'arrogeroient le même droit d'alterer la monnoie à leur guise, & qu'on seroit toûjours dans l'incertitude à cet égard, comme l'exemple qu'il en donna bientôt après le fit voir. Tout le but qu'il se proposoit en cette occasion, quoi que caché sous les belles apparences de l'interêt qu'il prenoit au bien du Païs, ne tendoit qu'à profiter de l'argent, qu'on lui avoit mis entre les mains, pour paier les Soldats. Dans cette vûe, il acheta des Pieces de huit legéres, qu'il eut à bon marché. Lors que son projet fut mûr pour l'execution, il mit en usage la prérogative Roiale, & publia une Proclamation pour faire monter les Pieces de huit, de cinq Chelins qu'elles valoient, à six; & d'abord qu'elles eurent cours sur ce pied-là, il produisit un ordre pour paier & congedier les Soldats. Ces pauvres malheureux, & les personnes qui leur avoient fourni la
sub-

subsistance se virent ainsi obligez à prendre en paiement ces Pieces de huit legeres sur le pied de six Chelins. Mais quand on vint à paier les droits avec cette monnoie, le Gouverneur s'aperçut bien tôt que son revenu en soufriroit; de sorte qu'il se trouva reduit à faire valoir la même prérogative, pour remettre l'argent sur l'ancien pié.

LXVIII. Suivant cette maniere despotique de gouverner, ce Lord fit une autre entreprise sur les droits du peuple; mais il y aporta une si grande précaution, qu'on ne pouvoit pas l'accuser d'avoir aucun mauvais dessein. Il revoqua divers Actes, qu'on avoit faits à l'égard de la Revolte de *Bacon*, & qui étoient abrogez par l'Acte d'Amnistie, si ce n'est pas en termes exprès, du moins tacitement.

LXIX. Quoi qu'il en soit, peu s'en falut que le pouvoir arbitraire que ce Gouverneur s'attribuoit, n'eut de très-mauvaises suites, & il y a grand' apparence qu'il auroit causé un nouveau soulevement, si l'on n'avoit eu encore la memoire toute fraîche des malheurs qui accompagnérent la Revolte de *Bacon*. Le peuple voioit, que sur ce pié-là, tous les Actes de l'Assemblée générale n'a-

F 3   voient

voient pas plus de force que les Loix d'une Province *Ottomane*, qui peuvent être suspenduës ou revoquées, selon le bon plaisir du *Bacha*. En un mot, ces manieres d'agir excitérent un tel esprit de mutinerie dans le Païs, que l'Assemblée suivante fut obligée de passer un Acte particulier, pour en prévenir les fâcheuses conséquences.

Sous le Gouvernement du Lord *Effingham* on fit aussi quelques tentatives pour revoquer les Actes de l'Assemblée: mais malgré toutes ses Proclamations, les Loix qu'il avoit revoquées sont en force dans toutes les Cours de Judicature, si vous en exceptez la Loi qui regarde le paiement des rentes foncieres. Cette Loi ordonnoit de les paier en Tabac à deux Sols la Livre; mais sur ce que le Tabac diminua de prix, ce Gouverneur la revoqua, & voulut être paié en argent, ou en Tabac à un Sol la Livre. On aima mieux souffrir cette avanie, que d'essuier un procès avec un Gouverneur, dont la Patente portoit que la rente fonciere seroit paiable en argent.

Le Colonel *Nicholson*, devenu Lieutenant du même Lord *Effingham*, donna un exemple fort singulier des procedez arbitraires, qu'il se vantoit d'avoir apris

dans

dans le Roiaume de *Maroc*. Il publia une Proclamation pour revoquer une Loi, qui étoit déja revoquée. Quoi qu'il en foit, voilà toutes les tentatives qu'on ait jamais faites, pour introduire en *Virginie* la maxime de gouverner le peuple par des Edits, à la maniere du Roi de *France*.

LXX. En moins d'une année le Lord *Colepepper* retourna en *Angleterre*, & il laiſſa le Chevalier *Henri Chicheley* pour ſon Lieutenant.

On ne vit pas plûtôt la tranquilité retablie dans le Païs, qu'on cultiva beaucoup plus de Tabac qu'il n'en faloit; en ſorte que les Marchands n'en ofroient preſque rien aux proprietaires. Ceci cauſa une grande inquietude, & le peuple, qui ſavoit par experience qu'on ne devoit pas ſe flater de convenir là-deſſus avec les Colonies du voiſinage, reſolut de détruire tout le Tabac du Païs, ſur tout le parfumé, qu'on ne plantoit aucune autre part. Pour l'execution de ce deſſein, on prit le tems que les Plantes étoient encore dans les couches, & lors que la ſaiſon étoit trop avancée pour en ſemer d'autres.

Suivant ce projet, les Chefs de l'émeute arracherent d'abord leur propre

Tabac, & ils couperent enſuite les Plantes de leurs voiſins, qui n'étoient pas diſpoſez à le faire eux-mêmes: mais ils n'eurent pas aſſez de reſolution pour finir ce qu'ils avoient commencé.

On traita ceci de felonie & de ſedition, & l'on arrêta diverſes perſonnes, dont quelques unes furent pendües. L'Aſſemblée fit enſuite un Acte, qui déclaroit que tous les procedez de cette nature paſſeroient à l'avenir pour crime de félonie.

LXXI. Quelque tems après ce dégat, le Lord *Colepepper* de retour en *Virginie* tint ſa ſeconde Aſſemblée, où il chercha l'occaſion d'empieter de nouveau ſur les droits du peuple. L'experience qu'il avoit faite dans ſon premier voiage de la facilité avec laquelle il pouvoit tourner les eſprits, lui fit naitre la penſée de recouvrer la proprieté du Quartier, qu'on nomme l'Iſthme du Nord, & qui n'eſt qu'une petite portion de la Colonie. Il crut que ſi les autres, qui faiſoient le gros des habitans, conſervoient leurs privilèges, ils ne ſe mettroient pas fort en peine de ſoutenir les interêts du petit nombre; puis ſur tout que leurs ſollicitations en *Angleterre* n'avoient jamais rien produit. Mais ce qu'il y a de bon, c'eſt que

ce

ce Gouverneur ne prétendit point alors, ni même de plusieurs années ensuite, avoir aucun droit sur les terres de personne, ni en demander la proprieté par les voies de la justice.

Quoi-qu'il en soit, la coutume établie de porter les apels à l'Assemblée générale ne s'accordoit pas avec son projet. Il craignoit que les Membres de cette Assemblée ne fussent trop attachez à l'interêt de leurs compatriotes, & qu'ils ne reconnussent que ceux du Nord avoient le même droit sur leurs terres, que les autres habitans de la *Virginie*, puis qu'ils en jouissoient tous sur le même pié. Afin donc d'avoir meilleur marché de ces pauvres malheureux, il tacha de ruiner la voie des appellations, & de transporter le jugement en dernier ressort à une autre Cour, qui seroit plus favorable à ses injustes Octrois.

Pour venir à bout de ce dessein, il excita la division dans l'Assemblée, entre les Membres de la Cour de justice & les Députez de la Bourgeoisie. Il anima sous main les derniers à insister sur le privilége qu'ils avoient de juger eux seuls de tous les apels, à l'exclusion des autres; parce que ceux-ci avoient déja prononcé sur les mêmes affaires, & que par là ils se rendoient incapables de juger des apels qu'on faisoit de leur Cour à l'Assemblée générale. Cet expedient eut tout le succès qu'il en pouvoit attendre : les Députez de la Bourgeoisie, fort aises de maintenir leur privilége, mordirent à l'apas, sans craindre le hameçon qui étoit caché dessous, ni le danger qu'il y avoit à rompre si brusquement une ancienne coutume. C'est ainsi que ce rusé Gouverneur vint à son but : il représenta ce demêlé à la Cour d'*Angleterre* avec des couleurs si noires, qu'il reçut un ordre du Roi, de casser tous les apels de la Cour de judicature à l'Assemblée, & de les évoquer à son Conseil.

LXXII. Il ne manqua pas d'en tirer un grand avantage ; puis que dans le desordre qui arriva sur la fin du regne de *Jaques* II, c'est-à-dire en *Octobre* 1688, après s'être muni d'une Procuration de la part des autres interessez à la Donation de l'Isthme du Nord, il obtint là-dessus un raport favorable du Conseil du Roi.

Il n'eut pas plûtôt réüssi à cet égard, que sa premiere démarche fut d'engager dans son parti quelcun des principaux habitans de ce Quartier-là. Il choisit pour cet effet son cousin *Spencer*, qui étoit Secretaire & qui demeuroit sur les lieux.
Mais

Mais ce Gentilhomme ne servit qu'à lui procurer quelques petites confiscations, que * le *Coroner* avoit accoutumé d'exiger en faveur du Roi.

Après la mort de *Spencer*, le Gouverneur jetta les yeux sur le Colonel *Philippe Ludwell*, qui étoit alors en *Angleterre*, & qui avoit demeuré depuis long-tems dans cet Isthme du Nord. *Ludwell* s'y rendit avec cet Octroi, & il y érigea un Bureau pour recevoir les droits : il forma des prétentions sur quelques biens confisquez ; mais tout cela n'aboutît pas à grand' chose. Les Colonels *George Brent* & *Guillaume Fitz*, qui étoient aussi habitans de l'Isthme, furent emploiez ensuite dans la même affaire : mais ils n'y réussirent pas mieux que leurs prédecesseurs. Cependant le peuple portoit souvent des plaintes à l'Assemblée générale, qui resolut enfin d'envoier une Adresse au Roi ; mais comme elle n'avoit point d'Agent à *Londres*, pour en solliciter la réponse, cette démarche ne servit de rien. Quoi qu'il en soit le Colonel *Richard Lee*, un des Membres du Conseil, & habitant de l'Isthme, fit un accord secret avec les Propriétaires, pour son bien fonds. Il n'eut

* Voy. Liv. IV. Ch. III. § III.

n'eut pas plûtôt rompu la glace, que plusieurs suivirent son exemple, & que tous les autres enfin furent amenez à paier la rente foncière aux Receveurs des Proprietaires. Ceux-ci en laissent aujourd'hui le maniment au Colonel *Robert Carter*, qui est un autre Membre du Conseil, & l'un des plus grands fonciers de cet endroit-là.

LXXIII. Pour revenir au Lord *Colepepper*, je ne saurois m'empêcher de raporter ici un reglement fort utile qu'il fit à l'égard des Cours de Justice. La chicane & toutes les subtilitez qui se pratiquent à * *Westminster-Hall*, se glissoient dans ces Cours. Les Clercs se mêloient d'enregîtrer les Sentences qu'on y prononçoit en certains Cas, avec les raisons qui avoient déterminé les Juges; & ils prétendoient que cela servit de regle infaillible à l'avenir dans toutes les procedures. Ce Seigneur coupa queue à toutes les chicanes & aux longueurs ordinaires de la Justice, & il obligea les Cours à s'en tenir à la simplicité de nos ancêtres. Il voulut que les Sentences fussent enregîtrées en peu de mots, sans les ac-

com-

* C'est la grande Sale de *Westminster*, où se tiennent les principales Cours de Justice.

compagner des raisons, parce, disoit-il, que leurs Juges n'avoient pas assez d'experience, pour servir de Guides à la posterité, qui devoit juger elle-même sans prévention, de la nature des Cas qui lui écherroient.

LXXIV. Ce fut aussi du tems de ce Gouverneur qu'on démolît les Forts, que le Chevalier *Henri Chicheley* avoit fait bâtir vers les Sources des Rivieres, & qu'on congedia les troupes qu'il y avoit sur pié, parce qu'il en coûtoit trop pour leur entretien. Au lieu de ces troupes, l'Assemblée ordonna de petits Partis de chevaux legers, pour battre la campagne tour à tour, & garder les frontieres. Comme on les prenoit du voisinage, ils servoient à moins de fraix & plus utilement.

LXXV. Le séjour du Lord *Colepepper* en *Virginie* ne fut guére plus long cette fois que la précedente; il retourna de nouveau en *Angleterre*, & au défaut du Chevalier *Chicheley*, qui étoit mort, il nomma son Cousin *Spencer* pour le Président du Conseil, quoi que ce dernier ne fut pas le plus ancien des Membres.

LXXVI. L'année suivante, c'est-à-dire en 1684, sur ce qu'il ne voulut pas retourner en *Virginie*, on y envoia pour Gouverneur le Lord *François Howard d'Effingham*. Celui-ci n'aimoit pas moins l'argent que l'autre, & il mit tout en œuvre pour en amasser, sans avoir aucun égard aux Loix de la Plantation, ni à la dignité de sa Charge. Il se ravala jusqu'à partager avec son Clerc, les moindres profits qui lui revenoient; & pour satisfaire à son avarice, il obligea tous les Maîtres d'Ecole, & tous ceux qui vouloient plaider dans les Cours de judicature, à prendre une Permission sous le sceau. Ce n'est pas tout, il extorqua un droit excessif pour apposer le sceau, à toutes les verifications des Testamens & des Actes de Curatelle, sans que personne en pût être exempté, lors même que les biens du défunt étoient de la moindre valeur. Si quelcun se hasardoit à se plaindre de cette avanie, il le traitoit avec la derniere severité; & après avoir fait mettre diverses personnes en prison, il les renvoioit d'une Cour à l'autre, sans vouloir souffrir qu'on les jugeât. En un mot, il en fit tant, qu'on resolut d'en porter ses plaintes au Roi, & que le Colonel *Philippe Ludwell* fut nommé pour agir contre lui en *Angleterre*. Mais quoi que ce Colonel n'eut pas le bonheur de le faire ra-

rapeller, cela n'empêche pas qu'on ne lui ait une grande obligation du soin infatigable qu'il prit, pour en venir à bout.

LXXVII. Dans la premiere Assemblée qui se tint sous le Gouvernement de ce Lord, on imposa un droit sur l'entrée des Liqueurs qui venoient des autres Plantations *Angloises*. Le prétexte qu'on prit, ce fut pour diminuer la Capitation qu'on paioit, & pour rebâtir la Maison de Ville, qu'on n'avoit pas relevée depuis l'incendie.

Ce droit ne fut d'abord mis que sur le Vin & le * *Rum*, à raison de trois Sols le † Gallon; mais tout ce qui en venoit sur les Vaisseaux de la *Virginie*, en étoit exemt. On a chargé depuis, les autres Liqueurs du même droit, c'est-à-dire que le Vin & le *Rum* paient quatre Sols par Gallon, & la Biere, le Cidre, le jus de Limon, &c. un Sol. D'ailleurs les Proprietaires des Vaisseaux de la *Virginie* n'ont plus le même privilége qu'ils avoient; ce qui tourne beaucoup à la ruine de leur Navigation & de leur Commerce.

LXXVIII.

* C'est une espece de Liqueur forte qui se fait aux *Barbades*. † C'est une mesure qui contient autour de 4 Pots.

LXXVIII. Quoi que Mylord *Effingham* voulut passer pour n'être pas fort habile dans les procédures de la justice, il fit de grandes innovations dans les Cours, sous prétexte de suivre le modele d'*Angleterre*. C'est ainsi qu'il établit une nouvelle Cour de Chancelerie, distincte de la Cour générale, qui avoit toûjours prétendu à cette jurisdiction. Il s'érigea lui-même en Chancelier, & il prit pour ses associez quelques Membres du Conseil; mais qui n'avoient point de voix déliberative dans les Causes qui se plaidoient devant eux. Afin même que cette Cour eut plus l'air de nouveauté, il ne voulut pas la tenir dans la Maison de Ville, où l'on expedioit toutes les autres affaires publiques, mais il prit pour cet usage la Sale d'une Maison particuliere; & il dressa un Tarif à sa guise des droits, qu'il lui attribuoit. Cependant, il quitta bien-tôt après le Païs; de sorte que toutes ces innovations n'eurent pas de suite, & que la jurisdiction retourna à la Cour générale, sous le Colonel *Nath. Bacon*, qu'il avoit laissé Président du Conseil.

LXXIX. Durant l'administration de ce dernier, qui commença en l'année 1689, on resolut d'établir un Collége. Le plan en fut dressé, & ofert au Président

dent & au Conseil, qui l'approuverent & en renvoiérent la decision à la prochaine Assemblée. Mais le regne de ce Colonel fut si court, qu'il n'y eut aucune Assemblée de son tems, & qu'on abandonna ce pieux dessein.

LXXX. En 1690. *François Nicholson*, Ecuier, se rendit en *Virginie* sur le pied de Lieutenant du Lord *Effingham*. Ce Gentilhomme ne pensa qu'à obtenir la place de Gouverneur en chef, & à se rendre recommandable à ses Superieurs. Dans cette vûe, il affectoit d'être populaire, & il ne parloit que d'ameliorations du Païs. Pour faire sa cour au peuple, il institua des jeux Olympiques, & il donnoit des prix à tous ceux qui excelloient à la course à cheval, ou à pié, à la Lute, à tirer au blanc, & à joüer du Sabre. Lors qu'on lui proposa le dessein où l'on étoit de fonder un Collége, il promit de travailler de toutes ses forces à en obtenir l'execution, dans l'esperance que cette démarche lui attireroit du crédit auprès des Evêques en *Angleterre*. Mais quand on le pria de convoquer une Assemblée, pour déliberer là-dessus, il n'y eut pas moien d'en venir à bout. Mylord *Effingham* l'avoit engagé à n'en permettre aucune, s'il étoit possible,

dans

dans la crainte que le peuple irrité de son Gouvernement despotique, n'envoiât de nouvelles plaintes contre lui.

LXXXI. Quoi qu'il en soit, au défaut d'une Assemblée, on lui proposa de tenter la voie des souscriptions, & de voir jusqu'où le peuple voudroit contribuer pour un établissement de cette importance. Il y donna les mains de bon cœur, & sa liberalité, jointe à celle du Conseil, fournit un bel exemple à tous les Gentilshommes du Païs; de sorte que les souscriptions monterent, avec ce qu'on reçut de divers Marchands de *Londres*, à près de deux mille cinq cens Pieces.

LXXXII. Le projet de ce Collége fut renouvellé dans l'Assemblée qui se tint l'année suivante 1691, & on l'y admit à bras ouverts. Bien-tôt après, elle dressa une Requête au Roi *Guillaume* & à la Reine *Marie*, pour les suplier de lui accorder une Chartre là-dessus, & Mr. *Jaques Blair* Ministre fut envoié à *Londres*, pour en solliciter l'expedition.

On proposoit d'enseigner trois choses dans ce Collége, c'est-à-dire, les Langues, la Théologie, & la Physique.

On convint du nombre des Professeurs qu'il y auroit, & on fixa leurs apointemens.

On

On établît certaines regles, qui devoient y être obſervées à perpetuité. * Mais je parlerai de tout ceci plus au long dans la derniere Partie de cet Ouvrage, lors que je décrirai l'état préſent de la *Virginie*.

Cette Aſſemblée étoit alors ſi prévenuë en faveur de *Nicholſon*, que pour lui donner une marque de ſa bienveillance, elle lui ofrit une ſomme de trois cens Pieces. Mais ſur l'inſtruction qu'il avoit de ne recevoir aucun préſent de la Colonie, on envoia une Adreſſe à Leurs Majeſtez, pour les ſuplier de permettre qu'il acceptât celui-ci ; & il promit que ſi Elles y conſentoient, il en donneroit la moitié au Collége : de ſorte qu'il obtint par-là cette Somme, & s'aquît en même tems à peu de fraix le titre d'homme généreux.

LXXXIII. Quoi que Leurs Majeſtez, fort ſatisfaites du pieux deſſein de la Plantation, lui accordaſſent la Chartre qu'elle demandoit, on ne peut qu'admirer l'adreſſe & la vigilance, que Mr. *Blair* fit paroître, pour l'obtenir.

Ce n'eſt pas tout, Leurs Majeſtez donnerent pour la fondation du Collége, près de deux mille Livres Sterling, qui
leur

---

* Voy. Liv. IV. Ch. VIII.

leur étoient dues sur les rentes foncieres, vingt mille Acres du meilleur terroir, & le revenu d'un Sol par Livre, sur tout le Tabac qui se transportoit de la *Virginie* & de *Maryland* aux autres Plantations.

Quelle joie ne fut-ce pas pour les Archevêques & les Evêques de voir établir dans ce nouveau Monde un tel Seminaire de la Religion Chrétienne; puis sur tout que l'Episcopat en étoit le fondement, & que tous ses promoteurs étoient des membres zélez de l'Eglise *Anglicane* ?

LXXXIV. Pour revenir à l'Assemblée, *Nicholson* y passa quelques Actes, pour encourager le Commerce en général, & en particulier la manufacture des toiles, le trafic du Cuir, préparé & mis en œuvre par les Taneurs, les Coroieurs & les Cordonniers, & le voisinage des habitations.

D'un autre côté, ce Lieutenant étoit si rigide observateur des Actes de l'Assemblée, qu'il en faisoit l'unique regle de son jugement, toutes les fois qu'ils prononçoient sur les cas en question. Mais ses allures dans le Conseil ne quadroient pas avec cette regularité; il y agissoit d'une maniere si despotique & si hautaine, ne, qu'on ne pouvoit plus le foufrir, & que divers Confeillers écrivirent contre lui à la Cour d'*Angleterre*, qui bien loin de remedier à leurs griefs, renvoia leurs Lettres à Mr. *Nicholfon*.

Avant que l'Affemblée tînt une autre féance, il prit le contrepié de tout ce qu'il avoit fait dans celle-ci. Au lieu d'encourager la ftructure des Ports & des Villes, il la defaprouvoit pat tout; & il critiquoit en préfence du peuple, les mêmes chofes dont il étoit convenu avec l'Affemblée. Un changement fi promt & fi extraordinaire étonna d'abord tout le monde; mais on découvrit bien-tôt qu'il venoit de quelqu'autre fource, que de l'inconftance de fon humeur. Il joüa ce dernier role jufques à fon rapel, qui arriva peu de tems après.

LXXXV. Au Mois de *Fevrier* 1692, le Chevalier *Edmond Andros* fe mit en poffeffion du Gouvernement qu'on lui avoit donné. Il tint prefqu'auffi-tôt une Affemblée, qui renverfa le beau projet qu'on avoit formé de conftruire de Ports & de Villes, quoi qu'il ne fût pas l'auteur de cette démarche, qui venoit de plus loin. Cependant, l'Affemblée ne fit que fufpendre l'execution de l'Acte, jufqu'à ce qu'on fût quel étoit le bon plaifir

fir de Leurs Majeſtez à cet égard. Mais les Marchands de *Londres* ſe plaignirent contre cet Acte, & là-deſſus, Leurs Majeſtez ordonnerent à l'Aſſemblée de l'examiner, & de voir s'il conviendroit avec la ſituation, où les affaires du Païs ſe trouvoient alors. Quoi qu'il en ſoit, l'Aſſemblée ne paſſa pas outre, & l'Acte a reſté pendu au croc juſques à ce jour.

LXXXVI. On préſenta dans cette ſéance le projet de *Neal*, pour établir un Bureau des Poſtes, & ſa Patente pour la Charge de Maitre général des Poſtes dans ces Quartiers de l'*Amerique*. L'Aſſemblée fit un Acte, pour encourager ce deſſein; mais il ſe reduiſit en fumée, à cauſe du grand éloignement qu'il y a d'une Habitation à l'autre.

LXXXVII. Le Chevalier *Andros*, animé d'un zéle mal-entendu, fit une innovation dans les Cours de Juſtice, qu'on regarda comme un veritable grief. Il ordonna qu'on y admit tous les Statuts d'*Angleterre*, ſans en excepter ceux qu'on avoit fait depuis leur derniere Chartre, quoi qu'ils ne diſſent pas un ſeul mot des Plantations, & qu'ils ſe raportaſſent même aux uſages particuliers de ce Roiaume. Auſſi ce Gouverneur faiſoit-il de

ces

ces Statuts l'unique regle de son jugement, de même que Mr. *Nicholson* prenoit les Actes de l'Assemblée pour servir de guide au sien. Cependant cette nouveauté causa de terribles embarras; on ne savoit plus à quelles Loix s'en tenir, & il n'y avoit personne qui crut posseder son bien en sûreté. En effet, il avoit accoûtumé de dire, qu'ils n'avoient aucun droit à leurs terres, & cela sans doute pour une raison, qu'il ne savoit pas mieux que les autres. Quoi qu'il en soit, ces manieres d'agir exciterent de grandes animositez de son tems.

LXXXVIII. Au reste, il fut lui-même le porteur de la Chartre pour le College, & la premiere Assemblée qu'il tint déclara que les souscriptions étoient dûes, & qu'il faloit en demander au-plûtôt le paiement. Elle ajouta même aux revenus de ce Collége un droit sur la sortie des peaux & des fourrures. Mais on ne fut pas aussi promt à paier, qu'on l'avoit été à souscrire; quoi qu'avec la Somme accordée par leurs Majestez, & ce qu'on recueillit des contributions, il y en eut assez pour mettre la main à l'œuvre; jetter les fondemens de l'Edifice & le continuer.

LXXXIX. Le Chevalier *Andros* encou-

couragea beaucoup les Manufactures, en particulier celle de Coton, qu'on a fort negligée depuis, & l'on établit de son tems des Moulins à foulon par Acte de l'Assemblée. D'ailleurs, il aimoit l'ordre & l'expedition dans toute sorte d'affaires, & il ne pût souffrir la negligence qui regnoit dans la Secretairie d'Etat. En effet, depuis la Revolte de *Bacon*, il n'y avoit jamais eu de Bureau plus mal-gouverné que celui-là. Divers Octrois de terres y étoient enregistrez en blanc; on y voioit quantité de Pieces originales, de Memoires, d'Actes, & d'autres Papiers de la derniere importance dispersez d'un côté & d'autre, sales, dechirez & rongez par la vermine. Quoi qu'il en soit, ce Gouverneur ne fut pas plûtôt arrivé, qu'il reforma tous ces abus; il fit transcrire dans de nouveaux Livres tous les Actes volans, ou dechirez, qui pouvoient être de quelque usage, & il fit bâtir dans la Secretairie des endroits commodes, pour les y placer. D'ailleurs, il prescrivit la méthode qu'on devoit suivre, pour les garantir de la poussiere & de l'humidité, & les ranger, en sorte qu'on pût trouver d'abord ceux dont on auroit besoin. Mais tout cela perit bientôt après, dans l'incendie de la Maison
de

de Ville, qui arriva au Mois d'*Octobre* 1698, & quoi que le Chevalier ne s'arrêtât guére ensuite dans le Païs, il eut le tems de rassembler tous les Papiers, qu'on avoit sauvé des flames, & de les disposer dans un meilleur ordre qu'ils n'avoient été auparavant.

Il ofrit même diverses fois de rebâtir la Maison de Ville, & si son Gouvernement eut duré six Mois de plus, il y a grand' apparence qu'il en seroit venu à bout, de la maniere qui auroit moins chargé le peuple.

LXXXIX. Un Eté qu'il voiageoit dans la Province de *Stafford*, il demanda de l'eau à la maison d'un pauvre homme. Une vieille femme parut avec un jeune garçon de dix ou douze ans, qui avoit le teint si beau & l'air si robuste, que le Gouverneur eut la curiosité de s'informer qui il étoit, & il apprit à son grand étonnement, que cette bonne femme l'avoit mis au monde, & qu'elle étoit âgée de soixante-seize ans. Le Chevalier sourît là-dessus, & après avoir demandé quelle sorte d'homme étoit le Pere, la femme, sans répondre à sa question, courut aussi-tôt, & amena son Mari à la porte, qui avoit alors plus de cent ans passez. Le bon homme confirma tout ce que sa fem-

G   me

me avoit dit sur le chapitre de leur garçon, & malgré son âge avancé, il paroissoit vigoureux & le ton de sa voix étoit mâle; mais il avoit perdu la vûë. La femme ne se plaignoit d'aucune incommodité, & sembloit jouïr d'une vigueur fort extraordinaire à son âge. Le Gouverneur fut si agréablement surpris de cette relation, qu'après s'être fait connoitre, il leur ofrit d'avoir soin de l'enfant; mais ils ne voulurent jamais y consentir: ce qui ne l'empêcha pas de leur donner vingt Pieces.

XC. Au Mois de *Novembre* 1698, *François Nicholson*, Ecuier, fut avancé du Gouvernement de *Maryland* à celui de la *Virginie*. Mais il n'y parut plus avec cet air serain & honête qu'il avoit, lors qu'il n'étoit que Lieutenant du Gouverneur. Il ne parla plus de pousser les Manufactures, de bâtir des Villes, & d'encourager le Commerce. Les Actes de l'Assemblée ne firent plus la regle de ses démarches, & il ne suivoit que son bon plaisir & sa volonté. Bien loin de favoriser les Manufactures, il envoia des Memoires en *Angleterre*, si cruels & en même tems si déraisonnables, qu'ils se détruisoient d'eux-mêmes. Il réprésentoit dans l'une de ces pieces, *Que le Tabac*

bac de cette Colonie étoit souvent à un si bas prix, qu'il ne fournissoit pas à ceux qui le cultivoient de quoi s'habiller. Malgré tout cela, il exhortoit presqu'aussi-tôt le Parlement *à passer un Acte, pour défendre aux Plantations de faire leurs propres habits*; c'est-à-dire en bon François, d'ordonner à tous les habitans de la Colonie d'aller tout nuds. Dans un autre Memoire, qu'il avoit concerté avec une de ses créatures le Colonel *Quarrey*, il propose, *Que toutes les Colonies* Angloises *sur le Continent de l'Amerique Septentrionale, soient reduites en un seul Gouvernement, & sous un Vice-Roi; & qu'on y entretienne une Armée sur pié, pour reduire les ennemis de la Reine*; ce qui est, en d'autres termes, implorer le secours de Sa Majesté, pour mettre les Plantations sous une Discipline militaire, & par conséquent fournir une belle occasion à un Vice-Roi de secoüer la domination de l'*Angleterre*.

XCI. Ce Gouverneur fit d'abord parade de son zele pour l'Eglise *Anglicane*; mais sa pratique n'y répondit pas. Il faut avoüer pourtant qu'il a fait quelques liberalitez aux Ecclesiastiques: mais toûjours à condition qu'ils proneroient sa charité, qu'ils signeroient des Adresses à sa loüange, qu'il leur dictoit lui-même, ou que du moins ils en écriroient aux Evêques d'*Angleterre*. Il étoit d'ailleurs si soigneux pour prévenir la perte de ces Témoignages, qu'il en tiroit toûjours une copie, pour l'envoier avec ses propres Lettres.

Ce n'est pas tout, il fit semblant de favoriser le Collége : mais ce prétexte lui servoit pour tant de vûës particulieres, que les promoteurs de cette bonne œuvre se lasserent enfin de son hypocrisie. Ils s'aperçurent que son dessein étoit de s'aquerir quelque relief dans le Monde, & que s'il en venoit à bout, il ne se mettroit plus en peine du Collége, dût-il périr mille fois. En effet, il a si peu travaillé à le rendre utile, qu'après les six années de son Gouvernement, il s'y trouve aujourd'hui moins d'Ecoliers, qu'il n'y en avoit à son arrivée.

XCII. Il n'eut pas plûtôt pris possession de sa Charge, qu'il transporta l'Assemblée & les Cours de judicature de *James-Town*, où l'on avoit dequoi fournir aux besoins de chacun pour les commoditez de la vie, à *Middle-Plantation*, où l'on manquoit de tout. Ce fut ici qu'il se berça de l'agréable chimére, d'être le Fondateur d'une nouvelle Ville, qu'il appella *Williamsbourg*, en memoire
du

du Roi *Guillaume*. Il y marqua les rues en divers endroits, en forte qu'elles repréfentoient la figure d'un double *W*, pour la même raifon. D'ailleurs, il y fit bâtir un fuperbe Edifice, vis-à-vis du Collége, & il l'honora du titre magnifique de *Capitole*.

Quoi qu'il en foit, cette Ville en idée ne s'eft accruë jufques-ici que d'un petit nombre de Cabarets ou d'Auberges, & d'un Magafin. Ajoutez à cela, que les fréquentes Affemblées qui s'y tiennent, & la réfidence du Gouverneur, ne fervent qu'à interrompre les Ecoliers, qui n'y font pas non plus les mêmes progrès que ci-devant.

Pour avoir les moyens de bâtir fon Capitole, il propofa qu'on mit un droit de quinze Chelins pour chaque Valet ou Domeftique Chrétien, qu'on ameneroit dans le Païs, à l'exception des *Anglois*, & vingt Chelins pour chaque Négre. Mais ce droit ne peut être que pernicieux, parce qu'il forme un grand obftacle à l'accroiffement de cette Colonie naiffante, & que d'ailleurs la taxe eft très-inégale par raport à l'ouvrage qu'ils font.

XCIII. La pratique conftante de ce Gentilhomme eft de femer la divifion par tout. Je ne déterminerai pas fi cela vient de la bonté de son naturel, ou de son attachement à cette maxime de *Machiavel*, *divide & impera*. Mais il est sûr qu'il a introduit la discorde entre les gens du monde qui vivoient de la meilleure amitié; & ce qu'il y a de pis, c'est qu'on lui a ouï dire en présence du peuple, *Que les Gentilshommes leur en imposoient; que tous les domestiques avoient été enlevez par force, & qu'ils avoient droit de poursuivre leurs Maitres en justice.*

Afin même que ses discours fassent plus d'impression, il a soin de les débiter dans les Places publiques, & il parle des Membres du Conseil en des termes grossiers & fort injurieux. Il envoie souvent des ordres aux gens pour les chagriner; il les somme au Nom de Sa Majesté de le venir joindre à quelque Assemblée générale, & lors qu'ils y sont arrivez, tout ce qu'il avoit à leur dire aboutit peut-être à leur faire quelque insulte en présence de toute la compagnie.

XCIV. Dans la Cour générale, dont il est le Chef, il se conduit avec tant de violence & d'emportement, que les autres Juges & les Avocats n'ont pas la liberté de dire leur pensée. Si quelcun se hasarde à contrequarrer ses procedures arbitraires, il se met en fureur, & il n'y a a point d'injures, dont il ne l'accable. Si même le Procureur général est assez scrupuleux, pour ne vouloir pas obéir à ses ordres illégitimes, il court grand risque d'en être mal-traité. Du moins en l'année 1700, sur ce que *Fowler*, qui étoit alors le Procureur du Roi, ne voulut pas faire une certaine démarche, qui alloit contre les Loix, Son Excellence le prit tout en furie par le collet, & jura, *Qu'ils n'avoient aucunes Loix, & que ses ordres devoient être executez au plûtôt, & sans reserve.* Il met souvent des Gentilshommes en prison, sans qu'il y ait la moindre plainte contr'eux, & il ne veut pas qu'on les cautionne; ce qui tourne à l'opression des fidéles Sujets de Sa Majesté. Quelques uns de ceux-ci ont pris la liberté de lui dire, que ces procedures étoient illégitimes, & qu'on ne sauroit les justifier dans aucun des Païs, qui avoient le bonheur d'être gouvernez par les Loix d'*Angleterre:* mais il leur a répondu, *Qu'ils n'avoient aucun droit aux privileges des* Anglois, *& qu'il feroit pendre tous ceux qui s'opposeroient à lui, avec* * Magna Charta *autour de leur coû.*

G 4   XCV.

* C'est la *grande Chartre*, qui contient les privileges de la Nation *Angloise*, & qu'on conserve à la Tour de *Londres.*

XCV. Il se fait un plaisir extrême de parler du pouvoir absolu du Roi de *Fez* & de *Maroc*, & il éleve jusqu'aux nuës les cruautez inouïes que ce Prince exerce contre ses Sujets. Un jour qu'il y avoit une Assemblée des Gouverneurs du Collége, il s'y trouva, & sur ce qu'ils s'opposerent à quelcune de ses injustes procedures, il leur tint ce beau langage; *Vous étes des Chiens & vos femmes sont des Chiennes; je sai bien de quelle maniere il faut gouverner les Maures, & je vous apprendrai vôtre devoir à coups de bâton.*

Ce Gentilhomme ne traite guére mieux les Assemblées que les Particuliers, puis qu'il a dit publiquement, *Qu'il n'ignoroit pas les moiens de gouverner le Païs, sans le secours des Assemblées, & que si on lui refusoit quelque chose, d'abord qu'il auroit une armée sur pié, il les mettroit à la raison, la corde au coû.*

XCVI. Mais il ne faut pas s'étonner qu'il en use de cette maniere avec les gens; puis que ni les instructions de Sa Majesté, ni les Loix du Païs ne sont pas capables de le retenir dans de justes bornes. C'est ainsi qu'il regle des affaires de la plus grande importance, sans l'avis des Membres du Conseil, & qu'il a établi, sans leur aprobation, divers Officiers,

ciers, quoi qu'il n'en eut aucun droit. Quelquefois il a porté lui-même ses ordres dans le Conseil, où il les a signez, sans leur dire dequoi il s'agissoit, & il ordonnoit ensuite au Clerc de les enregistrer, ni plus ni moins que si tous les Membres y avoient donné leur consentement.

S'il arrive à quelques-uns de ces Messieurs de raisonner ou de voter contre le gré de ce Gentilhomme, il ne manque jamais d'entrer en furie, & d'en venir à des injures tout-à-fait indignes de son rang. C'est par là qu'il empêche d'aprofondir les affaires qu'on met sur le tapis, & que le Conseil ne lui sert qu'à pallier ses injustes pratiques. S'il trouve quelquefois qu'il n'y peut pas venir à bout de ses desseins, il ordonne sans scrupule, que sa resolution soit inserée dans les Registres du Conseil, où il fait mettre & bifer bien des choses de sa pleine autorité. Ce n'est pas tout, il a quelquefois envoié un Extrait des Journaux en *Angleterre*, au lieu des Journaux entiers; & par cet artifice il en retranche, ou y ajoute tout ce qu'il lui plait.

XCVII. Il sent si bien lui-même l'injustice de son procedé, qu'il a toûjours craint, que l'une ou l'autre de tant de personnes qu'il a offensées, n'envoiât des plaintes en *Angleterre* contre lui. C'est ce qui l'a reduit à mettre en usage un tour fort ruineux pour le Commerce & toute sorte de correspondance; je veux dire celui d'intercepter & d'ouvrir les Lettres. Pour en venir à bout, il ordonnoit à quelques uns de ceux qui lui étoient dévouez, & qui demeuroient près de l'embouchure des Rivieres, d'envoier à bord de tous les Vaisseaux qui arrivoient, & de leur demander leurs Lettres au nom du Gouverneur. Lors qu'il les avoit entre les mains, il ouvroit celles qu'il jugeoit à propos, & il les envoioit ensuite à leur adresse, ou bien il les gardoit. De cette maniere plusieurs personnes ont non seulement perdu les Lettres, les Comptes & les Factures qu'on leur envoioit, mais aussi de grans avantages qu'ils auroient pû tirer des avis qu'on leur donnoit, s'ils étoient arrivez assez-tôt, & qu'on n'eut pas retenu leurs Lettres.

XCVIII. Il avoit aussi des Espions, pour veiller sur la conduite & sur les paroles mêmes des personnes qui lui étoient suspectes, & qui paroissoient les plus disposées à se plaindre de lui. Mais il n'en demeuroit pas là; il s'alloit poster lui-même

même sous les fênêtres des gens, pour écouter ce qu'ils disoient; & il avoit souvent la mortification d'entendre des choses qui ne lui étoient pas fort agréables. Quoi qu'il en soit, ce beau manége a fait que chacun apréhende son voisin, & que les meilleurs amis n'ont plus de confiance les uns pour les autres.

Mais la voie la plus extraordinaire qu'on ait jamais emploiée sous un Gouvernement *Anglois*, pour découvrir les intrigues des Particuliers, c'est une espece d'Inquisition que ce Gentilhomme a diverses fois mis en usage. Lors que les Cours de Justice étoient en ferie, il les assembloit tout d'un coup, pour examiner la conduite des personnes qui avoient eu le malheur de lui déplaire, quoi qu'il n'y eut pas la moindre accusation contr'elles. Il sommoit tous leurs voisins, sur tout ceux qui lui étoient les plus affidez, d'y comparoitre; il leur faisoit prêter serment qu'ils diroient la verité, & qu'ils répondroient juste à toutes ses demandes; ensuite il leur proposoit des questions à l'infini sur la vie & les discours de ceux qu'il vouloit perdre, jusqu'à ce qu'il eut trouvé quelque chose qui pût servir de fondement à une Accusation.

XCIX. La deuxiéme Année de son

Gouvernement il y eut une avanture affez favorable, qui lui donna beaucoup de crédit, du moins auprès de ceux qui s'en raporterent à ce qu'il leur en debita lui-même; je veux parler du Pirate qu'on prit entre les Caps de la *Virginie*. Voici de quelle maniere cela se passa.

Plusieurs Vaisseaux Marchands prêts à partir étoient descendus jusques à la Baye de *Lynhaven*, vers l'embouchure de la Riviere *James*. Un Pirate, qui en eut avis, & informé d'ailleurs, qu'il n'y avoit là qu'un seul Vaisseau de guerre du sixiéme rang, se hasarda entre les Caps, & enléva quelques uns de ces Vaisseaux. Pendant qu'il étoit aux prises avec l'un d'eux, un petit Navire, qui descendoit la Baye, trouva le moien de passer jusques à l'embouchure de la Riviere *James*, & d'en avertir un Vaisseau de guerre du cinquiéme rang, nommé le *Shoram*, qui étoit arrivé là depuis peu. A l'égard de l'autre du sixiéme rang, commandé par le Capitaine *Jean Aldred*, il étoit alors dans la Riviere *Elizabet*, où il se donnoit la carene, & se préparoit à retourner en *Angleterre*.

Le Capitaine *Passenger*, qui commandoit le *Shoram*, étoit allé à *Kiquotan*, pour y saluer le Gouverneur. Sur ces en-

entrefaites, la nouvelle vint qu'un Pirate s'étoit avancé au dedans des Caps; de sorte que le Capitaine voulut s'en retourner à son Bord; mais le Gouverneur le retint, sous promesse qu'il l'y accompagneroit. Un moment après, le Capitaine, qui ne pouvoit soufrir aucun délai, lui fit ses excuses, se mit dans sa Chaloupe, & lui en laissa une autre, pour le suivre, s'il le jugeoit à propos. Il étoit une heure après midi, lors que cette nouvelle arriva, & il étoit presque nuit, avant que Son Excellence eut expedié les importantes affaires qu'elle prétendoit avoir, & qu'elle fut à bord du Vaisseau. Quoi qu'il en soit, le Lendemain à la pointe du jour, le Vaisseau de guerre parut entre les Caps & le Pirate, & au bout de dix heures d'un rude combat, le Pirate fut obligé de baisser le pavillon, & de se rendre, à condition qu'on l'abandonneroit à la merci du Roi.

D'ailleurs, il y eut trois hommes de l'Equipage de ce Pirate, qui n'étoient pas à bord, quand il se rendit; de sorte qu'ils ne furent pas compris dans les Articles de la Capitulation, & qu'on les mit en Justice. Lors que le Procureur général vint à resumer, en présence du Gouverneur, tous les chefs de l'Accusation,

tion, il lui donna de grands éloges sur sa conduite & sa bravoure, comme s'il avoit eu la gloire de prendre le Pirate. Mais le Capitaine *Paſſenger* prit la liberté d'interrompre le Procureur en pleine Cour, & de dire à haute voix, que c'étoit lui-même qui commandoit le *Shoram*; que les Pirates étoient ses prisonniers; que personne n'avoit prétendu commander durant toute l'action que lui seul; & qu'il en prenoit à témoin le Gouverneur. Celui-ci eut la franchise de reconnoitre que le Capitaine avoit raison, & de lui ceder ainsi tout l'honeur de cet exploit.

C. Ce Gouverneur s'aquit aussi quelque reputation, par un autre tour de son genie, qui ne servit qu'à faire voir la passion demesurée qu'il avoit de publier ses propres louanges.

Il avoit représenté vivement à la Cour d'*Angleterre*, la necessité qu'il y avoit que la *Virginie* contribuât un certain nombre d'hommes, ou une Somme d'argent, pour faire bâtir & entretenir un Fort à la *Nouvelle York*. Il alleguoit pour raison que cette Province étoit la barriere du Païs, & qu'ainsi il étoit juste qu'on aidât à la défendre. Le Roi *Guillaume* de glorieuse memoire le fit proposer à l'Assemblée, qui lui remontra par des

rai-

raisons très-solides, *Que ni les Forts qu'il y avoit déja, ni tous ceux qu'on feroit bâtir dans la Province de la* Nouvelle York, *ne serviroient jamais de rien pour la défense & la sureté de la* Virginie, *puis que les* François, *ou les* Indiens *pourroient envahir cette Colonie, sans aprocher à cent Miles d'aucun de ces Forts.* Toutes les personnes qui ont jetté les yeux sur les Cartes de cette Partie du Monde ne peuvent que convenir de la verité de cette remarque. Mais voici quel étoit le fin de toute l'intrigue ; ces Forts étoient necessaires à la *Nouvelle York*, pour la mettre en état de s'emparer de tout le commerce avec les *Indiens* du voisinage, & de ruiner par conséquent la *Virginie*. Il n'étoit donc pas raisonnable, que celle-ci fournit de l'argent pour hâter sa perte. D'ailleurs, puis que la *Nouvelle-York* devoit recueillir tout l'avantage qui reviendroit de ces Forts, il étoit juste qu'elle en suportât tous les frais.

La gloire que le Colonel *Nicholson* aquit dans cette affaire, consistoit en ce qu'après avoir traité les habitans de la *Virginie* de Républicains, & de rebelles, pour n'avoir pas admis sa proposition, il dit ouvertement, Que la *Nouvelle York* ne manqueroit pas de trouver les 900 Pieces

ces qu'il lui faloit pour la structure de ces Forts, quand il devroit les paier lui-même de sa bourse; & bien-tôt après il fit un voiage dans cette Province-là.

Dès qu'il y fut arrivé, il donna des Lettres de change pour cette Somme de 900 Pieces, & il se vanta, qu'il n'en esperoit son remboursement que de la bonté de la Reine, s'il lui plaisoit de le lui accorder sur les rentes foncieres de la *Virginie*. Mais ce n'étoit qu'une pure grimace, puis qu'au même tems qu'il fournît ces Lettres, il eut la précaution de tirer un Billet de la personne, à qui il les donna, par lequel il étoit specifié en propres termes, *Que jusqu'à ce qu'il plût à Sa Majesté de lui remettre cette Somme sur les rentes foncieres, le paiement de ces Lettres ne seroit pas exigé.* N'est-ce pas là une générosité merveilleuse, & digne du soin qu'il prit de la repandre par tout? Je l'ai entendu moi-même se vanter plus d'une fois, qu'il avoit donné cet argent de sa propre bourse, & qu'il n'en esperoit rien que de la bonté de la Reine.

Non content de publier ce mensonge dans le Païs, il l'insera dans un Memoire que le Colonel *Quarry* envoioit au *Conseil du Commerce* établi à *Londres*, & où l'on trouve

trouve ces mots : *Auſſi-tôt que le Gouverneur* Nicholſon *s'aperçut que l'Aſſemblée de la* Virginie *ne vouloit pas ſuivre ſes veritables intérêts, ni obéïr aux ordres de la Reine, il ſe rendit à la* Nouvelle-York, *& plein de zéle pour le ſervice de Sa Majeſté, & la ſureté de cette Province, il donna des Lettres de Change pour la Somme de* 900. *Livres Sterling, qui faiſoient la quote part de la* Virginie, *ſans en attendre le rembourſement que de la faveur de Sa Majeſté, s'il lui plaiſoit d'ordonner qu'il le prit ſur les revenus qu'Elle a dans cette Province.*

Il faut ſans doute que Son Excellence & le Colonel *Quarry*, qui emploierent tout leur eſprit pour compoſer ce Memoire, s'imaginaſſent que le *Conſeil du Commerce* n'étoit guére bien informé de ce qui ſe paſſoit dans cette Partie-là du Monde, puis qu'autrement ils n'auroient pas eu le front de lui en impoſer de cette maniere.

Mais cela n'eſt rien, ſi on le compare à quelques autres paſſages de cette injuſte Repréſentation. Ils y diſent, par exemple, *que les habitans de la* Virginie *ſont en grand nombre & fort riches ; qu'ils ont des principes Républicains, qu'il faudroit corriger de bonne heure, qu'il eſt tems*

au-

aujourd'hui, ou qu'il ne le sera jamais, de maintenir les Prérogatives de la Reine, & d'arrêter le cours de ces notions pernicieuses, qui se répandent de plus en plus, non seulement en Virginie, *mais aussi dans tous les autres Gouvernemens de Sa Majesté. Les simples menaces,* continuent-ils, *de la Reine feront aujourd'hui plus de bien, qu'une Armée n'en pourra faire dans la suite,* &c.

Après de si cruelles invectives, ces Messieurs en viennent à la necessité qu'il y a d'avoir une Armée sur pié, ce qui est aussi peu vrai que l'Article précedent. C'est ainsi qu'on noircit en secret, & d'une maniere indigne un Peuple fidelle à Sa Majesté, parce qu'il murmure contre l'opression, dont ce Gouverneur l'accable, au préjudice des ordres de la Reine, & des Loix du Païs. Mais je défie les Auteurs de ce Memoire de citer un seul Exemple, qui fasse voir que les habitans de la *Virginie* manquent de fidelité envers la Reine, ou d'affection pour l'*Angleterre.*

Fin du premier Livre.

HIS-

VIRGINIE. Liv. II. Ch. I. 163

HISTOIRE
DE LA
VIRGINIE.

LIVRE SECOND.

Des Productions & des Comoditez de la *Virginie*, dans son premier état, avant que les *Anglois* s'y établissent.

CHAPITRE I.

Des bornes & de la Côte de la Virginie.

I. NOus avons déja dit que le nom de *Virginie* avoit d'abord été donné à toute la Partie Septentrionale du Continent de l'*Amerique*; & les deux Octrois, que la premiere & la seconde

Co-

Colonie, c'est-à-dire les habitans de la *Virginie* & de la *Nouvelle Angleterre*, en obtinrent, furent expediez l'un & l'autre sous le nom de *Virginie*. Dans la suite, quand on fit des Octrois à de nouvelles Colonies, sous des Noms particuliers, ces Noms ne servirent long tems qu'à les distinguer, comme des Membres de la *Virginie*: & cela continua, jusqu'à ce que l'*Angleterre* se fut un peu plus familiarisée avec les Plantations. Enfin le nom de *Virginie* ne demeura qu'à cette étenduë de Païs, qui est situé le long de la Baye de *Chesapeak*, un peu vers le Sud, & qui renferme la *Virginie* & *Maryland*. Il arrive même aujourd'hui, que dans le discours ordinaire on parle souvent de l'une & de l'autre sous le nom de *Virginie*.

La moindre étenduë qu'aucun des Octrois donne à la *Virginie*, & qu'on trouve encore sur les Regîtres, depuis que les *Anglois* s'y sont établis, est de deux cens Miles vers le Nord, depuis la Pointe * *Comfort*, & de deux cens Miles au Sud. Elle est bornée par la Côte à l'Est, & renferme tout le Païs Ouest, & Nord-Ouest, d'une Mer à l'autre, avec les Isles adjacentes à cent Miles du Continent.

Mais

* C'est-à-dire, Consolation.

Mais je ne me hafarderai pas à rien dire de plus fur les Limites de fon territoire, parce que l'Affemblée générale, qui s'y tient à préfent, les doit examiner.

II. Les Vaiffeaux abordent à la *Virginie* par l'embouchure de la Baye de *Chefapeak*, qui reffemble plûtôt à une Riviere qu'à une Baye puis qu'elle court entre deux terres deux cens Miles ou environ. Elle eft d'ailleurs prefque par tout auffi large qu'à l'Embouchure, & beaucoup plus en divers endroits. Son Embouchure peut avoir fept Lieuës de large, & tous les Vaiffeaux, qui vont à *Maryland*, doivent paffer par là.

La Côte en eft faine & unie; le fonds y eft égal, & l'on peut y aborder tout le long de l'année. Lors qu'on a trouvé la Latitude, ce qui n'eft pas difficile fur une Côte, où il regne un fi beau tems, il n'y a point de Vaiffeau qui n'y puiffe entrer la fonde à la main, foit de jour ou de nuit, en Hiver ou en Eté, fans craindre aucun malheur, pour peu que les Pilotes entendent la Marine. Du moins, quelque vent qui foufle, & quelque échars qu'il foit, & quelque pefant à la voile que foit un Navire, la Côte eft fi égale, qu'on a toûjours l'occafion de prendre le large, ou de fe mettre en fureté

reté dans quelque Havre entre les Caps. On n'a pas vû jusques-ici une Côte plus sûre, ni plus saine, & le mouillage est bon par tout, hors des Caps.

III. Je ne m'arrêterai qu'à décrire la *Virginie*, entant qu'elle est distincte de *Maryland*; mais l'on peut bien s'imaginer qu'il n'y a pas grande différence d'un Païs à l'autre; puis qu'ils sont contigus & situez sur la même Baye; qu'ils produisent les mêmes fruits, & qu'on y a suivi la même infortunée méthode de s'y habituer dans des Maisons de campagne, sans faire presqu'aucune Ville. La *Virginie* donc prise de cette maniere est bornée au Sud par la *Caroline* Septentrionale; au Nord par la Riviere *Patowmeck*, qui la sepáre de *Maryland*; à l'Est par le grand Ocean, ou la Mer de *Virginie*; à l'Ouest & au Nord-Ouest par la Mer de *Californie*, si jamais les Plantations s'étendent jusques là.

D'ailleurs, si l'on ne regarde la *Virginie* que par raport à la culture & aux établissemens que les *Anglois* y ont fait, il n'y a rien de fort extraordinaire; mais si l'on tourne la vûë sur la bonté de son terroir, & sur les ameliorations dont elle est capable, on peut dire que c'est un des plus beaux Païs du Monde. Après donc

donc que j'aurai décrit tous les avantages naturels qu'elle possede, & les incommoditez qu'il y a, je passerai ensuite aux ameliorations qu'on y a faites.

CHAPITRE II.

Des Rivieres qu'on y trouve.

I. J'AI déja dit un mot sur l'étenduë de la Baye de *Chesapeak*. L'ancrage y est merveilleux d'un bout à l'autre, & il y a si peu de risque d'y échouër, que plusieurs Maitres de Navire se hasardent jusques au fond de la Baye, sans y avoir jamais été auparavant, & sans avoir d'autre connoissance que celle d'un simple Marinier. Un seul Voiage sufit à un Maitre, pour y aller ensuite, sans le secours d'aucun Pilote.

Outre cette Baye, le Païs est arrosé de quatre grandes Rivieres, qu'on appelle *James*, *York*, *Rappahannock*, & *Patowmeck*, & qui ont quantité de bons Havres. Il y a une infinité d'autres Rivieres moins grandes, dont plusieurs portent les plus gros Vaisseaux Marchands, & dont les principales se nomment *Elizabet*, *Nansamond*, *Chickahomony*, *Pocoson*,

son, Pamunky, (ces deux dernieres font les deux branches superieures de la Riviere York) *North,* * *Eastermost, Corotoman, Wiccomoco, Pocomoke, Chiffeneffick* & *Pungotegue.* Mais elles sont si bien marquées dans les grandes Cartes de la *Virginie,* que je n'en ferai pas une plus longue description.

Ces Rivieres sont si commodes, que de six en six Miles il y a presque partout une bonne Rade, pour recevoir une Flote; ce qui donne occasion aux Maitres des Vaisseaux de mouiller çà & là, devant les maisons où ils ont quelque connoissance, où ils trouvent qu'on leur fait la meilleure reception, & où leurs affaires s'expédient le mieux.

II. Ces Rivieres se forment du concours d'une infinité de Fontaines, qui sortent de toutes parts des Colines, en si grande abondance, qu'elles rendent l'eau des Rivieres douce jusqu'à cinquante, soixante & cent Miles au-dessous du flux & du reflux des Marées, & quelquefois à 30, ou 40 Miles de la Baye même. Les commoditez que le Païs en tire sont en si grand nombre, qu'il seroit dificile de les compter : je n'en raporterai donc ici qu'une seule, je veux dire celles des

Mou-

* C'est-à-dire, la plus Orientale.

Moulins qu'elles fourniffent d'eau par tout, excepté dans les endroits bas & profonds. Il y a même quelques unes de ces Fontaines, qui forment un fi gros courant à moins de cinq cens pas de leur fource, qu'elles y font aller des Moulins à blé.

III. Tout le mal que je trouve dans ces Rivieres, c'eft que toutes les années au Mois de *Juin*, il paroit fur l'eau falée de vaftes Couches de vers, qui percent les Vaiffeaux, les Chaloupes, ou les Barques, par tout où la poix, le godron, ou la chaux ont laiffé le bois à découvert, & qu'ils y tracent peu-à-peu des Cellules, qui approchent beaucoup de celles d'un raion de miel. Ces vers demeurent ainfi fur l'eau depuis le Mois de *Juin*, jufques aux premieres groffes pluies, qui viennent après la mi-*Juillet*; mais ils ne font enfuite aucun mal jufques au retour de l'Eté, & ils ne percent que la feule planche ou le morceau de bois, où ils fe font d'abord accrochez.

On peut prévenir le mal que font ces Vers en quatre manieres diférentes. 1. Si l'on efpalme bien le Vaiffeau, en forte qu'il n'y refte aucun vuide qui ne foit couvert de poix, de godron, de fuif, ou de toute autre chofe qu'on emploie à cet

H   ufauſage. 2. Si les plus gros Vaiſſeaux mouillent au fort de la Marée, durant la ſaiſon des Vers, parce que le courant entraine cette vermine; & ſi l'on hale à terre les petites Barques & les Chaloupes. 3. Si l'on nettoie le Vaiſſeau & que l'on y paſſe le feu, d'abord que la ſaiſon des vers a fini, parce qu'ils ne ſont pas encore enfoncez dans le bois, & que le moindre feu les tue. 4. Si l'on ancre dans l'eau douce, durant les cinq ou ſix ſemaines que les Vers ſe tiennent ſur l'eau, puis qu'ils ne font jamais aucun mal que dans les endroits, où l'eau eſt fort ſalée.

CHAPITRE III.

De la Campagne & du Terroir de la Virginie.

I. IL y a une ſi grande varieté pour le terroir, ſuivant la diférence de la ſituation, que l'un ou l'autre paroit propre à porter toute ſorte de Plantes ou de Fruits qui ſont neceſſaires à la vie, ou qui peuvent contribuer au plaiſir de l'homme. S'il n'y avoit de hautes Montagnes au Nord-Oueſt, que l'on ſuppoſe
être

être couvertes de neige, & d'où il soufle un vent un peu trop froid, on compte que plusieurs de ces fruits delicieux qui croissent en Eté dans les Climats plus chauds, pourroient être conservez ici tout l'hiver, sans qu'on se mit en peine de les enfermer, ni d'en avoir aucun autre soin que celui qu'on donne aux Plantes naturelles du Païs, lors qu'on les met dans un Jardin. Mais outre que cette dépense ne seroit pas considerable, il n'y a point d'homme de bon goût, qui ne pût, avec toute la facilité possible, conserver autant de ces fruits qu'il en faudroit pour satisfaire un luxe moderé. D'ailleurs; l'Eté fournit assez de chaleur, pour les meurir en perfection.

Il y a trois sortes de terroir, dont l'un est aux endroits les plus bas du Païs, l'autre au milieu, & le troisieme vers les sources des Rivieres.

1. Le terroir vers l'embouchure des Rivieres est presque par tout gras & humide, & propre pour les grains les plus grossiers, tels que sont par exemple le Ris, le Chanvre, le Maïz, &c. L'on y trouve aussi des veines d'une terre froide, sablonneuse & maigre, qui est fort souvent couverte d'eau. Malgré tout cela, elle n'est pas sterile, puis qu'elle pro-

produit d'ordinaire des baies de *Huckle*, & de *Cran*, des *Chincapins*, &c. D'ailleurs, ces endroits bas font prefque par tout bien garnis de Chênes, de Peupliers, de Pins, de Cédres, de Cyprès, & d'Arbres aromatiques; dont les tiges ont trente, quarante, cinquante, foixante & foixante-dix piez de hauteur, fans qu'il y ait aucune branche dans tout cet efpace. On y voit même quantité d'Arbriffeaux & d'Arbres toûjours verds, dont la plûpart des noms me font inconnus, fi vous en exceptez le Houx, le Mirte, le Cédre & le Chêne, qui durant neuf Mois de l'Année laiffe tomber fes glans, & en reproduit de nouveaux.

2. Le terroir vers le milieu du Païs eft uni prefque par tout, quoi qu'il y ait quelques petites Montagnes & de profondes Valées, où l'on voit couler quantité d'agréables Ruiffeaux. La terre en quelques endroits eft graffe, noire & forte; en d'autres elle eft maigre & plus légére. Il y en a dont le fondement eft de l'argile, ou du gravier, ou de groffes pierres, ou de la marne. Le milieu des Langues, qui font entre les Rivieres, eft un terroir affez pauvre, d'un fable léger, ou d'argile blanche ou rouge; quoi que l'on y trouve des Chataignes, des Chincapins,

capins, des glans du Chêne-Arbriſſeau, & en Eté une eſpece de petites Canes, qui ſont fort bonnes pour la nourriture du bêtail. Les endroits les plus fertiles ſont tout auprès des Rivieres & de leurs bras & ils ſont couverts de Chênes, de Noiers, de *Hickories*, de Frênes, de Hêtres, de Peupliers, & d'une infinité d'autres Arbres de haute futaie, d'une groſſeur prodigieuſe.

3. Vers les ſources des Rivieres, il y a un mêlange de Montagnes, de Valées & de Plaines, dont les unes ſont plus fertiles que les autres, & où l'on trouve une grande varieté de fruits & d'Arbres de haute futaie. L'on voit ici un terrein bas & fertile, bien garni de gros Arbres; là, de vaſtes Prairies, ſans qu'il y ait autre choſe que des Canes & de l'herbe, d'une hauteur extraordinaire : il y a des endroits marécageux, où il croit des arbres auſſi gros, ſi je ne me trompe, qu'on en puiſſe trouver au Monde, & qui ſont ſi près les uns des autres, que leurs branches s'entrelacent ; mais ce qui en diminuë le prix, c'eſt que la plûpart ſont trop éloignez des lieux, où l'on pourroit les embarquer. On peut juger de la grande varieté de ce terroir, par le nombre infini de toute ſorte de Plantes & d'Herbes

bes qu'il produit. Les Rivieres & les Criques forment en divers endroits de très-beaux Marais fort vastes, où il y a dequoi paître en abondance pour le gros & le menu bêtail.

II. On y trouve aussi plusieurs sortes de terres, dont les unes sont medicinales, d'autres propres à nettoier, & à faire des ouvrages de poterie. Il y a par exemple, de l'Antimoine, du Talc, de l'Ocre jaune & rouge, de la terre à dégraisser, de la marne, de la glaise, dont on fait les pipes, &c.

D'ailleurs, on voit dans ce haut Païs, du Charbon, des ardoises, des pierres propres à bâtir, du Pavé plat en quantité, & des caillous; quoi que des personnes, qui ont été sur les lieux, aient dit avec confiance, qu'il n'y avoit pas une seule pierre dans tout le Païs. Il faut sans doute que ces Voiageurs eussent la memoire, ou la vûë bien courte. Il est vrai, que les endroits bas sont si unis & qu'il y a si peu de pierres, qu'on n'y fait presque jamais ferrer les chevaux; mais il y a divers endroits, sur tout près de la chute des Rivieres, où l'on trouve quantité de pierres, propres à toute sorte d'usages. Cependant, on ne s'en est guére servi jusques-ici, parce qu'on peut avoir
du

du bois avec beaucoup moins d'embarras. Pour ce qui est du Charbon, il n'y a nulle apparence qu'on l'y emploie qu'à des Forges, ou dans les grandes Villes, s'il y en a jamais; car, dans les Plantations à la campagne, le bois y croît si vîte à la porte d'un chacun, qu'au bout de sept années de tems qu'il a été coupé, il devient assez gros pour servir au chaufage; & qu'en dix-huit ou vingt ans il est propre à faire des planches.

III. A l'égard des Mineraux, la Latitude même du Païs & quelques autres circonstances font croire qu'il y en doit avoir beaucoup. Nous avons déja vû qu'il y a du fer & du plomb, lors que nous avons parlé de la Forge, qu'on avoit établie à *Falling-Creek*, sur la Riviere *James*, où le fer étoit assez bon : mais avant qu'on pût arriver au corps de la Mine, le Massacre survint, & ruina tout ce projet. Cependant, le Colonel *Byrd*, qui est le proprietaire de ce Quartier-là, fait creuser tout auprès du lieu, où étoit cette Forge, pour découvrir, s'il est possible, les plus riches veines. L'endroit est fort commode pour une pareille entreprise, puis qu'il y a quantité de bois dans le voisinage, de l'eau courante, du Charbon de pierre, & tout ce qu'il faut

faut en un mot, pour y réüssir.

L'on trouve aussi de la mine de fer, à ce qu'on dit, à *Corotoman*, & en plusieurs autres endroits du Païs.

Si l'on examine de près la Mine d'Or, dont on a fait en dernier lieu tant de bruit, on trouvera peut-être que c'est quelque autre bon Métal. Quoi qu'il en soit, les pierres transparentes qu'on y trouve, au-dessous de la surface de la terre, sont de quelque prix; & leur éclat aproche plus de celui du Diamant, que les pierres de *Bristol*, ou de *Kerry*. Elles n'ont d'autre défaut que celui d'être molles, mais après qu'on les a exposées quelque tems à l'air, elles se durcissent. D'ailleurs, cette Mine n'est qu'à une journée ou environ de ceux qui habitent à la frontiere de la Riviere *James*.

Je compte que c'est le même endroit, que *Purchase*, dans le IV. Livre de son *Pelerinage*, appelle *Uttamussack*, où étoit autrefois le principal Temple du Païs, & le Siege Metropolitain des Prêtres, sous le regne de *Powhatan*. Il raporte aussi qu'il y avoit trois grandes Maisons, de soixante piez de longueur chacune, qui étoient pleines des Images de leurs Dieux, & où ils conservoient les corps de leurs Rois. Les Naturels du Païs

avoient

avoient tant de respect pour ces Maisons, qu'il n'y avoit que les Prêtres & les Rois qui pussent y entrer, & que le commun peuple n'osoit en aprocher qu'avec la permission particuliere des premiers.

C'étoit là qu'on voioit aussi leur grand *Pawcorance*, ou la pierre de l'Autel, qui étoit d'un crystal solide, de trois à quatre pouces en quarré, s'il en faut croire les *Indiens*, & sur laquelle ils sacrifioient aux jours de leurs Fêtes les plus solemnelles. Ils vouloient même nous persuader, qu'elle étoit si transparente, qu'on pouvoit bien voir au travers le grain de la peau d'un homme; & qu'elle étoit d'un poids si prodigieux, qu'incapables de la trainer plus loin, ils furent obligez de l'enfouïr dans le voisinage, lors qu'ils en transporterent leurs Dieux avec les corps de leurs Rois: mais jusques-ici on n'a pû découvrir cet endroit.

Mr. *Alexandre Whittaker*, qui étoit Ministre à *Henrico*, sur la Riviere *James*, du tems de la Compagnie, lui écrivit en ces termes: *A douze Milles des Cascades, il y a un Rocher de crystal, dont les* Indiens *se servent, pour mettre des têtes à leurs flêches; & à trois journées de là on trouve une Montagne pierreuse, dont le sommet est couvert d'une Mine d'or très-riche.*

che. *Nos gens qui allerent à cette découverte n'avoient que deux Pics, qui étoient même de si mauvaise trempe, que leurs pointes se recourbérent à tous les coups qu'on frapa ; de sorte qu'il n'y eut pas moien de fouiller dans les entrailles de cette Mine : cependant on la trouva fort bonne par l'essai que l'on en fit.*

IV. Quelques personnes qui ont été dans ce Païs, ont assuré qu'il étoit plat & uni par tout, sans aucun mélange de Montagnes, parce qu'ils n'avoient peut-être vû que la Côte, & les endroits les plus bas des Rivieres, où le terrain est tout uni. Mais il y a de vastes Montagnes vers les sources des grandes Rivieres, & même parmi les Plantations, l'on en trouve de si hautes, que de leur sommet j'ai découvert plusieurs Lieues à la ronde, par dessus les plus hauts Arbres. L'on voit entr'autres les Montagnes de *Mawborn* vers la source de la Riviere *James* ; il y en a une chaine à quatorze ou quinze Miles en montant la Riviere *Mattapony* ; on trouve la Montagne *Tolivers*, sur la Riviere *Rappahannock*, & une autre chaine dans la Province de *Stafford*, à l'endroit où la Riviere *Patowmeck* conserve la douceur de ses eaux ; & toutes ces Montagnes sont renfermées dans l'enceinte

ceinte du Païs que les *Anglois* habitent. Si l'on paſſe un peu au-delà, on en voit d'autres d'une groſſeur & d'une hauteur prodigieuſes ; mais comme je ne les ai pas vûës moi-même, je me contente de renvoyer à ce que *Batt* en a dit dans ſon I. Livre Page 64.

Ces Montagnes ne ſont pas inutiles, puis qu'il en ſort quantité d'agréables Fontaines, dont l'eau pure & tranſparente arroſe le Païs de toutes parts. Il y a divers endroits auſſi, où l'on pourroit, à peu de fraix, faire les plus beaux Jardins & les plus belles Caſcades qu'il y ait au Monde.

On y trouve d'ailleurs des eaux minerales, qu'on reconnoit au goût & par la nature du ſable, ou de la terre, qu'elles entrainent. Mais je ne ſuis pas aſſez habile Phyſicien, pour décrire toutes leurs vertus, avec l'exactitude qu'il faudroit.

CHAPITRE IV.

Des Fruits ſauvages du Païs.

I. IL y a quantité de Fruits, qui croiſſent en diférens endroits, ſuivant la différence de leurs eſpeces, & la nature du terroir. Je ne donnerai que les noms des principaux de ceux que je connois, puis que je n'ai pas deſſein d'écrire une hiſtoire naturelle; & peut-être même que je ne raporterai pas la moitié de ce qu'il y en a, parce que je ne me ſuis jamais apliqué à les connoitre tous.

II. A l'égard des Fruits à noiau, j'en ai vû de trois ſortes, c'eſt-à-dire des Ceriſes, des Prunes, & des *Perſimmons*.

1. Les Ceriſes, qui viennent dans les Bois, ſont auſſi de trois eſpeces. Il y en a deux de celles-ci qui croiſſent ſur des Arbres, de la groſſeur du Chêne blanc, qui eſt commun en *Angleterre*, & dont l'une porte ſon fruit par bouquets, comme des Grapes. Elles ſont toutes deux noires au dehors, mais il n'y en a qu'une qui ſoit rouge en dedans; celle-ci eſt plus agréable au goût que nôtre Ceriſe noire, parce qu'elle n'a pas ſon amertume. L'autre eſpece, qui vient par bouquets, eſt blanchâtre au dedans, & d'un goût fade. Les petits Oiſeaux en ſont fort goulus. La troiſieme ſorte, qu'on apelle Ceriſe des *Indes*, croît plus avant dans le Païs, & on la trouve le long des Rivieres, ſur de petits Arbres foibles & délicats, qui ont de la peine à ſe ſoutenir

&

& qui font à peu près de la groſſeur de nos Pêchers. C'eſt ſans contredit la plus agréable Ceriſe qu'il y ait au Monde; elle eſt de couleur de pourpre enfoncé, quand elle eſt mûre, & n'a qu'une ſeule queuë, comme nos Ceriſes; elle eſt d'ailleurs très-petite; mais il y a quelque apparence qu'elle deviendroit plus groſſe, ſi l'on avoit le ſoin de la cultiver. Les petits Oiſeaux en ſont ſi avides, qu'ils n'attendent pas qu'elles mûriſſent, pour les dévorer; & cela même eſt la cauſe qu'on n'en voit guére, & qu'on en mange encore moins; quoi qu'elles croiſſent peut-être à la porte des maiſons.

2. J'y ai vû deux ſortes de Prunes ſauvages, la noire, & celle qu'on apelle chez nous Prune de *Murrey*; elles ſont petites l'une & l'autre, & ont à peu près le goût de la Prune de Damas.

3. *Hariot* donne le nom de Prune des Indes au *Perſimmon*, & c'eſt ainſi que *Smith*, *Purchaſe* & *Du Lac* l'appellent après lui; mais je ne voi pas qu'aucun de ces Auteurs eut jamais entendu parler de ces ſortes que je viens de ſpecifier, & qui croiſſent vers le haut Païs. Ces *Perſimmons*, comme on les apelle en *Indien*, ſont de différentes groſſeurs, entre la Prune de Damas & la Poire Bergamote.

Leur goût est si âpre, quand ils sont verds, qu'on ne sauroit l'endurer; mais c'est un fruit bien agréable, quand il est mûr. Il y a quelques curieux, qui, après l'avoir seché, le reduisent en gateaux, & en font ensuite dans l'occasion une espece de Biere, qui n'est pas desagréable. Ce fruit, de même que la plûpart des autres, croît en si grande abondance, que les branches de l'Arbre plient sous le poids.

III. Il y a une grande varieté de Baies, toutes bonnes dans leurs especes. 1. Les Meures sont de trois sortes, c'est-à-dire qu'il y en a deux de noires & une de blanches. Les noires & longues, de la grosseur du pouce d'un jeune garçon, passent pour les meilleures. Les deux autres sortes ont à peu près la figure de celles d'*Angleterre* ; mais elles ont une douceur fade, sans rien de piquant, qui en releve le goût. Les Arbres qui les portent, sont fort gros & bien garnis de branches; & ils croissent avec une vîtesse surprenante. Leur feuille sert à nourrir les Vers à soie.

2. L'on y voit deux sortes de Groiseilles, l'une rouge & l'autre noire, qui sont beaucoup plus agréables que celles de la même couleur que nous avons en
An-

Angleterre, & qui viennent fur de petits Buiſſons.

3. Il y a trois ſortes de Baies, qu'on apelle de *Huckle*, & qui viennent ſur des Buiſſons de deux à dix pieds de haut. Elles croiſſent dans les Valées & les Lieux enfoncez : le goût de toutes eſt agréable, quoi que différent; mais les plus groſſes ſont les meilleures, ſi je ne me trompe.

4. Les Baies de *Cran* viennent dans les endroits bas & ſteriles, ſur de petits Buiſſons, qui aprochent beaucoup de nos Groiſeilliers. Quand elles ſont mûres, elles ſont d'un rouge fort vif, & l'on en fait de très-bonnes Tartes. Je croi que ce ſont les mêmes Baies, que le Capitaine *Smith* compare à nos Groiſeilles, & qu'il apelle *Rawcomens*; parce, peut-être, qu'il n'en avoit vû que de vertes.

5. La Framboiſe ſauvage y eſt bonne. Quelques uns la préferent à celles qu'on y a tranſplantées d'*Angleterre*; mais je ne ſuis pas de leur goût.

6. Les Fraiſes qu'on y trouve, ſont auſſi delicieuſes qu'il y en ait au Monde; elles croiſſent preſque par tout dans les Bois, & aux champs. Quoi que la plûpart des animaux en mangent, il y en a une ſi grande abondance, que peu de

gens

gens prennent le foin de les tranfplanter; parce qu'ils en trouvent affez, pour remplir leurs Corbeilles, toutes les fois qu'ils en ont envie.

IV. Il y a quantité de Chataignes, de *Chinkapins*, de Noifettes, de *Hickories*, de Noix communes, &c.

1. Les Arbres qui portent les Chataignes font fort hauts, & viennent fur les Montagnes fteriles. Elles font un peu plus petites que celles de *France*; mais je ne croi pas qu'elles différent pour le goût.

2. Les *Chinkapins* aprochent du goût de la *Chataigne*; ils font couverts auffi d'un Chaton, & leur fubftance eft la même; mais ils ne font pas fi gros que les Glands. Ils viennent fur de grands Buiffons, à peu près de la hauteur de nos Pommiers ordinaires, & le terrain, où on les trouve, foit haut ou bas, eft toûjours fterile.

3. Les Noifettes y abondent dans tous les endroits marécageux, & vers les fources des Rivieres, l'on en voit des Acres entiers tout pleins.

4. Les *Hickories*, dont il y a plufieurs efpeces, viennent fur de grands Arbres, dans une groffe couverture verte, de même que les Noix de *France*, excepté
qu'elle

qu'elle n'est pas tout-à-fait si épaisse, ni si dificile à ouvrir. Quelques unes de ces Noix sont enfermées dans une Coquille si dure, qu'un petit marteau a de la peine à les casser; & leur cerneau est attaché si fortement à une pellicule, qu'on ne sauroit presque l'en tirer. J'en ai vû quantité d'autres especes, dont les Coquilles sont plus minces, & d'où l'on peut arracher le cerneau avec beaucoup moins d'embarras. Il y en a de cette sorte, qu'on apelle Noix de Cochon, dont quelques unes ont la Coquille aussi mince que les meilleures Noix de *France*.

5. On y voit une autre espece de Noix commune, qu'on apelle noire, & qui est une fois plus grosse qu'aucune de celles que j'ai vû en *Angleterre*, mais elle est fort huileuse & a le goût rance; elle est enfermée dans une coquille épaisse, dure & sale, qui ne se détache pas si nettement de sa premiere envelope, que la Noix de *France*.

6. J'ai remarqué dans les Bois sept diférentes sortes de Glands. Ceux qui croissent sur le Chêne verd, bourgeonnent, mûrissent & tombent de l'Arbre durant presque toute l'année. Ils sont beaucoup plus gras & huileux que tous les autres, &

je

je croi que si l'on en faisoit de l'huile, il en reviendroit un bon profit : mais ils ne servent à présent que de nourriture aux Cochons & à d'autres Bêtes sauvages, qui se repaissent d'ailleurs de tous les fruits, dont je viens de parler, de noiaux du Hêtre, de Pommes de Pin, de Pois, de Féves, de Vesses, de *Maycocks*, de *Maracocks*, de Melons, de Concombres, de Lupins, & d'une infinité d'autres Legumes, que je ne saurois nommer.

V. Il y croît une varieté surprenante de Raisins, dont quelques-uns sont fort doux & agréables au goût ; mais il y en a d'autres, qui sont âpres, & qui seroient peut-être meilleurs, pour faire du vin ou de l'eau de vie. J'ai vû de gros Arbres couverts d'un simple Sep, qui étoit caché sous les Grapes, tant il y en avoit. Outre ces gros Raisins qu'on voit sur les Montagnes, & dont *Batt* fait mention dans sa Découverte, j'en ai remarqué de six diférentes sortes.

1. Il y en a deux qui viennent entre les Bancs de sable, sur les extrémitez des terres basses, & dans les Isles voisines de la Baye, & du rivage de la Mer. Ces Grapes sont petites, & il n'en vient pas beaucoup sur la souche, qui est d'ailleurs fort basse : mais les raisins en sont exquis,

&

& quoi qu'ils croissent dans les Forêts sans aucune culture, ils sont aussi gros que les Groiseilles de *Hollande*. Les uns sont blancs, & les autres couleur de pourpre ; mais ils ont à peu près le même goût.

2. Il en croît une troisiéme espece par tout le Païs, dans les Marais & sur les Côtaux. La Grape de ceux-ci est petite, de même que le Sep qui les porte ; mais le grain est de la grosseur de nos Prunes sauvages. Quand ils sont mûrs, ils ont le goût rance & fort, c'est pour cela qu'on les apelle Grapes de-Renard. Cependant, on fait des Tartes merveilleuses de tous ces Raisins, lors qu'ils sont parvenus à leur maturité, & peut-être même qu'on les ameneroit à une grande perfection, si on les cultivoit avec soin.

3. Il y en a deux autres especes qui sont communes dans tout le Païs ; les uns sont noirs au dehors & les autres bleus ; mais les uns & les autres sont rouges en dedans. Ils viennent sur de fort gros Seps, qui en portent beaucoup. On pourroit peut-être les distinguer en plusieurs especes, parce qu'ils différent pour la couleur, la grosseur & le goût, mais je ne les diviserai qu'en deux, c'est-à-dire en Raisins de la premiere & en ceux de

de la derniere Saison. Les premiers sont beaucoup plus gros, plus doux & meilleurs que les autres. Quelques-uns de cette espece sont tout-à-fait noirs, & les autres bleus ; il y en a même qui mûrissent six Semaines ou deux Mois plûtôt que les autres ; ce qui va depuis la fin d'*Août* jusques à la fin d'*Octobre*. Les derniers sont plus petits qu'aucun des autres, & ils ne sont pas si agréables au goût. Ils restent d'ordinaire pendus au Sep jusques à la fin de *Novembre*, ou même jusqu'à *Noël*. Il n'y a pas longtems que les *François* refugiez établis à la Ville de *Monacan* firent du vin rouge de la premiere sorte de ces Grapes, qu'ils avoient cueillies des vignes sauvages qu'on trouve dans les Bois ; & un bon gourmete, qui en avoit bû, m'assura que ce vin étoit agréable, qu'il avoit du corps & de la vigueur. Nous pouvons conclurre d'ici, que si ce Vin étoit passablement bon, quoi que fait de Grapes sauvages, que les arbres des Forêts cachent aux raions du Soleil, il seroit beaucoup meilleur, si l'on transplantoit les Seps, & que l'on en fit des vignes regulieres.

Mais l'on m'objectera peut-être qu'on a essaié de planter des Vignes à la *Caroline* & à la *Virginie* ; que plusieurs *François*

çois passerent, à la *Caroline*, dans la vûë d'y faire du vin, & qu'ils n'en pûrent venir à bout. J'avouë que cela est vrai; mais je raporterai ici le progrès qu'ils avoient fait dans cette entreprise & ce qui la fit échouër.

Le Pin & le Sapin sont fort nuisibles à la Vigne; & l'on observe qu'elle ne prospere jamais, lors qu'elle est exposée aux influences de ces arbres. Ils croissent dans tous les endroits bas des Rivieres; jusques-là que si l'on vient à y défricher une terre, le premier Arbre qui repousse, est à coup sûr un Pin, quoi que peut-être il n'y en eut jamais eu auparavant. D'ailleurs, la Vigne prend le mieux sur les Côtaux, sur le gravier, & dans le voisinage des Fontaines. Mais les Vignes qu'on a plantées à la *Caroline* & à la *Virginie* ont été non seulement près de l'eau salée, qui leur est mortelle, mais aussi sur des terres basses, où le Pin se multiplie beaucoup. L'essai qu'*Isaac Jamart*, Marchand *François*, en fit au-dessous de la Crique, qu'on apelle *Archers-Hope-Creek*, sur la Riviere *James*, en *Virginie*, fut accompagné de tous ces desavantages; de même que celui du Chevalier *Guillaume Berkeley*, dont le projet eut une autre fâcheuse circonstance de plus; c'est-à-dire,

que

que pour épargner le travail, il planta des Arbres fur lefquels la Vigne devoit monter, & qui empêcherent les raifins de mûrir. Quoi qu'il en foit, ce brave Chevalier étoit auffi fertile en projets, qu'inconftant à les pourfuivre, & il femble qu'il avoit plûtôt en vûe d'indiquer ce qui fe pouvoit faire, que d'en tirer aucun profit lui-même, ou de rien amener à la perfection.

Les mêmes inconveniens fe trouverent à la *Caroline*; les *François* y planterent leurs Vignes le long des Rivieres falées, dans des endroits, où il y avoit eu des Pins, & fur un terrain bas, parce qu'alors il n'y en avoit pas d'autre qui fut defriché. Depuis peu, le Chevalier *Nathaniel Johnfon*, aujourd'hui Gouverneur de la *Caroline*, a effayé avec quelque apparence de fuccès, de planter des Vignes fur les Côtaux: mais il eft à craindre que les brouilleries, où il eft engagé avec le peuple, ne le détournent de l'execution de ce projet.

4. La fixieme forte de Raifins eft plus agréable que tous les autres, & de la groffeur de nos Mufcats blancs; mais on ne les trouve que fur les frontieres, vers les fources des Rivieres. Le Sep, qui les porte, eft très-petit, & il ne monte pas

pas plus haut que la Plante, ou le Buisson, sur lequel il s'appuie. Les petits Oiseaux sont si avides de ces Raisins, & les autres Bêtes sauvages y peuvent ateindre si facilement, qu'on en peut dire ce que nous avons dit de la Cerise des *Indes*, qu'il est difficile d'en trouver de mûrs, quoi qu'il y en ait quantité de verds. Il y a grand' apparence qu'on en pourroit faire d'excellent Vin, suposé qu'ils ne mûrissent pas trop tôt.

En l'année 1622, qui préceda celle du Massacre, si fatal à tant de bons projets qu'on avoit formé pour la *Virginie*, on y envoia quelques Vignerons *François*, pour essaier ce que produiroit leur culture. Charmez de la bonté du Climat, ils écrivirent à la Compagnie d'*Angleterre*, qu'il surpassoit de beaucoup leur Province de *Languedoc*; que les Vignes croissoient en abondance par tout le Païs: qu'il y avoit de Grapes de Raisins d'une grosseur si prodigieuse, qu'ils les prénoient pour un autre fruit, jusqu'à ce qu'ils en eussent vû les pepins: qu'après avoir taillé leurs Vignes, ils avoient planté les branches coupées à la St. *Michel*, & qu'ils en avoient recueilli des Raisins au Printems suivant: qu'enfin ils n'avoient rien ouï dire qui aprochât de cela dans aucun autre

tre Païs du Monde. En effet, à l'égard de cette experience, ils ne difoient que la verité, & je l'ai éprouvé moi-même fur le Sep naturel du Païs, & fur le plant qu'on y avoit envoié d'*Angleterre*.

On peut voir encore aujourd'hui les Copies des Lettres que ces *François* écrivirent à la Compagnie; & *Purchafe* en a cité quelques unes fort jufte dans le IV. Volume de fon *Pelerin*.

VI. L'Arbre qui porte le Miel, & celui qui produit le Sucre viennent dans ce Païs, vers les fources des Rivieres. Le Miel eft contenu dans une gouffe épaiffe & enflée, qui paroit de loin comme la Coffe des Pois ou des Féves. Le Sucre n'eft autre chofe que le Suc qui découle d'un Arbre, dont on a percé le tronc, & qu'on fait bouillir enfuite. De huit Livres de cette liqueur, les *Indiens* en font une Livre de Sucre. Après l'avoir examiné moi-même, avec beaucoup de foin, j'ai trouvé qu'il étoit brillant & humide; qu'il avoit le grain beau, & que fa douceur aprochoit de celle de la Caffonade.

Quoi qu'il n'y ait que treize ou quatorze ans que les *Anglois* ont fait cette découverte, les *Indiens* en jouïffent de tems immemorial. Voici de quelle maniere

niere les *Anglois* la firent. Les Soldats, qu'on tenoit sur les frontieres, pour les garantir des courses des *Indiens*, venant un jour à se reposer dans un Bois, où le terrain étoit fort bas, & à quarante Miles ou environ des Quartiers habitez de la Riviere *Patowmeck*, ces Soldats, dis-je, aperçurent un Suc épais qui distiloit de quelques arbres. Le Soleil même en avoit fait candir une partie ; ce qui leur donna la curiosité de le goûter. Ils le trouverent doux, & l'on prit de là occasion d'en faire du Sucre. Mais ces arbres sont si éloignez de tous les endroits, où les Chrétiens habitent, qu'on n'a pas encore essaié, si le profit qu'on en tireroit, vaudroit la peine de cultiver cette découverte.

C'est ainsi que les *Indiens* du *Canada* font du Sucre de la séve d'un arbre. *Pierre Martyr* parle aussi d'un arbre de la même nature ; mais il n'en fait pas la description. * L'*Elæomeli* des anciens, qui étoit une liqueur douce comme le miel, se tiroit, à ce qu'on dit, d'une espece de Chêne, ou de Bouleau. Quoi qu'il en soit, les *Indiens* de l'Est font une espece de Sucre, qu'ils apellent *Jagra*,

de

---

* C'est à dire, Huile mieleuse : Voy. *Dioscor*. Lib. I. Cap. 31.

de la liqueur qui découle du Cocotier, & dans l'*Hortus Malabaricus*, on trouve un détail fort exact de la maniere dont on le cuit, & dont on le rafine.

VII. Le Mirte, qui porte une baie, dont on fait de la cire, d'un très-beau verd, dure, qui casse facilement, & qui devient presque transparente à force de la rafiner, croît vers l'embouchure des Rivieres, le long de la Mer & de la Baye, & dans le voisinage de plusieurs Criques & Marais. L'on fait des chandelles de cette cire, qui ne salissent point les doigts, & qui ne se fondent point au milieu des plus grandes chaleurs. Bien loin de sentir mauvais, comme les chandelles de suif, lors qu'elles viennent à s'éteindre, elles répandent une odeur si agréable, que des personnes délicates & voluptueuses les éteignent souvent exprès, pour humer le parfum du lumignon prêt à expirer.

On dit qu'un Chirurgien de la *Nouvelle Angleterre* fut le premier qui trouva le secret de fondre ces baies, & qu'avec une emplâtre qu'il en composa, il fit des operations merveilleuses. Cette découverte est assez moderne, quoi que ces Païs soient habitez depuis fort long-tems.

Pour

VIRGINIE. LIV. II. CH. IV. 195

Pour emploier ces baies à l'un ou l'autre de ces usages, on les fait bouillir dans l'eau, jusqu'à ce que le noiau, qui est au-milieu & qui fait à peu près la moitié de la grosseur de toute la baie, soit détaché de la substance qui le couvre. D'ailleurs, la plus grosse de ces baies est un peu plus petite qu'un grain de Poivre.

On a éprouvé que les baies du Cédre font la même sorte de Cire que celles du Mirte ; mais les premieres sont autant plus grosses qu'un grain de Poivre, que les autres sont plus petites.

Dans les Plaines & les terres fertiles, qu'on trouve dans les endroits, où les Rivieres conservent la douceur de leurs eaux, il y a quantité de houblon, qui pousse de lui-même, sans qu'on prenne aucun soin de le cultiver.

VIII. Le Païs est semé par tout d'une infinité de Plantes curieuses & de belles Fleurs. On y voit une espece d'Eglantier, qui ressemble un peu à la *Salseparelle*. Les baies qu'il porte, sont de la grosseur d'un pois, rondes, & d'un cramoisi éclatant. Elles sont fort dures, & si bien polies, qu'elles pourroient servir à divers ornemens.

Il y a plusieurs sortes de bois, de plantes

tes & de terres, qui sont propres à teindre en diverses couleurs fort belles. On y trouve le *Puccoon* & le *Musquaspen*, deux racines, que les *Indiens* employent, pour se peindre en rouge: le *Shumack* & le *Saffafras*, qui donnent un jaune enfoncé. Mr. *Harriot* en marque plusieurs autres, qu'il avoit vûës à *Pamiego*, & dont il raporte les noms *Indiens*; mais comme ce langage n'est pas entendu à la *Virginie*, je ne saurois deviner de quelles drogues il veut parler. Quoi qu'il en soit, il specifie la Plante *Wasebur*, la Racine *Chapacour*, & l'Ecorce *Tangomockonominge*.

On y trouve la Serpentine, qui passe en *Angleterre* pour un des meilleurs cordiaux, & un antidote excellent contre toutes les maladies pestilentieuses.

On y voit aussi la Racine du Serpent à sonnette, qui est un reméde incomparable, & qui guérit de la morsure de ce Serpent, dont le venin tue quelquefois en deux minutes. Quand on en est mordu, si l'on avale au plûtôt de cette Racine, elle chasse d'abord tout le venin, & au bout de deux ou trois heures, le patient est rétabli dans son premier état. Elle opere par un vomissement excessif & par les sueurs.

La

La Plante de *James-Town*, qui ressemble à la Pomme épineuse du *Perou*, & qui est la même Plante, si je ne me trompe, passe pour une des plus rafraîchissantes qu'il y ait au Monde. Quelques uns des Soldats qu'on avoit envoiez à *James-Town*, pour y pacifier les troubles de *Bacon*, s'aviserent d'en cueillir de fort jeune, pour en faire de la Salade bouillie. L'effet qu'elle produisit sur eux fut assez plaisant; ils devinrent tous imbeciles plusieurs jours de suite: l'un soufloit une plume en l'air, l'autre dardoit de pailles contre cette plume avec beaucoup de furie; un troisième se tapissoit dans un coin, tout nud, & faisoit des grimaces, comme un Singe; un quatrième donnoit de baisers à ses camarades, les patinoit, leur rioit au nez, & faisoit mille postures plus grotesques que celles d'un Boufon. On les enferma durant cette frenesie, de peur qu'ils ne se tuassent les uns les autres: quoi que toutes leurs actions parussent innocentes & qu'il n'y eut point de malice. Il est vrai qu'ils n'étoient guére propres, & qu'ils n'auroient pas manqué de se rouler dans leurs excrémens, si on ne les en avoit empêchez. Quoi qu'il en soit, après avoir fait mille singeries de cette nature, au bout d'onze jours

jours ils retournerent dans leur premier état, sans avoir le moindre souvenir de ce qui s'étoit passé.

Il y a une quantité prodigieuse de fleurs, les plus belles Couronnes Imperiales qu'il y ait au Monde, la Fleur-Cardinale, si vantée pour sa couleur écarlate, & qui se trouve presque à chaque branche, la *Moccasine*, & une infinité d'autres, qui sont inconnues en *Europe*. Durant presque toute l'année, les Plaines & les Valées sont couvertes de fleurs, de l'une ou de l'autre espece, qui rendent les Bois aussi odoriferans qu'un Jardin. C'est du suc de ces fleurs que les Abeilles sauvages composent quantité de miel, mais les Ours, les *Raccons*, & tels autres Animaux, adonnez à la friandise, leur enlevent souvent le fruit de leur industrie.

Il y a deux années, ou environ, que me promenant un jour à quelque distance de ma Prairie, je trouvai une Fleur, aussi grosse qu'une Tulipe, & dont la tige ne diferoit pas beaucoup de celle de cette même fleur. Elle étoit couleur de chair, couverte d'un duvet à l'une de ses extrémitez, & toute unie à l'autre. Sa figure représentoit les parties naturelles de l'homme & de la femme jointes ensemsemble. Peu de tems après que j'eus découvert cette rareté, j'engageai un honête homme, fort grave, de se détourner d'une centaine de pas de son chemin, pour la voir; mais je me contentai de lui dire, que c'étoit une chose, qu'il n'avoit peut-être jamais vûe, & dont il n'avoit pas même entendu parler. Quand nous fumes arrivez à l'endroit, j'en cueillis une, que je lui donnai; mais il ne l'eut pas plûtôt regardée du coin de l'œil, qu'il la jetta avec indignation, honteux en quelque maniere de ce badinage de la Nature. Il me fut impossible de l'obliger à la reprendre, ni même de tourner la vûe vers un objet si indécent. Je ne me serois pas non plus hasardé à en faire ici cette courte description, si je n'avois cru que le public ne me pardonneroit pas, de lui avoir caché une production si extraordinaire.

On y trouve aussi le beau Laurier, qui porte des Tulipes, qui a l'odeur la plus agréable du Monde, & qui est couvert de boutons plusieurs Mois de suite. Cet Arbre se plait sur le bord des Ruisseaux, où il y a du gravier, & il parfume de son odeur tous les Bois du voisinage. L'autre gros Arbre, qui porte des Tulipes, & que nous appellons Peuplier, le

Carouge, qui ressemble beaucoup au Jasmin, & le Pommier sauvage ne sont pas moins odoriferans. En un mot, les Bois sont ornez presque par tout des uns ou des autres de ces Arbres, & d'une infinité d'autres, dont je ne sai pas les noms, qui servent à divertir les Voiageurs, par leur grande varieté.

Les Plantes Médicinales n'y manquent pas non plus, & l'on prétend y avoir une Racine, qui croît dans les Marais, & qui guérit à coup sûr toute sorte de fiévres, continuës ou intermittentes. On sait déja par experience, que l'écorce du Sassafras tient beaucoup de la vertu du Quina-Quina. L'écorce de la racine, de l'Arbre que nous apellons le Frêne piquant, sechée & pulverisée, est un specifique merveilleux pour les ulceres inveterez, & les plaies qui fluent. Il y a d'ailleurs une infinité d'autres Végétaux, qui sont fort utiles; mais je n'ai pas assez étudié la Physique, pour en donner une description exacte.

IX. Les *Indiens* plantent dans leurs Jardins ou dans leurs Champs des Melons musquez, des Melons d'eau, des Citrouilles, des *Cushaws*, des *Macocks*, & des Courges, ou Calebaces.

1. Leurs Melons musquez ressemblent
beau-

beaucoup aux gros Melons d'*Italie*, & il en fort d'ordinaire quatre ou cinq Pots de liqueur.

2. Leurs Melons d'eau sont beaucoup plus gros, & de diférentes sortes, qui se distinguent par la couleur de la chair, & de la semence. Les uns ont la chair rouge, les autres jaune, & les autres blanche. Il en est de même, à l'égard de leur semence; les uns l'ont rouge, les autres jaune, & quelques-uns noire, mais elle n'est jamais de diférentes couleurs dans le même Melon. Les *Moscovites* apellent ce fruit *Arpus*; les *Turcs* & les *Tartares* le nomment *Karpus*, parce qu'il est fort rafraichissant; & les *Persans* l'apellent *Hindnanes*, parce qu'ils en ont tiré la semence des *Indes*. Ces Melons sont d'un goût exquis, & agréables à la vûe; leur écorce est d'un beau verd & fort joliment raiée.

3. Il seroit inutile de m'étendre sur la description de leurs Citrouilles; mais je remarquerai seulement qu'elles sont beaucoup plus grosses & plus belles, qu'aucunes de celles que nous avons en *Angleterre*.

4. Les *Cushaws* sont une espece de Citrouille, dont l'écorce est d'un verd bleuâtre, mêlé de raies blanches, lors qu'el-

les

les sont mûres & bonnes à manger. Elles sont plus grosses que les Citrouilles, & ont le coû long & delié; peut-être que c'est le même fruit que T. Harriot apelle *Ecushaw*.

5. Les *Macocks* sont encore une autre espece de petites Citrouilles, qui se subdivisent en plusieurs sortes; mais les *Indiens* les renferment toutes sous le nom de *Macock*. Cependant, ils les apellent quelquefois *Cymnels*, du nom d'un Gâteau, qui leur ressemble beaucoup. Les *Indiens* du Nord les apellent *Squash*, ou *Squanter-Squash*, de même qu'à la *Nouvelle-York*, & dans la *Nouvelle Angleterre*. On fait bouillir ce fruit tout entier, lors qu'il est jeune, & que l'écorce en est tendre; on l'accommode ensuite dans un Plat avec du beurre ou de la crême, & il a très-bon goût avec toute sorte de viande de boucherie, soit fraiche ou salée. D'un autre côté, au lieu qu'on ne mange les Citrouilles, qu'après qu'elles sont mûres, l'on ne mange les *Macocks*, que lors qu'ils sont verds.

6. Pour les Courges, les *Indiens* n'en mangent point du tout, mais ils les gardent pour d'autres usages. Les *Persans*, qui en ont quantité de cette espece, & qui les apellent *Kabach*, les mangent bouil-

bouillies, pendant qu'elles font vertes; car auſſi-tôt qu'elles mûriſſent, leur peau ſéche, & devient auſſi dure que l'écorce d'un arbre; leur chair ſe conſume, & il n'y reſte plus rien que la ſemence, que les *Indiens* ôtent, pour s'en ſervir enſuite en guiſe de Flacons & de Taſſes, comme on fait en divers autres Lieux du Monde.

Le *Maracock*, qui eſt le fruit de ce que nous appellons la Fleur de la Paſſion, & à peu près de la groſſeur d'un Oeuf de Poule, croît par tout en ſi grande abondance, que les Naturels du Païs ne ſe donnent pas le ſoin d'en planter, quoi qu'ils l'aiment beaucoup.

X. Outre tous ces fruits, les Naturels de la *Virginie* avoient du blé des *Indes*, des Pois, des Féves, des Potatos, & du Tabac.

Ils regardoient toûjours le blé comme le principal ſoutien de leur vie, ſoit qu'ils tombaſſent malades, ou qu'il fit mauvais tems, ou qu'ils fuſſent en guerre, ou qu'il leur arrivât quelque autre fâcheux revers, qui les empêchoit d'aller à la Chaſſe & à la Pêche. Alors le Maïz avec quelque peu de Pois, de Féves, ou de tout autre fruit, qui étoit de ſaiſon, ſervoit à l'entretien de leurs femmes & de leurs enfans.

Il y a quatre sortes de Maïz, deux de la premiere & deux de la derniere Saison, qui viennent toutes de la même maniere; c'est-à-dire qu'un seul grain produit une longue tige droite, qui est environnée de plusieurs Epis, de six à dix pouces de long. Chaque Epi est couvert de plusieurs envelopes, qui le défendent contre les injures du tems, & il a diverses rangées de grains, qui ne sont separées les unes des autres que par une pellicule bien mince: de sorte qu'un seul grain en produit souvent plus de mille.

Les deux sortes de la premiere Saison ne se distinguent l'une de l'autre, que par la grosseur de l'épi, de la tige & du grain; quoi qu'il y ait d'ailleurs quelque diférence à l'égard du tems de leur maturité.

La plus petite de ces deux sortes n'a l'épi guére plus gros que le manche d'un couteau de table, & sa tige n'est que de trois à quatre piez de long. Il s'en fait d'ordinaire deux recoltes par an, & peutêtre que le Climat d'*Angleterre* seroit assez chaud, pour le mûrir.

L'épi de l'autre est aussi gros que la jambe d'un enfant, & il a sept ou huit pouces de long, sur une tige de neuf ou dix piez. Celui-ci n'est bon à manger
que

que vers la fin du Mois de *Mai*, au lieu que les épis du premier sont d'ordinaire bons à rotir vers la mi-*Mai*. Les grains de ces deux sortes sont si enflez, qu'ils semblent être sur le point de crever la peau qui les renferme.

Les deux sortes de Maïz de la derniere Saison ne se distinguent que par la figure du grain, sans avoir aucun égard à la différence des couleurs qui lui sont accidentelles, puis qu'il y en a de bleus, de rouges, de blancs, de jaunes & de raiez. Ce qui les distingue donc l'une de l'autre, c'est que l'une a le grain aussi uni & aussi enflé que ceux de la premiere Saison, & on l'appelle *Blé de caillou*; l'autre a le grain plus gros, mais il paroit ridé, & il a une entaillûre sur le dos, comme s'il n'étoit pas arrivé à sa perfection: c'est celui qu'on nomme *Blé-femelle*, & qu'on croit être le meilleur pour le raport. Aussi le préfere-t-on à tous les autres pour la sémence.

On les séme tous en haie, c'est-à-dire qu'on en met trois, quatre ou cinq grains sous un petit monceau de terre, avec cette différence que pour les plus gros grains, les monceaux sont à quatre ou cinq piez les uns des autres, au lieu que pour le plus petit grain, ils ne sont pas si éloignez. Les *Indiens* les sarclent une ou deux fois, ils élevent la terre tout autour, & ils n'y aportent pas d'autre soin jusques à la recolte. Ils plantent aussi dans le même trou une féve, qui pousse & s'appuie sur la tige de l'épi.

Quelquefois les *Indiens* sement des Pois entre les rangées du grain; mais d'ordinaire ils les sement dans une piece de terre à part. Il y en a une infinité de sortes; mais ils sont tous de la figure des haricots, & j'en ai trouvé de sauvages. D'ailleurs, je ne sai pas d'où les *Indiens* ont tiré leur blé, quoi qu'il n'y ait pas trop d'apparence qu'il y vienne naturellement.

Leurs Potatos sont rouges ou blanches, à peu près de la longueur de la jambe d'un enfant, & quelquefois même aussi longues & aussi grosses que la jambe & la cuisse d'un jeune enfant, auxquelles on peut dire qu'elles ressemblent beaucoup pour la figure. Je croi qu'elles sont de la même espece de celles que les Botanistes nomment Potatos d'*Espagne*. Quoi qu'il en soit, il est certain que les Potatos d'*Angleterre*, ou d'*Irlande* ne leur ressemblent en rien, ni pour la figure, ni pour la couleur, ni pour le goût. La maniere dont on les plante,

se

se reduit à couper les plus petites en morceaux, & à mettre ces morceaux sous quelques poignées de terre deliée. Ces Potatos au reste sont si tendres, qu'il est très-difficile de les garder en Hiver; le moindre froid qui les touche, les gâte; & c'est pour cela qu'on les enterre auprès du Foier, durant tout l'Hiver, jusqu'à ce que la Saison de les planter arrive.

Je ne suis pas trop sûr de la maniere, dont les *Indiens* cultivoient leur Tabac, parce qu'ils n'en font presque plus aujourd'hui, & qu'ils tirent des *Anglois* tout ce qu'ils en fument: mais j'ai ouï dire qu'ils le laissoient monter en graine; qu'ils empêchoient les rejettons de croître sur les feuilles, de peur qu'ils ne les gâtassent; & qu'après qu'il étoit mûr, ils arrachoient les feuilles, les purifioient au Soleil, & les mettoient ensuite en reserve pour l'usage. Ceux qui en plantent aujourd'hui y cherchent beaucoup plus de cérémonie, & malgré tout cela, ils ont assez de peine à le débiter.

CHA-

CHAPITRE V.

Des Poissons de Riviere & de Mer.

I. IL n'y a point de Païs au Monde, où l'on trouve de meilleur Poisson d'eau douce & d'eau salée, ni en plus grande quantité, ni de plus de sortes.

Au Printems, les Harengs montent en si grand' foule dans les Ruisseaux & les guez des Rivieres, qu'il est presqu'impossible d'y passer à cheval, sans leur marcher dessus. C'est ainsi que ces pauvres Créatures s'exposent à quelque danger, pour trouver des endroits commodes à recevoir leurs Petits, qui ne sont pas encore en vie. De là vient que dans cette Saison de l'année, les endroits des Rivieres, où l'eau est douce, sont empuantis par le Poisson qu'il y a.

Outre les Harengs, on voit une infinité d'Aloses, de Rougets, d'Etourgeons, & quelque peu de Lamproies qui passent de la Mer dans les Rivieres. Les Lamproies s'attachent aux Aloses, tout de même que le *Remora* d'*Imperatus* s'attache, à ce qu'on dit, au Chien marin de *Tiburone*. Ces Poissons demeurent

au-

autour de trois Mois dans les Rivieres. Lors que les Aloses y arrivent, elles sont grasses & charnues; mais elles s'y consument tant à fraier, qu'à leur retraite, elles sont maigres & décharnées. C'est pour cela sans doute qu'on dit des Aloses qui se pêchent dans la Riviere de *Severn*, qu'elles n'ont pas d'abord ces arêtes intermusculaires, qu'on y trouve ensuite en grande quantité. Comme ces Poissons cherchent l'eau douce, il y en a une infinité d'autres qui en certaines Saisons de l'année s'arrêtent dans l'eau somache des Rivieres; tels sont par exemple la *vieille-Femme*, qui ne ressemble pas mal au Hareng, & la *Tête de Brebis*, qui passe pour un des meilleurs Poissons qu'il y ait.

II. Durant tout l'Eté, on trouve plusieurs sortes d'autre Poisson dans presque tous les endroits des Rivieres & des Ruisseaux; mais je me contenterai de raporter ici les noms de ceux dont j'ai mangé, ou que j'ai vû moi-même, & je laisserai le reste aux personnes qui entendent mieux que moi l'histoire naturelle. D'ailleurs, des gens dignes de foi, & qui avoient parcouru divers Païs, m'ont assuré qu'ils n'avoient trouvé aucune part d'aussi bon Poisson qu'à la *Virginie*.

Entre

Entre les Poissons que l'on mange, & que je connois moi-même, on peut compter ceux-ci, les Harengs, les Rougets, les Aloses, les Etourgeons, les *Vieilles-Femmes*, les *Têtes de Brebis*, les *Tambours*, dont les uns sont rouges & les autres noirs, les Truites, les *Tailleurs*, la Morue fraiche, le *Poisson-Soleil*, le *Bass*, le Chabot, la Plie, le Carlet, le Merlan, le *Dos-gras*, l'Ange de Mer, la petite-Tortue, le Cancre, les Huitres, les Moules, les Petoncles, les Chevrettes, les Aiguilles, la Bremine, la Carpe, le Brochet, le Merlus, le Muge, l'Anguille, le Congre, la Perche, le Chat, &c.

Entre ceux que l'on ne mange pas & que je me souviens d'avoir vû, on peut mettre la Baleine, le Marsouin, le Chien-marin, le *Garr*, la Raie piquante, la Raie commune, la *Scie*, le Poisson-Crapaud, le Poisson-Grenouille, le Cancre de terre, le *Joueur de violon*, & le Petoncle. Un jour que je tirois une Seyne, dans un endroit, où l'eau de la Riviere étoit salée, j'amenai un petit Poisson, qui avoit à peu près deux pouces & demi de long, qui étoit d'une couleur obscure, & qui ressembloit à un Scorpion. Je n'osai pas le toucher, quoique peut-

peut-être il n'y auroit pas eu grand mal; mais je crus que c'étoit le même que celui, dont Mr. *Purchase* dans son *Pelerin*, & le Capitaine *Smith* dans son * *Histoire générale*, disent qu'il ressemble beaucoup au Dragon de St. *George*, à cela près qu'il n'a ni piez ni ailes.

III. Avant que les *Anglois* s'établissent à la *Virginie*, il y avoit une si grande quantité de Poisson, que les petits garçons & les petites filles, armez d'un bâton pointu, en dardoient du plus petit, qui nageoit sur les bas-fonds. Mais les *Indiens* avoient plus de peine à prendre le gros Poisson, qui n'approche pas tant du rivage. Pour en venir à bout, ils faisoient une espece de claie avec de petits bâtons refendus, ou de cânes, de la grosseur du doigt, qu'ils joignoient ensemble avec de jeunes branches de Chêne verd, ou de quelque autre bois souple, & qu'ils mettoient si près les unes des autres, que le petit Poisson ne pouvoit passer entre les intervales. Vers l'un des bouts de cette Claie, il y avoit une ouverture, & l'ouvrage, qui étoit continué de part & d'autre, formoit trois ou quatre enclos tout de suite, disposez d'une telle maniere, que le Poisson y pouvoit

* Page 28.

voit entrer facilement, & non pas en sortir de même. Lors que la marée étoit haute, ils plantoient l'un des bouts de cette Claie sur le bord de la Riviere, ils étendoient l'autre dans l'eau, à huit ou dix piez de profondeur, & ils l'afermissoient avec des pieux. C'est ainsi qu'ils prenoient le Poisson, qui se hasardoit à passer par l'ouverture.

Quelquefois ils rangeoient une de ces Claies à travers une Crique, en haute marée, & en basse eau, ils se fourroient dans les enclos, pour y prendre le Poisson qu'ils vouloient.

Vers les sources des Rivieres, où l'eau est basse, & le courant rapide, les *Indiens* s'y prenent d'une autre maniere pour la Pêche. Ils font une digue de pierres séches, dont il y a bonne provision, à travers le lit de la Riviere, & ils y laissent une, deux, ou plusieurs ouvertures, pour donner passage à l'eau. C'est-là qu'ils mettent une espece de Panier fait de canes & de figure conique, dont la longueur est de dix piez & la base de trois. La rapidité du courant y entraine le Poisson, & l'y retient avec tant de force, qu'il ne sauroit plus en sortir.

Voici de quelle maniere les *Indiens*

pre-

prenoient l'Etourgeon, lors qu'il venoit dans les endroits, où le lit des Rivieres se retrécit. Un homme tenoit un nœud coulant à la main, & il le jettoit sur la queuë de l'Etourgeon, qui se trouvant arrêté, ne manquoit pas de se débatre, & d'entrainer même le Pêcheur sous l'eau. Si cet homme ne lâchoit point prise, & qu'à force de nager & de plonger, il lassât l'Etourgeon, & l'amenât à terre, il passoit alors pour un brave. Souvent même il y avoit de ces Etourgeons, qui sautoient dans les Canots des *Indiens*, lors que ceux-ci traversoient les Rivieres ; & il n'y a point d'année encore aujourd'hui qu'il n'en saute plusieurs dans les Bâteaux des *Anglois*.

On y pêche aussi de nuit à la lueur du feu, comme on le pratique dans la Mer noire. Les *Indiens* construisent, au milieu de leur Canot, un Foier, qui s'éléve deux pouces au-dessus du bord ; ils y brûlent de petites buchettes de bois leger, qui flambent jusques au bout, comme une Chandelle : & c'est l'ouvrage d'un homme d'entretenir ce feu en bon état. A chaque extrémité du Canot il y a un *Indien*, armé d'une espece de Lance, dont le gros bout plongé dans l'eau leur sert à faire avancer le Canot à petit bruit,

pour

pour surprendre le Poisson. D'abord qu'ils en aperçoivent quelcun, ils le dardent avec beaucoup d'adresse, & ils le retirent à eux. D'ailleurs, la flâme de ce feu sert à un double usage; c'est-à-dire à éblouïr les yeux des Poissons, qui s'arrêtent, pour le regarder fixement, & à découvrir le fond de l'eau; ce que la clarté du jour ne fait pas.

L'Estampe qui suit, de même que toutes les autres que j'ai insérées dans ce Livre, est faite d'après nature, & je puis assurer avec confiance que celle-ci représente au juste la Pêche des *Indiens*.

Planche I.

On voit ici un Canot avec un *Indien* à chaque bout, un feu au milieu, & un petit garçon & une fille qui l'entretiennent. À l'un des bouts, il y a un Filet en forme de Capuchon, qui est fait d'herbe de Soie, & qui leur sert à retirer leurs Claies de l'eau. On voit au-dessus la figure de ces Claies, & la maniere dont ils les placent à travers l'embouchure d'une Crique.

Il faut remarquer aussi que pour pêcher une de ces Claies, ils tournent le côté du Canot, & non pas la pointe, vers les enclos ou les cages, afin de la retirer plus facilement. Cela ne paroît pas dans la Planche, parce que de cette maniere, on auroit pû confondre la figure de la Claie, avec le Canot.

On

On voit dans les airs un Faucon-Pêcheur, qui tient un Poisson dans ses Serres, & un Aigle chauve, qui le poursuit, pour le lui ôter. Au reste, l'Aigle chauve a toûjours la tête & la queuë blanches; mais d'un blanc si éclatant, qu'on peut le discerner, jusqu'à ce qu'on ait perdu l'oiseau de vûë.

IV. C'est un grand plaisir de voir de quelle maniere les Faucons-Pêcheurs fondent sur leur proie, & il n'y a presque point de beau jour en Eté, sur tout le matin, où l'on ne puisse avoir ce divertissement. D'abord que le Printems arrive, ces Oiseaux sont d'une avidité extraordinaire pour le Poisson, qui est près du rivage; mais je croi qu'en hiver, ils pêchent plus avant dans la Mer, ou qu'ils s'arrêtent sur les Isles inhabitées, le long de la Côte. Je me suis diverti plusieurs fois à voir ces Faucons sortir de l'eau, avec leur proie, & l'Aigle chauve la leur enlever en chemin. J'ai remarqué d'ailleurs, qu'ils se tiennent en l'air, à une hauteur prodigieuse; qu'ils demeurent comme immobiles durant quelques minutes; & que sans changer de place, ils se lancent tout d'un coup dans l'eau; où après avoir resté autour d'une minute, ils en sortent quelquefois avec un gros Poisson, qu'ils ont de la peine à porter.

Des

Dès qu'ils ont repris leur vol, ils secouent l'eau de leurs ailes avec tant de violence, qu'elle forme une espece de petit brouillard; & ils se retirent au plus vîte dans les Bois, pour y manger leur proie en repos. Mais si l'Aigle chauve en aperçoit quelcun, qui ait fait capture, il le poursuit d'abord, & il tâche de s'élever au-dessus de lui: S'il en peut venir à bout, le pauvre Faucon est obligé de lâcher prise, pour n'être pas mis en pieces, & de perdre son diner, pour sauver sa vie. Le Poisson n'est pas plûtôt hors de ses serres, que l'Aigle fond dessus avec une rapidité incroiable, & le prend en l'air, sans se mettre en peine du Faucon, qui n'a d'autre ressource que celle d'aller pêcher à nouveaux frais.

Un jour que je me promenois dans un Verger, le long de la Riviere, accompagné d'un de mes amis, lors que le Printems ne faisoit que commencer, & qu'on ne voioit paroître aucun Poisson près du bord, ni dans les endroits, où l'eau étoit basse, nous entendîmes un grand bruit dans l'air, au-dessus de nos têtes, & nous n'eumes pas plûtôt tourné la vûe de ce côté-là, que nous aperçumes un Aigle à la poursuite d'un Fau-

Faucon, qui tenoit un gros Poisson dans ses serres. Le Faucon vouloit gagner le Bois du voisinage, pour se garentir de l'Aigle, qui ne le poursuit jamais à travers les Arbres, de peur de s'y froisser: mais il fut contraint de lâcher sa proie à la hauteur des Pommiers, & quoi que nous ne fussions pas à plus de trente Verges de là, & que nous nous missions d'abord à courir, à crier, & à jetter nos chapeaux en l'air, nous eumes beaucoup de peine à sauver le Poisson des serres de l'Aigle. Il y a même grand' apparence qu'il l'auroit pris en l'air, s'il fut tombé de deux Verges plus haut. Quoi qu'il en soit, nous trouvâmes le pauvre Poisson tout en vie ; nous l'emportâmes au Logis, & nous le fimes aprêter sur le champ. Il y en eut assez pour le dîner de cinq que nous étions, sans manger aucune autre chose, & même les domestiques en eurent leur part. C'étoit un Rouget fort gras, aussi rare pour la Saison, que par la maniere dont nous l'avions pris, & qui avoit autour de deux piez de long.

Lors qu'il y a quantité de Poisson, ces Faucons-Pêcheurs n'en ont pas plûtôt pris un, qu'ils s'élevent dans l'air, où ils se proménent d'un côté & d'autre, pour

K

exciter l'Aigle à leur donner la chasse; & s'il n'en paroit point assez-tôt, le Faucon fait alors un cri insultant, comme pour le défier au combat. C'est ce que diverses personnes ont remarqué bien des fois.

CHAPITRE VI.

Des Oiseaux Sauvages & du Gibier qu'on prend à la chasse.

I. COMME en Eté, les Rivieres & les Criques sont pleines de Poisson, l'on peut dire qu'en Hiver elles sont couvertes d'Oiseaux. La quantité qu'il y a de Cignes, d'Oies, de Canards, de Sarcelles, de Macreuses, & de plusieurs autres sortes d'Oiseaux aquatiques, est presqu'incroiable. Je ne suis qu'un petit Chasseur, & avec tout cela, j'ai tué plus de vingt de ces Oiseaux d'un seul coup de Fusil. Les Etangs & les Ruisseaux qu'on trouve dans les Bois, sont aussi couverts de ce Gibier, en certaines Saisons de l'année.

II. Les bords des Rivieres, les Marais & les Savannas ne manquent pas non plus d'autre Gibier, de toutes les sortes.
On

On y trouve des Gruës, des Corlieus, des Herons, des Bécasses, des Bécassines, des *Yeux de Bœuf*, des Pluviers, des Alouettes, & quantité d'autres Oiseaux bons à manger, auxquels on n'a point encore donné des noms. On y voit d'ailleurs, des Biévres, des Loutres, des Civettes, & un nombre infini d'autres Bêtes sauvages.

III. Quoi qu'il n'y ait pas de tous ces Animaux dans l'interieur du Païs, on y trouve des Coqs d'Inde sauvages, d'une grosseur incroiable, des Faisans, des Perdrix, des Pigeons, & une infinité de petits Oiseaux; de même que des Bêtes fauves, des Liévres, des Renards, des *Raccons*, des Ecureuils, & des *Possums*. Vers les frontieres, on voit des Ours, des Panthéres, des Chats sauvages, des Elans, des Buffles, & des Sangliers, qui ne servent pas moins au divertissement qu'au profit des Chasseurs. Quoi que les *Anglois* soient effraiez à l'ouïe de tous ces noms, qu'ils n'ont pas accoutumé d'entendre chez eux, on ne craint pas beaucoup ici ces Bêtes feroces, qui fuient toûjours à la vûe des hommes, & qui ne font du mal qu'au gros Bêtail & aux Cochons, dont les *Indiens* ne se mettent pas fort en peine.

Je ne saurois omettre ici une particularité bien extraordinaire, que j'ai remarquée moi-même dans la fémelle du *Possum*. Elle a un double ventre, ou plûtôt une Membrane pendante qui lui couvre tout le ventre, sans y être attachée, & dont on peut regarder l'interieur, lors qu'elle a une fois porté des petits. Au derriere de cette Membrane, il y a une ouverture, où l'on peut passer la main, si on ne l'a pas grosse. C'est ici où les petits se retirent, soit pour éviter quelque danger, pour tetter, ou pour dormir. Ils vivent de cette maniere, jusqu'à ce qu'ils soient en état de chercher pâture d'eux-mêmes; mais ce qu'il y a de plus étrange, c'est qu'ils sont conçus & nourris dans cette Membrane, sans avoir jamais été dans le ventre. Ils sont collez à la tetine, & c'est là où ils croissent à vûe d'œil, durant plusieurs semaines de suite; jusqu'à ce qu'ils aient aquis de la force; qu'ils ouvrent les yeux, & que le poil leur soit venu: alors ils tombent dans la Membrane, d'où ils sortent, & où ils entrent à leur guise. J'ai vû moi-même de ces petits attachez ainsi à la tetine, lors qu'ils n'étoient pas plus gros qu'une Mouche, & qui ne s'en détachoient qu'après avoir ateint la grosseur d'une d'une Souris. D'ailleurs, on peut ouvrir cette Poche, & y regarder les petits, fans que cela faſſe aucun mal à la Mere.

IV. Les *Indiens* n'avoient aucun autre inſtrument, que l'Arc & la Flêche, pour atraper les Oiſeaux; mais il y en avoit une ſi grande quantité, qu'ils en tuoient avec ces armes autant qu'ils vouloient. Si les Oiſeaux aquatiques ſe tenoient éloignez du rivage, comme il arrive quelquefois durant les chaleurs exceſſives, les *Indiens* entroient dans leurs Canots, & les pourſuivoient de cette maniere.

Ils ont une autre méthode pour tuer les Elans, les Bufles, les Bêtes fauves & le plus gros Gibier : c'eſt-à-dire qu'en Hiver, lors que les feuilles ſont tombées des arbres, & ſi ſéches qu'elles peuvent brûler facilement, ils environnent une étenduë de Bois, qui peut avoir cinq ou ſix Miles de circonference, & ils y mettent le feu : cela fait, ils pouſſent plus avant, en ſe tenant toûjours à une diſtance raiſonnable les uns des autres, & pour hâter leur ouvrage, qui doit être fini à la pointe du jour, ils mettent de nouveau le feu à l'herbe & aux feuilles. C'eſt ce qu'ils réiterent, juſqu'à ce qu'ils aient enfermé les Bêtes dans un petit cercle, où elles s'atroupent, haletant & presqu'étoufées par la chaleur & la fumée, qui les envelope de tous côtez. Alors les *Indiens* les percent à coups de flêches; & quoi qu'ils foient vis-à-vis les uns des autres & que la fumée les empêche de fe voir, il arrive rarement qu'il y en ait quelcun de bleffé en cette occafion. D'ailleurs, ils ne font tout ce carnage que pour avoir la peau de ces Bêtes, dont ils laiffent perir les cadavres dans les Bois.

Le Pere *Verbieft*, dans fa Defcription du Voiage de l'Empereur de la *Chine* à la *Tartarie* Orientale, en l'année 1682, parle d'une certaine Chaffe que les *Tartares* font, & qui ne difére pas beaucoup de celle-ci, à cela près qu'à la place du feu que les *Indiens* y emploient, les *Tartares* fe fervent d'un gros corps d'hommes armez, qui, après avoir invefti une grande étenduë de terrain, marchent tous en avant, & fe raprochent les uns des autres, à mefure que le Cercle devient plus petit, jufqu'à ce qu'enfin les Bêtes fauvages fe trouvent environnées, pour ainfi dire, d'une muraille vivante.

Les *Indiens* ont quantité de jolies inventions, pour furprendre les Bêtes fauves, les Coqs d'Inde, & autre Gibier,

fans

sans en être découverts ; mais comme c'est un art, que fort peu d'*Anglois* savent, j'ai resolu de le tenir caché, pour ne pas contribuer en le revelant, à la destruction de leur chasse. Quoi qu'il en soit, si les *Indiens* vont à la chasse dans un Païs écarté, c'est d'ordinaire pour toute la Saison, & ils prennent avec eux leurs femmes & leurs enfans. Ils s'arrêtent à l'endroit, où ils trouvent le plus de Gibier, & ils emploient deux ou trois jours à y construire de petites Cabanes, pour leur usage. La Saison n'est pas plûtôt finie, qu'ils les abandonnent, sans se mettre en peine de les démolir.

V. C'est ainsi que les *Indiens* vivoient du jour à la journée de ce que la Nature leur fournissoit, & que sans le secours d'une pénible industrie, leur divertissement supléoit à leurs besoins. A la verité, les femmes & les enfans mettoient en reserve quelque peu de Noix, & d'autres fruits de la terre, pour leur servir dans l'occasion : mais cet heureux Peuple n'étoit point exposé aux fatigues de l'Agriculture, & après avoir emploié quelques jours de l'Eté à semer du grain & des Mélons, ils donnoient le reste de leur tems aux plaisirs & à la joie. On peut même dire, à la honte des *Anglois*, que leur abus de tous ces plaisirs naturels & innocens, n'a servi qu'à les rendre plus rares; & que depuis leur arrivée dans ce Païs-là, ils n'y ont presque fait aucun bien qui égale cette perte.

Je vous entretiendrai dans le Livre suivant des *Indiens* eux-mêmes, de leur Religion, de leurs Loix & de leurs Coutumes, afin qu'on puisse considerer tout-ensemble & le Païs & ses premiers habitans, dans l'état naturel, où les *Anglois* les trouverent. Je parlerai ensuite de l'état, où les *Anglois* y sont aujourd'hui, & des améliorations, ou plûtôt des changemens qu'ils y ont faits en dernier lieu.

Fin du second Livre.

HISTOIRE DE LA VIRGINIE.

LIVRE TROISIEME.

Où l'on traite des *Indiens*, de leur Religion, de leurs Loix & de leurs Coûtumes, en tems de Paix & en guerre.

CHAPITRE I.

Des Personnes de l'un & de l'autre Sexe, & de leurs habits.

I. Les *Indiens* sont de la taille moienne & de la plus haute des *Anglois*: ils sont droits & bien proportionnez, & ils ont les bras & les jambes d'une tournure merveilleuse: ils n'ont pas la moindre imperfection sur le corps, & je n'ai jamais ouï dire qu'il y en eut aucun qui fut nain, bossu, tortu, ou contrefait. Je ne sai s'ils exposent leurs enfans, qui naissent avec quelcun de ces défauts, comme les *Romains* le pratiquoient autrefois, mais si cela est, ils ont grand soin de le cacher, & je n'ai jamais pû aprendre qu'ils suivissent une pareille coûtume.

Leur couleur, quand ils sont devenus un peu grands, est d'un châtain brun, mais qui est beaucoup plus clair dans leur enfance. Leur cuir s'endurcit ensuite, & devient plus noir, par la graisse dont ils s'oignent, & les raions du Soleil, auquel ils s'exposent. Leurs cheveux sont ordinairement d'un noir de charbon; ils ont aussi les yeux fort noirs, & une espece de regard un peu louche, qui ne leur sied pas mal, & qu'on observe dans la plûpart des *Juifs*. Presque toutes leurs femmes sont d'une grande beauté; elles ont la taille fine, les traits délicats, & il ne leur manque d'autres charmes que ceux d'un beau teint.

II. Les hommes coupent leurs cheveux de différentes manieres, & ils les oignent de graisse, pour les rendre luisans,

sans, ou ils les peignent de quelque couleur. Les plus considerables d'entr'eux gardent une longue tresse derriere la tête, pour se distinguer des autres. Ils s'arrachent le poil de la barbe avec une coquille de Moule; ils en font autant, de même que les femmes, par tout le reste du corps, & cela, pour se tenir propres. Les femmes portent leurs cheveux fort longs, flotans sur le dos, ou nouez avec un seul nœud, ou attachez devant en une seule tresse, avec un filet de grains. Elles se contentent de les graisser & de les rendre d'un noir luisant; mais elles ne les teignent jamais d'aucune couleur.

Les personnes de qualité de l'un & de l'autre Sexe, portent une espece de couronne, large de cinq ou six pouces, ouverte au-dessus, & composée de * *Peak*, ou de grains, ou des uns & des autres entrelacez ensemble, & qui forment plusieurs figures, par un mélange curieux de diverses couleurs. Ils portent aussi quelquefois un morceau de fourrure teinte autour de la tête; des Coliers & des Brasselets. Les gens du commun vont tête nuë; mais, suivant que la fantaisie les méne, ils y fichent tout autour

* Voy. ci-dessous § V.

tour de grandes Plumes, qui ont beaucoup d'éclat.

III. Leurs habits confiftent en un Manteau fort ample, dont ils s'envelopent le corps négligemment, & qu'ils attachent quelquefois autour des reins avec une ceinture. Le haut de ce Drap prend jufte fur les épaules, & le refte pend au-deffous du genou. Quand ce Manteau eft ôté, ils ont, par modeftie, une piece de toile, ou une petite peau, attachée autour des reins, & qui s'étend jufques au milieu de la cuiffe. Les gens du commun ne mettent qu'un cordon autour des reins, & ils paffent entre les cuiffes une bande de toile ou de peau, dont chaque bout devant & derriere eft foutenu par le cordon.

Lors qu'ils portent des fouliers, ils les font d'une piece entiere de peau de Daim, & ils y coufent quelquefois une piece au-deffous, pour rendre la fémelle plus épaiffe. La peau eft ferrée au-deffus du pié avec des cordons, tout de même qu'on ferme une bourfe, & ils les attachent enfuite autour de la cheville. Les *Indiens* appellent ces Souliers des *Moccafins*.

Mais comme de bonnes Planches font plus propres à donner une jufte idée de

tout

tout ceci, qu'un long difcours fort étudié, je renvoie mon Lecteur à celles qui fuivent, où les traits du vifage, & les ornemens du corps font tous tirez d'après nature.

La II. *Planche repréfente un* Indien *en habit d'Eté.*

Ses cheveux font coupez courts fur le fommet de la tête, & forment une efpece de crête de Coq; le refte eft rafé, ou noüé derriere l'oreille. Les trois Plumes, dont il eft orné, peuvent être d'un Coq d'Inde fauvage, d'un Faifan, d'un Faucon, ou de quelque autre Oifeau de cet ordre-là. Il porte à l'oreille une belle Nacre, avec de petites Perles au bout. Il a fur la poitrine une belle coquille, auffi unie que du marbre poli, & l'on y voit quelquefois gravée deffus une Etoile, un Croiffant, ou quelque autre figure, fuivant la fantaifie de l'ouvrier. Il porte des Coliers & des Braffelets, qu'on fait d'ordinaire de grains, de * *Peak* & de *Roenoke*. L'efpece de Tablier qu'il porte, eft fait de peau de Daim, qui eft découpée tout autour en forme d'éguillettes, ou de frange, au-deffus de laquelle il y a une bordure de *Peak*, pour rendre le Tablier plus magnifique. Son Carquois eft d'une écorce mince; mais quelquefois ils le font de la peau d'un Renard, ou d'un jeune Loup, où ils laiffent pendre la tête, pour infpirer de la terreur à leurs ennemis,

* Voy. § V.

mis, & pour se donner même un air plus guerrier, ils attachent leur Carquois avec la queuë d'une Panthére, d'un Bufle, ou de quelque autre Bête feroce, dont ils laissent pendre le bout entre leurs jambes. Les lignes marquées de points sur ses épaules, sa poitrine & ses jambes, représentent les figures qu'ils ont accoûtumé d'y peindre. Il tient un Arc de la main gauche, & une flêche de la droite. La marque, qui est sur l'os de son épaule, sert à faire voir de quelle Nation il est, & les *Indiens* s'en servent dans cette vûë, toutes les fois qu'ils voiagent. Peut-être que c'est la même que le Baron de *La Hontan* apelle les Armes & le Blason des *Indiens*. C'est ainsi que différens Peuples, qui habitent autour de la *Virginie*, emploient les figures marquées d'une lettre dans cette Planche, pour se distinguer les uns des autres, & qu'ils s'en munissent lors qu'ils vont rendre visite à leurs amis & alliez.

Le Paisage est un Champ *Indien* représenté au naturel.

La III. *Planche représente deux Indiens en habit d'Hiver.*

Il n'y avoit guére que les Vieillards qui portassent des Manteaux d'hiver, qu'ils apellent Habits de Ceremonie, jusqu'à ce qu'on leur envoia des étoffes de l'*Europe*; mais aujourd'hui la plûpart d'entr'eux en mettent un durant le froid de l'hiver. La 1. *Figure* porte ce que les *Indiens* apellent proprement l'Habit de Cerémonie, qui est fait de peaux, préparées

Planche III.   Pag. 230.

Fig. 1.   Fig. 2.

rées avec la fourrure, qu'on laisse en dedans, cousuës ensemble, & dont les bords sont découpez en guise de frange, pour en relever la beauté. Elle a des *Moccasins* aux piez, & l'on voit tout-auprès quelques Cabanes *Indiennes* construites sur le bord de la Riviere. La 2. *Figure* porte un Habit de Ceremonie, fait de toile de *Duffield*, que les *Indiens* achetent des *Anglois*, une Couronne de *Peak* sur la tête, & des Bas aux jambes, qu'ils font de la même toile : c'est-à-dire qu'ils en prennent une longueur, qui va depuis la cheville jusques au genou, & qui est assez large, pour enveloper la jambe ; ils cousent ensuite ce morceau de toile, dont ils laissent les bords par derriere sortir un pouce au-delà de la couture. Quand ils les ont chaussez, ils mettent la jartiere sous le genou, & le bout inferieur du Bas entre dans le *Moccasin*.

IV. Je ne trouve pas que les *Indiens* aient aucune autre distinction dans leurs habits, ou dans la maniere dont ils ajustent leurs cheveux, que celle que la différence des richesses les met en état de faire ; si vous en exceptez les Prêtres, qu'on reconnoit à la coupe de leurs cheveux, & à la façon singuliere de leurs habits ; comme nos Ecclesiastiques sont distinguez des autres par leur Robe longue.

La

La IV. Planche représente un Prêtre & un Magicien, revêtus de leurs habits ordinaires.

L'habit des Prêtres *Indiens* est une espece de Jupe de femme plissée, qu'ils mettent autour du coû, & qu'ils attachent sur l'épaule droite; mais ils tiennent toûjours un bras dehors, pour s'en servir en cas de besoin. Ce Manteau est arrondi par le bas, & ne va que jusqu'au milieu de la cuisse; on le fait de peaux bien préparées & molettes, avec la fourrure en dehors; mais quand il a été porté quelque tems, le poil en tombe, & il devient d'une laideur éfroiable.

Ils ont la tête rasée de près, excepté sur le sommet, où ils laissent une crête deliée, qui va depuis le haut du front jusques à la nuque du coû, & sur le haut même du front, où ils laissent une bordure de cheveux, qui, soit par leur force naturelle, soit par la roideur que leur donnent la graisse & les couleurs, dont ils les platrent, deviennent herissez & s'avancent en dehors, comme la corne d'un Bonnet.

Les Magiciens coupent aussi leurs cheveux ras, & ils n'en laissent qu'une crête. Ils portent sur l'oreille la peau d'un Oiseau, dont le plumage est obscur, & ils se barbouillent avec de la suie, ou quelque autre chose de cette nature, de même que les Prêtres. Par modestie, ils pendent à leur ceinture la peau d'un Loutre, dont ils font passer la queuë entre leurs jambes: ils y attachent aussi une Poche,

qui

qui s'appuie fur la Cuiffe, & dont le deffous eft orné d'éguillettes, ou de franges.

La 3. *Figure*, repréfente une efpece de Cage, ou d'Enclos, où l'on enferme ceux qui doivent être *Hufcanawez*, & dont nous parlerons au Chap. VIII. de ce même Livre.

V. Les ajuftemens des femmes ne diférent pas beaucoup de ceux des hommes, fi ce n'eft à l'égard de leurs cheveux, qu'elles nouent d'une autre maniere. Les Dames de diftinction portent de grands Coliers, des Pendants & des Braffelets, compofez de petits cylindres, qu'on fait d'une efpece de Conque, que les *Indiens* appellent *Peak*. Elles fe tiennent le cuir net, & au lieu que les hommes fe peignent d'ordinaire tout le corps, elles fe frotent avec de l'huile.

Elles ont de petits tetons ronds, & fi fermes, qu'on ne les voit prefque jamais flafques ni pendans, non pas même aux vieilles femmes. Elles vont d'ordinaire nuës depuis la tête jufques au nombril, & depuis les piez jufques au milieu de la cuiffe; de forte qu'elles ont l'avantage de faire voir la belle tournure de leurs membres, & la fineffe de leur taille.

La

*La V. Planche représente deux jeu-
nes filles.*

La premiere porte une Couronne, un Colier & un Braſſelet de *Peak*. La ſeconde a un
Cercle de fourrure autour de la tête, & ſes
cheveux nouez avec un filet de *Peak* & de
grains. On voit entr'elles deux une femme,
qui eſt ſous un arbre, & qui fait un panier
d'herbe de ſoie, à la maniere du Païs.

*La VI. Planche représente entr' autres
choſes, une Femme, & un petit Garçon qui court apres elle.*

La Femme repoſe l'une de ſes mains ſur
ſon Colier de *Peak*, & tient avec l'autre une
Calebace, où l'on met de l'eau, ou quelque
autre liqueur.
Le petit Garçon porte un Colier de *Runties*, avec un Jouët à l'*Indienne* dans la main
droite, & un Epi de Maïz bon à rôtir dans
la gauche. Il a un petit cordon autour des
reins, où l'on en voit un autre attaché, qui
tombe ſur le devant, & au bout duquel on
met une petite peau ſouple, pour la bienſéance.

CHA-

Planche V. Pag. 234.

Fig. 1.

Fig. 2.

Planche VI. Pag. 234.

CHAPITRE II.

Touchant les Mariages des Indiens, *& de la maniere dont ils élévent leurs Enfans.*

I. LEs *Indiens* regardent le Mariage comme une action fort solemnelle, & les vœux qu'ils font alors, passent pour sacrez & inviolables. Quoi qu'ils permettent au Mari & à la Femme de se quitter, s'ils ne vivent pas de bonne intelligence ; le divorce est, avec tout cela, en si mauvaise odeur, que les personnes mariées poussent rarement leurs démêlez jusques à la separation, pour n'être pas taxez d'inconstance & de lâcheté. Cependant, lors qu'ils en viennent à faire cette démarche, ils comptent que tous les liens du Mariage sont rompus, & chacune des Parties a la liberté de se remarier à qui elle veut. Mais aussi long tems que le contract dure, l'infidelité, soit de la part du Mari ou de la Femme, passe pour le plus impardonnable de tous les crimes.

En cas de rupture, chacun prend les enfans qu'il aime le plus ; car ils ne
leur

leur font pas à charge; mais ils font plûtôt leurs richesses, comme autrefois parmi les *Juifs*; & si les Parties interessées ne sont pas d'accord là-dessus, on separe les enfans en nombre égal, & l'homme choisit le premier.

II. Quoi que l'on dise que les jeunes *Indiennes* se prostituent, pour un petit présent qu'on leur fait de *Peak* de *Wampom*, de *Runties*, de Grains, ou de quelque autre galanterie de cette nature; je n'ai jamais pû découvrir qu'il y eut aucun fondement à cette accusation, & je croirois plûtôt que c'est une injuste calomnie, dont on les noircit. Aussi les *Indiens* desavouent-ils cette coutume, quoi qu'ils reconnoissent que leurs filles sont maîtresses d'elles-mêmes, & qu'elles peuvent disposer de leurs personnes, comme il leur plaît. Je sai d'ailleurs, que s'il arrive à quelcune d'avoir un enfant, elle est perduë de reputation pour toute sa vie, & qu'elle ne sauroit plus trouver un mari. Il y a donc grand'apparence que ce raport est fondé sur la liberté innocente que les filles se donnent en compagnie, & que des Chrétiens peu charitables & accusez par leur propre conscience ont traitée de criminelle.

Les *Indiennes* sont pleines d'esprit; ce qui

qui les rend toûjours gaies & de bonne humeur. Elles aiment beaucoup à rire, & leur ris est accompagné d'un agrément qui charme. Elles ont tant de feu & de vivacité, qu'elles ne cherchent qu'à badiner & à se divertir, quoi que sans faire tort à leur innocence. Mais cela sufit aux *Anglois*, qui ne savent pas trop bien distinguer le crime d'une liberté honête, pour les taxer de libertinage; quoi que ce soit avec aussi peu de justice, que les *Espagnols* jaloux condamnent la liberté des *Françoises*, qui sont au fonds beaucoup plus chastes que leurs propres femmes, malgré l'espece d'emprisonnement, où ils les tiennent.

III. Les *Indiens* traitent leurs petits enfans d'une plaisante maniere : au lieu de les tenir chauds, dès qu'ils viennent au Monde, & de les emmaillotter avec de couches, de langes & de bandes, comme on fait en *Europe*, ils les plongent d'abord dans l'eau froide, & ensuite ils les attachent tout-nuds sur une planche, couverte de laine, ou de coton, ou de fourrure, ou de quelque autre chose de molet, afin que l'enfant y repose à son aise, & où l'on fait un trou à une hauteur convenable, pour donner passage aux excremens. Ils le gardent

plu-

plusieurs Mois en cet état, jusqu'à ce que les os commencent à se durcir, les jointures à se nouër, & les membres à se fortifier; alors ils le détachent de cet ais, & l'enfant se traine tout le jour d'un côté & d'autre, à moins qu'on ne le releve pour le faire manger, ou pour badiner avec lui.

Pendant que l'enfant est sur cette planche, ou bien ils la mettent à terre sur le dos, ou ils l'appuient contre quelque chose, ou ils la suspendent avec un cordon, qui est au haut; & ils charrient l'enfant & l'ais tout ensemble. Comme nos femmes deshabillent leurs enfans, pour les nettoier & les changer de linge, ainsi les *Indiennes* détachent les leurs, pour les laver & les graisser.

Après que les enfans ont commencé à se trainer tout seuls, leurs meres les portent sur le dos; c'est-à-dire qu'en Été, la mere prend une des jambes de l'enfant sous le bras, & lui tient le bras opposé, avec la main au dessus de son épaule, pendant que l'autre jambe brandille, & que l'enfant tient sa mere au coû avec son autre main; mais en Hiver, l'enfant est mis sous l'envelope de l'habit de ceremonie, & il ne montre que la tête, comme on peut le voir dans la Planche VII.

CHA-

Planche VII.   Page 238.

Planche VIII. Page 239.

CHAPITRE III.

Des Villes, Bâtimens & Fortifications des Indiens.

I. LEs *Indiens* forment des Communautez entr'eux, & ils habitent plusieurs ensemble; quelquefois cinquante, jusques à cinq-cens familles dans une Ville, & d'ordinaire chacune de ces Villes est un Roiaume. Quelquefois un seul Roi possède plusieurs de ces Villes, qui se trouvent réünies sous lui, par droit de succession, ou de conquête; mais en pareil cas il y a toûjours un Vice-Roi dans chacune de ces Places, dont il est en même tems le Gouverneur, le Juge & le Chancelier, & où il a le même pouvoir dont le Roi jouit dans la Ville où il réside. Ce Vice-Roi est obligé de paier quelque petit tribut à son Maître, en forme de redevance, & de le suivre à la guerre, toutes les fois qu'il en est requis.

II. Les *Indiens* bâtissent leurs Maisons, qu'ils appellent *Wigwangs*, à peu de fraix. Voici de quelle maniere ils s'y prennent; ils coupent de jeunes arbres, dont ils
fichent

fichent le gros bout en terre, & dont ils plient le sommet, qu'ils attachent l'un avec l'autre avec les fibres de certaines Racines, ou de bandes faites de l'écorce de quelques arbres, comme par exemple du bois verd du Chêne blanc. Les plus petites de ces Cabanes sont de figure conique, à peu-près comme les Ruches des Abeilles; mais les plus grandes sont oblongues, & ils couvrent les unes & les autres avec l'écorce de certains arbres, d'où on la détache facilement par lambeaux. On y laisse de petits trous, en guise de fenêtres, pour donner passage à la lumiere; & lors qu'il fait mauvais tems & que le vent soufle avec trop de violence d'un côté, l'on en ferme les trous avec des morceaux de la même écorce, pendant qu'on ouvre les autres, qui sont à l'abri. Le foïer est toûjours au milieu de la Cabane, & il n'y a pour toute cheminée qu'un petit trou au sommet de la maison, de même que parmi les *Irlandois* de la campagne, sans aucun tuiau ni conduit, pour empêcher la fumée de se repandre par tout. Si les *Indiens* ne s'éloignent pas de chez eux, ils ne ferment leur porte qu'avec une simple Nate, mais s'ils vont en voïage, ils la barricadent avec de gros troncs de bois: ce qui sufit,

pour

pour en fermer l'entrée aux Bêtes sauvages. Il n'y a jamais qu'une seule chambre dans une maison, si ce n'est dans quelques maisons publiques, ou celles qui sont destinées à leur culte religieux, & dont au bout du compte, la séparation n'est faite que par de simples Nates & de perches qui apuient sur terre.

III. Il est donc impossible que leurs Cabanes, de la maniere dont ils les bâtissent, ne soient toûjours remplies de fumée, quand ils y ont du feu; aussi, pour n'en être pas incommodez, ne brûlent-ils d'ordinaire que du Pin, ou du Bois léger, qui n'est autre chose que les nœuds du Pin mort, dont la fumée n'offense pas la vûe; mais elle noircit terriblement le cuir, & c'est peut-être une des causes de leur teint basané.

IV. Ils n'ont pour tout siege que la terre, de même que parmi les Orientaux; & comme les personnes de qualité entre les derniers, s'asseient sur des tapis; les *Indiens* de quelque distinction & qui sont un peu propres se mettent sur leurs habits de ceremonie, ou des nates.

Ils couchent le long des côtez de leurs Cabanes, & leurs lits sont faits de planches, de bâtons, ou de canes, qu'ils appuient sur des fourchettes, à quelque

L   di-

distance de terre, & qu'ils couvrent de nates ou de peaux. En hiver, ils couchent quelquefois à terre, & auprès du feu, sur une peau d'Ours, ou de quelque autre Bête, qu'on prépare, sans en ôter le poil, & ils se couvrent avec leurs habits de cérémonie. Quand il fait chaud, une simple nate leur sert de lit, & une autre roulée, de traversin. Lors qu'ils voiagent, ils couchent sur l'herbe, à l'abri d'un gros arbre, & ils y reposent aussi tranquilement, que nous pourrions le faire dans un Lit de Duvet, & de beaux draps de toile de *Hollande*.

V. Leurs fortifications ne consistent qu'en une seule palissade, de dix ou douze piez de hauteur; mais ils en triplent les pieux, quand ils veulent se mettre tout-à-fait en sûreté. Souvent ils enferment ainsi toute une Ville: mais d'ordinaire ce n'est que les Maisons de leurs Rois, & un certain nombre d'autres, qu'ils jugent susisantes pour contenir tout leur monde, lors qu'un ennemi les vient attaquer. Ils ne manquent jamais de retirer dans cet enclos, toutes les reliques de leur culte superstitieux, & les cadavres de leurs Princes. Ils ont soin d'ailleurs, de s'y munir d'eau, & d'y choisir un endroit public, pour y allumer un feu,

au-

autour duquel ils dansent souvent, avec beaucoup de cérémonie. Voy. Planche VIII.

CHAPITRE IV.

De la maniere, dont ils aprêtent leurs vivres, & de ce qu'ils mangent.

I. CE qu'il y a de meilleur dans leur cuisine, c'est qu'elle donne fort peu d'embarras. Ils n'ont pour toute sauce qu'un bon apétit, qui ne leur manque guéres. Ils font bouillir, griller, ou rôtir leur viande, & ils mettent du *homony* avec le poisson, ou la chair bouillie. Ce *homony* est du Maïz écossé, imbibé d'eau, broié dans un mortier, mêlé avec une certaine quantité d'eau, & qu'on fait ensuite bouillir à petit feu, durant dix ou douze heures, jusqu'à ce qu'il soit venu à la consistence d'un bouillon d'orge mondé. Ce qu'il y a de plus délié, est ce que Mylord *Bacon* appelle la crême du Maïz, dont il fait l'éloge, comme d'une excellente nourriture.

Les *Indiens* ont deux manieres de griller la viande; c'est-à-dire qu'ils la mettent sur les charbons vifs, ou sur des bâtons soûtenus par des fourchettes à quelque distance du feu, & c'est ce que nous appellons, à leur exemple, *barbacuer*, ou boucaner.

Ils écorchent & éventrent toutes sortes de Quadrupédes; ils plument aussi & vuident la Volaille; mais ils aprêtent le Poisson avec les écailles, sans l'éventrer; quoi qu'ils ne mangent ni les boiaux, ni les arétes.

Ils ne servent jamais du bouilli & du rôti, de la chair & du Poisson, dans un même plat; mais ils mettent chaque chose à part.

Ils font des Gâteaux, qu'ils cuisent devant le feu, ou des Pains, qu'ils couvrent d'abord de feuilles, ensuite de cendres chaudes, & enfin de charbons allumez.

La IX. *Planche* représente la maniere, dont les *Indiens* rôtissent & boucanent, & la figure de leurs Paniers pour les usages communs, & où ils portent le Poisson.

II. Ils mangent de la chair & du poisson de toutes les sortes, & ce qui tient de l'un & de l'autre, je veux dire des Biévres, de petites Tortues, que nous apellons *Tarapins*, & des Serpens de plusieurs espéces. Ils mangent aussi les vers

des

Planche IX. Pag. 244.

dés Guépes, quelques fortes d'Efcarbots, des Cigales, &c. Ces dernieres font de la même efpece que celles qui fe vendent à *Fez* dans les Marchez publics, & dont les *Arabes*, les Peuples de la *Libye*, les *Parthes* & les *Ethiopiens* mangent communément: de forte que ce ragoût, tout maigre qu'il eft, n'eft pas nouveau; & l'Ecriture Sainte nous aprend que *Jean* le Bâtifeur vivoit de Sauterelles & de miel fauvage.

Ils font un potage merveilleux de la tête & des nombles d'un Cerf, qu'ils mettent toutes fanglantes dans le pot. Ce bouillon reffemble à la * fauce noire que les *Lacedemoniens* faifoient avec le fang & les entrailles d'un Liévre. D'ailleurs, ils ne mangent pas la cervelle du Cerf; mais ils la gardent pour préparer leurs cuirs.

Ils mangent de toute forte de Pois, de Féves & d'autres légumes, rôtis ou bouillis. Outre le pain de Maïz, ils en font d'avoine & de la femence du Tourne-Sol; mais ils le mangent à part, fans y mêler aucune viande.

Ils n'ont point de Sel chez eux; de forte que pour affaifonner leurs viandes, ils y emploient les cendres du *Hiccory*,

du

* *Jus Nigrum.*

du *Stickweed*, ou de quelque autre Bois ou Plante de cette nature, dont la cendre est salée.

Pendant que leur Grain est verd & rempli de lait, ils en rôtissent les épis tous entiers devant le feu, & ils en mangent avec un plaisir extrême. Ils y trouvent tant de goût, qu'ils ont soin d'en semer de toutes les sortes, dont nous avons déja parlé ci-dessus, afin de prolonger la durée de ce regal; & il faut avouër que c'est un manger agréable & délicat.

Dans le voisinage de leurs Villes, ou de leurs Bourgs, ils ont des Pêches, des Fraises, des *Cushaws*, des Mélons, des Citrouilles, des *Macocks*, plusieurs sortes de Haricots, &c. Ils mettent en reserve les *Cushaws* & les Citrouilles, qui se peuvent garder plusieurs mois; & ils font sécher les Pavies au Soleil, pour la provision.

Ils trouvent dans les Bois des *Chincapins*, des Chataignes, des *Hiccorys* & des Noix. Ils broient dans un mortier les noiaux des *Hiccorys*, qu'ils détrempent avec de l'eau, & ils en font une liqueur blanche comme du lait; c'est pour cela qu'ils apellent nôtre lait *Hiccory*. Ils mangent de tous les fruits que nous venons

nons de specifier ; mais ils ne veulent goûter d'aucune herbe, ni de feuilles, ni de Noisettes ; quoi qu'ils s'accommodent quelquefois de glands.

Ils mangent aussi de *Cuttanimmons*, le fruit d'une espece d'*Arum*, qui croît dans les marais : ce fruit ressemble à des pois bouillis ou à des capres, mais il a un goût insipide & terreux. Le Capitaine *Smith*, dans son Histoire de la *Virginie*, l'apelle *Ocoughtanamnis*, & son Traducteur *Theod. de Bry* le nomme *Sacquenummener*.

Ils trouvent sous la surface de la terre des Trufes, des Noix de terre, des Oignons sauvages, & une Racine qu'ils apellent *Tuckahoe*, qui toute cruë est fort chaude & un poison virulent : mais ils la préparent de telle maniere, qu'en cas de necessité, ils en peuvent faire du pain ; tout comme on dit que les *Indiens* Orientaux & les *Egyptiens* en font d'une Féve, apellée *Colocasia*. Cette Plante croît comme le glayeul dans les marais bourbeux, & sa racine, qu'on peut arracher facilement, est de la grosseur & du goût des Potates d'*Irlande*.

III. Ils s'accoûtument à ne point avoir de repas reglez : mais ils mangent la nuit & le jour, lors qu'ils ont quantité de provisions, ou quelque chose de rare. Ils endurent long-tems la faim, si par malheur ils n'ont rien à manger; & pour la soutenir avec moins de peine, ils se sanglent le ventre, comme font les *Arabes*, dans leurs longues marches.

IV. Parmi cette grande varieté de viandes, & de fruits, dont ils se nourrissent, la Nature ne leur a point apris l'usage d'aucune autre liqueur que de l'eau; & quoi qu'ils aient par tout d'agréables Fontaines, ils aiment beaucoup mieux l'eau dormante, échaufée par les raions du Soleil, s'ils en peuvent trouver. Le Baron de *La Hontan* nous parle d'un jus agréable de *Maple*, qui est mêlé avec de l'eau, & que les *Indiens* du Nord lui firent goûter; mais nos *Indiens* n'en usent pas du tout. Ils n'ont d'autre liqueur forte que celle que nous leur donnons; & ils en sont si avides, qu'ils ne manquent presque jamais de s'en soûler, s'ils en trouvent l'occasion. Ce n'est pas tout, on voit regner chez eux une certaine fantaisie grotesque, de ne point boire d'aucune liqueur forte, à moins qu'ils n'en aient assez pour se pouvoir soûler; alors ils y vont avec autant de cérémonie, que s'il s'agissoit de quelque solemnité religieuse.

V.

Planche X. Page 249.

V. Quand ils prennent leurs repas, ils s'asseient à terre, sur une Nate, & ils étendent tout à fait leurs jambes, entre lesquelles ils mettent le Plat: de sorte qu'ils ne sont presque jamais que deux autour d'un Plat, & qu'ils peuvent commodément entrelacer leurs jambes, pour l'avoir tous deux à portée, comme on peut le voir dans la X. Planche.

Les Cuilliers, dont ils se servent, tiennent d'ordinaire demi-Pinte; & ils se moquent de la petitesse de celles des *Anglois*, qui sont obligez, disent-ils, de les porter si souvent à la bouche, que leurs bras doivent être fatiguez, avant que leur ventre soit plein.

La X. Planche représente un Homme & sa Femme à-dîner.

No. 1. C'est leur Pot, où ils font bouillir du Poisson avec du *Homony*.

2. C'est un Plat de Maïz, qu'ils prennent avec les doigts, pour en manger.

3. La Hache, ou *Tomahawk*, que l'homme pose en dînant.

4. Sa Poche, qu'il met aussi à quartier, pour n'avoir rien qui l'embarasse.

5. Un Poisson accommodé pour être cuit.

6. Quatre Epis de Maïz bons à rôtir.

7. La Calebasse où l'on met de l'eau.

8. Une Coquille de Petoncle, qui leur sert quelquefois de cuillier.

9. La Nate sur laquelle ils sont assis.

CHAPITRE V.

De la maniere dont les Indiens voiagent, & dont ils reçoivent les Etrangers.

I. ILs font tous leurs voiages à pié, & ils y endurent des fatigues incroiables. Ils se munissent d'un Fusil ou d'un Arc, pour tuer du gibier, & s'en nourrir en chemin, pendant plusieurs Centaines de miles. S'ils prennent de la viande avec eux, ils la boucanent, ou plûtôt ils la font secher par degrez, à quelque distance d'un feu de bois, dont les charbons sont fort vifs; à peu près de la même maniere que les *Caribes* garantissent, à ce qu'on dit, de la corruption, les cadavres de leurs Rois & de leurs grands hommes. Toute la sauce qu'ils mêlent à cette viande seche est un peu d'huile d'Ours, ou de glands; & pour exprimer la derniere de ces huiles, ils font bouillir les glands dans une forte lessive. Quelquefois chacun d'eux se munit en voiage d'une Pinte ou d'un Pot de *Rockahomony*, qui est la farine du plus beau de leur grain, après qu'on l'a rôti. S'ils se trouvent l'estomac vuide, & qu'ils

n'aient

n'aient pas la patience d'aprêter quelque chose, ils avalent une cuillerée de cette farine & ils boivent là dessus un trait d'eau ; ce qui calme un peu leur faim, & les met en état de continuer leur voiage, sans aucun délai. Mais ils tirent leur principale subsistance du gibier, qu'ils tuent en chemin, & des fruits qu'ils trouvent par tout. Ils ne cherchent pour leur logement que l'ombre de quelque gros Arbre, avec un peu d'herbe au dessous.

Lors que dans leur marche, ils craignent d'être découverts par quelque ennemi ; tous les matins, ils se donnent un rendez-vous pour la nuit, ils se dispersent ensuite dans les Bois, & chacun d'eux prend une route separée, afin de ne fouler pas trop l'herbe & les feuilles sur lesquelles ils passent, & que cela ne serve point à les faire découvrir. Car les *Indiens* sont fort habiles à suivre la trace des gens, dans les endroits même, où d'autres personnes ne remarqueroient aucune impression ; sur tout s'ils peuvent tirer quelque avantage de la nature du terrain, de la roideur de l'herbe, & du mouvement des feuilles, qui couvrent la terre en Hiver, & que l'on y voit encore en Eté, si on ne les brûle pas.

Lors qu'ils trouvent en chemin quelque Riviere ou Etang, qui n'est pas guéable, ils font des Canots de l'écorce du Bouleau, qu'ils détachent toute entiere de l'arbre: c'est-à-dire qu'après l'avoir coupée autour du tronc, en haut & en bas, suivant la longueur, dont ils veulent faire le Canot, ils la fendent d'un bout à l'autre, ils l'ouvrent ensuite avec leurs *Tomahawks*, & ils l'arrachent facilement toute entiere. Cela fait, ils y enchassent des bâtons au milieu, pour la tenir ouverte, ils en échancrent les bouts & les cousent, ce qui aide à tenir le ventre du Canot ouvert. Mais si les Bouleaux sont petits, ils joignent ensemble l'écorce de deux arbres, & ils en plâtrent les coutures avec de l'argile, ou de la bouë. Ils se mettent deux ou trois personnes, ou même davantage, dans chacun de ces Canots, suivant la grandeur dont ils sont, & ils passent ainsi les eaux qu'ils rencontrent. D'ailleurs, ces Canots sont si legers qu'en cas de besoin, ils les peuvent transporter sans peine d'un lieu à un autre ; mais s'ils doivent revenir par le même endroit, ils les laissent sur le bord de l'eau, qu'ils ont déja passée. On peut voir la figure d'un de ces Canots dans la Planche VI.

II. Ils ont une méthode toute particuliere de recevoir les Etrangers & pour connoitre s'ils viennent en amis ou en ennemis ; quoiqu'ils n'entendent pas le langage les uns des autres : ce qui se fait de cette maniere.

1. Ils prennent une Pipe beaucoup plus longue & plus grosse que les Pipes communes, qui est faite dans ce dessein, dont toutes les villes sont bien pourvûes, & qu'ils appellent Pipe de paix.

2. Ils remplissent toûjours cette Pipe de tabac, en présence des Etrangers, & ils l'allument ensuite.

3. Le plus considerable d'entre les *Indiens*, chez qui les Etrangers viennent, prend cette Pipe, en fume deux ou trois gorgées, & la donne ensuite au principal des Etrangers.

4. Si celui-ci la refuse & n'y veut pas fumer, c'est un signe de guerre.

5. Mais si les Etrangers viennent en amis, il accepte la Pipe, il en tire deux ou trois gorgées, & il la donne au second des principaux de la ville, qu'ils sont venus visiter : celui-ci en fume deux ou trois gorgées, & la donne au second des Etrangers ; ce qui se continuë tour à tour, jusqu'à ce que les principaux de part & d'autre en aient tâté, & la ceremonie finit alors.

Après avoir un peu discouru, ils entrent tous ensemble & de bonne amitié dans la ville, & les Etrangers exposent ensuite l'affaire, pour laquelle ils sont venus. Cette coutume est aussi générale parmi tous les *Indiens* de ces Quartiers de l'*Amerique*, qu'il est reçu en *Europe* d'arborer un Pavillon blanc quand une Place demande à capituler. Et quoi qu'il y ait quelque différence pour la façon de cette Pipe, & pour les ornemens qu'on y ajoute, suivant l'humeur de chaque Nation, c'est toûjours une regle constante de la faire beaucoup plus grosse que les Pipes communes, & de l'orner de plumes, ou d'ailes d'oiseaux, de *Peak*, de grains, ou de quelque autre galanterie. Le Pere *Louis Hennepin* donne la description d'une de ces Pipes, qu'il avoit vûe chez les *Indiens*, qui demeurent sur les Lacs du Quartier, où il a voiagé. Il l'apelle *Calumet de Paix*, & voici ce qu'il en dit.

** Il faut avoüer, que le Calumet est quelque chose de fort mysterieux parmi les Sauvages du grand Continent de l'*Amerique Septentrionale*. Ces Barbares s'en servent dans toutes leurs affaires les plus importantes.*

---

* *Nouvelle Découverte &c. dans l'*Amerique Septn. *&c. impr. à Utrecht en 1697. Chap. XXIV.*

tes. Cependant ce n'est dans le fond, qu'une grande Pipe à fumer, qui est faite de marbre rouge, noir, ou blanc, & qui ressemble assez à un marteau d'armes. La tête en est bien polie, & le tuyau, long de deux pieds & demi, est une Canne assez forte, ornée de plumes de toutes sortes de couleurs, avec plusieurs Nattes de cheveux de femmes entrelacées de diverses manieres. On y attache deux Ailes, & cela est assez semblable au Caducée de Mercure, ou à la baguette, que les Ambassadeurs de paix portoient autrefois à la main.

Cette Canne est fourrée dans des coûs de Huars, qui sont des oiseaux tachetez de blanc & de noir, gros comme nos Oyes, ou dans des coûs de Canars branchus, qui font leurs nids dans des creux d'Arbres, quoi que l'eau soit leur élement ordinaire. Ces Canars sont bigarrez de trois ou quatre couleurs differentes. Au reste, chaque Nation embellit le Calumet selon son usage, & son inclination particuliere.

Un Calumet, tel que je viens de le représenter, sert d'assurance à tous ceux qui vont chez les Alliez de ceux, qui l'ont donné. Jamais on ne fait d'Ambassade parmi les Sauvages qu'on ne porte cette marque exterieure, qui est le symbole de la paix. Tous ces Barbares sont généralement persuadez,

dez, qu'il leur arriveroit de grands malheurs, s'ils avoient violé la foi du Calumet. Toutes leurs entreprises de paix & de guerre, & leurs Cérémonies les plus considerables sont seellées, & comme cachetées du Calumet. Ils y font ordinairement fumer du tabac exquis à ceux, avec qui ils ont conclu quelque affaire de conséquence.

On peut voir dans la VI. Planche le Calumet de paix, que Mr. de *La Hontan* a représenté, & l'un de ceux que j'ai vû moi-même.

III. Pour revenir à la maniere dont les *Indiens* reçoivent les Etrangers de quelque consideration, voici les autres cérémonies qu'ils y observent. Le Roi, accompagné de ses gardes & d'une nombreuse suite va au devant des Etrangers, à un quart de Mile, ou plus, du lieu de sa résidence, & à leur rencontre, il les prie de s'asseoir sur des Nates que ses gens portent. On fait ensuite la cérémonie de la Pipe, & après avoir causé demi heure ou environ, ils entrent tous ensemble dans la ville, comme nous l'avons déja dit. Ils n'y sont pas plûtôt rendus, qu'on lave les piez des Etrangers, & on leur donne ensuite un repas magnifique, servi par un grand nombre de domestiques. Le divertissement de la danse, se, accompagnée de chansons bisarres, succede au festin, & l'on y voit paroitre des hommes & des femmes, qui font mille postures grotesques. Cela continuë jusqu'à ce qu'il soit tems de se coucher ; alors on choisit deux jeunes filles, des plus belles qui se trouvent, pour avoir soin toute la nuit de Mr. l'Ambassadeur, ou du principal des Etrangers. Ces Démoiselles le deshabillent, & d'abord qu'il est au lit, elles s'y glissent doucement, une de chaque côté. Elles croiroient même de violer les droits de l'hospitalité, si elles ne satisfaisoient à tous ses desirs ; & leur reputation soufre si peu de cette complaisance, que les autres filles leur portent envie, comme du plus grand honeur qu'on leur puisse faire ; mais cette mode ne s'observe qu'à l'égard des Etrangers de la premiere distinction. Ne seroit-ce pas ainsi que la plûpart des Heros de l'Antiquité, qui se vantoient de tirer leur origine de quelque Dieu Voiageur, sout venus au Monde ?

CHAPITRE VI.

Du Savoir, & du Langage des Indiens.

I. CES *Indiens* n'ont aucune sorte de lettres, pour exprimer leurs paroles, mais quand ils ont quelque chose à communiquer, & qu'ils ne peuvent pas le faire dire de bouche, ils y emploient une espece de hieroglyphe, ou de représentation d'Oiseaux, de Bêtes, ou d'autres choses, qui désignent leurs diférentes pensées.

* Mr. le Baron de *La Hontan* parle des Armoiries & des Hiéroglyphes des *Indiens*: mais comme je n'ai pas eu l'occasion de m'entretenir avec nos *Indiens*, depuis que j'ai lû son Livre, & que je ne les avois jamais soupçonnez d'avoir des Armoiries, je ne puis rien dire de positif là-dessus.

Quelque petit voiage que les *Indiens* fassent, lors qu'ils sont en guerre les uns avec les autres, ils peignent diférentes marques sur leurs épaules, pour se distinguer, & faire voir de quelle Nation ils sont.

* Memoires de l'Amerique Septentr. &c. Tome II. p. 191. &c. de la sec. Edit. d'Amsterdam 1705.

font. Leur marque ordinaire eſt une, deux ou trois Fléches, qu'une Nation peint la pointe en bas, l'autre en haut, une troiſiéme les peint en travers, ou ils emploient d'autres diſtinctions, comme on peut le voir dans la II. Planche. Quoi qu'il en ſoit, l'Aſſemblée de la *Virginie* prit occaſion de là de faire des Plaques d'argent, de cuivre ou de bronze, dont elle donna quelque nombre à chaque Nation qui étoit en amitié avec les *Anglois*, & fit enſuite une Loi, qui défendoit aux *Indiens* de voiager dans les Plantations *Angloiſes*, à moins qu'il n'y en eut un de leur compagnie qui fut muni d'une de ces Plaques, pour montrer qu'ils étoient de nos amis. Je ne ſache pas qu'il y ait d'autres Armoiries que ceci parmi les *Indiens*.

II. Leur Langage n'eſt pas le même par tout, & l'on y trouve autant de différence qu'il y en avoit autrefois dans les Provinces de la grand' *Bretagne*: en ſorte que deux Nations, qui ne ſont pas fort éloignées l'une de l'autre, ne s'entendent point. Avec tout cela, ils ont une eſpece de Langue générale, comme celle que Mr. de *La Hontan* appelle *Algonkin*, & qui eſt entenduë des principaux de pluſieurs Nations, comme le *Latin* en

Europe, & la *Lingua Franca* par tout le *Levant*.

On dit que la Langue universelle des *Indiens* de ces Quartiers est celle des *Occaniches*, quoi qu'ils ne soient qu'une petite Nation, depuis que les *Anglois* connoissent ce Païs: mais je ne sai pas la différence qu'il y a entre cette Langue & celle des *Algonkins*.

CHAPITRE VII.

De ce qui se pratique en tems de guerre & à la conclusion de la paix entre les Indiens.

I. LORSQU'ILS sont sur le point d'entreprendre une guerre, ou qu'il s'agit de quelque autre affaire importante, le Roi convoque les principaux de ses Sujets, pour tenir un grand Conseil, qu'ils apellent dans leur Langue un *Matchacomoco*. Les jeunes hommes qui se trouvent à ces Assemblées, ont accoûtumé, sur tout si l'on s'attend à une guerre, de se peindre tout le corps de rouge, de blanc, de noir, & de diverses autres couleurs entremelées: par exemple, ils se barbouillent de rouge la moitié

tié du visage, & l'autre moitié de noir ou de blanc, ils font de grands cercles de diférente couleur autour de leurs yeux, avec des moustaches monstrueuses, & mille autres figures grotesques, par tout le reste du corps. Pour se rendre même plus laids & plus terribles, ils sement des plumes, du duvet, ou du poil de quelque Bête, sur la peinture toute fraiche. Dans ce bel équipage, ils se rendent au *Matchacomoco*, & d'abord qu'ils y sont arrivez, ils commencent quelque Danse grotesque, avec leurs fléches, ou leurs *Tomahawks* à la main; ils chantent la gloire de leur Nation, & les prouësses de leurs ancêtres, & ils font divers signes avec leurs *Tomahawks*, pour marquer qu'ils vont faire un terrible carnage de leurs ennemis.

Malgré tous ces airs menaçans qu'ils se donnent, ils sont fort timides, quand il s'agit d'en venir aux mains; ils ne se batent guére en plate campagne, & ils ne frapent leurs coups que par surprise, ou à la faveur de quelque embuscade.

II. La timidité, qui leur est naturelle, les rend fort jaloux & implacables. Aussi, lors qu'ils remportent quelque victoire, ils n'épargnent ni hommes, ni femmes, ni enfans, pour prévenir toute vangeance.   III.

III. C'est sans doute par un effet de cette jalousie qu'ils excluent de la couronne les enfans du Roi, & qu'ils la transportent à son frére maternel, s'il en a quelcun, ou à son défaut, aux enfans de sa sœur ainée, parce que le côté de la femme leur paroit toûjours le plus sûr: mais le mâle au même degré succede préferablement aux femmes, quoi que celles-ci soient préferées aux mâles, qui se trouvent dans un degré plus éloigné.

IV. S'ils ont leurs assemblées publiques pour consulter, avant que d'entreprendre une guerre ; lors qu'ils obtiennent une victoire, ou qu'il leur arrive quelque autre heureux succès, ils ont tout-de-même leurs rendez-vous, pour faire des processions & célébrer leurs triomphes. Je ne leur ai jamais vû solemniser une de ces Fêtes ; mais j'ai ouï dire qu'ils y poussent la joie jusques à la folie & à l'extravagance.

Voici de quelle maniere le Capitaine *Smith* raconte ce qu'ils firent à son occasion, lors qu'ils l'aménérent prisonnier dans une de leurs Villes.

„ * Ils se rangerent tous à la queuë
„ les uns des autres, avec leur Roi au
„ milieu, devant qui l'on portoit tous
„ leurs

* Page 47.

„ leurs Fusils & leurs Epées. Deux grands
„ Sauvages venoient ensuite, qui tenoient
„ le Capitaine *Smith* par les bras, & six
„ hommes de chaque côté marchoient à
„ la file, avec leurs Arcs bandez à la
„ main. Quand ils arriverent à la Ville,
„ qui ne consistoit qu'en trente ou qua-
„ rante Cabanes faites de Nates, qu'ils
„ transportent souvent d'un côté & d'au-
„ tre, toutes les femmes & les enfans
„ sortirent pour le voir. Les Soldats ran-
„ gez à la file formérent alors la figure
„ exacte d'un Balai, & les Officiers, qui
„ étoient sur les flancs, avoient le soin
„ de leur faire garder cette situation.
„ Après avoir continué quelque tems cet
„ exercice, ils se mirent à danser en rond,
„ à faire mille postures ridicules, & à
„ chanter, ou plûtôt à hurler d'un ton
„ qui écorchoit les oreilles. Ils avoient
„ le corps peint d'une étrange maniere,
„ & chacun portoit son Carquois rempli
„ de fléches, un gros bâton sur le dos,
„ & une peau de Renard, ou de Loutre,
„ ou de quelque autre Animal, sur le
„ bras. Quelques uns avoient le visage
„ peint, & les épaules barbouillées d'un
„ beau rouge écarlate, qu'on fait avec
„ de l'huile & des *Puccoons*, l'Arc à la
„ main, la peau d'un Oiseau, avec les
„ ai-

„ ailes étenduës, attachée sur l'oreille,
„ d'où l'on voioit pendre une plaque de
„ cuivre & une coquille blanche, & dans
„ les cheveux une longue Plume, ornée
„ de la Sonnette d'un Serpent, ou de
„ quelque autre jouët de cette nature.
„ Le Capitaine *Smith* & le Roi, gardez
„ de la même maniere que nous l'avons
„ déja dit, demeurerent pendant tout cet
„ intervale, au milieu de la troupe joieu-
„ se, & après qu'on eut dansé trois bran-
„ les, chacun se retira.

Il y a sans doute quelque chose d'omis, ou de mal expliqué dans cette relation, où il faloit introduire le Magicien revêtu de ses habits, comme la suite de l'histoire semble l'insinuer.

V. Quoi qu'il en soit, ces *Indiens* envoient des Ambassades en forme, & observent quantité de cérémonies, lorsqu'il s'agit de traiter de la paix, & qu'ils viennent à la conclurre. Par exemple, ils enterrent une *Tomahawk*, & ils élevent un monceau de pierres dessus, comme les *Juifs* firent sur *Absalom*, ou bien ils plantent un Arbre, pour signifier que toute inimitié est ensevelie avec la *Tomahawk*, que toutes les desolations de la guerre ont fini, & que l'amitié va fleurir de nouveau entr'eux, comme un Arbre.

CHA-

CHAPITRE VIII.

De la Religion & du Culte des Indiens.

I. JE ne prétends pas avoir pénétré dans tous les myſtéres de la Religion des *Indiens*, & je n'ai pas eu les mêmes occaſions de m'en inſtruire, que le Pere *Hennepin* & Mr. le Baron de *La Hontan*, qui ont converſé pluſieurs années avec eux. Quoi qu'il en ſoit, comme je n'ai d'autre but que de dire la verité toute nuë, & de ne raporter que ce qui eſt venu à ma connoiſſance, je ſerai fort court ſur cet article.

La premiere choſe que je remarque à l'égard de ces deux Meſſieurs, c'eſt qu'ils ſe contrediſent l'un l'autre, quoi qu'ils aient voiagé dans le même Païs, & qu'ils parlent des mêmes *Indiens*. L'un veut que ces Peuples aient des idées fort exactes de la Divinité, & l'autre prétend qu'ils n'ont aucun terme pour ſignifier Dieu. Pour moi, qui n'ai point d'interêt à tromper le monde, & qui ne ſuis pas aſſez hardi pour l'entreprendre, je me crois obligé de dire naïvement ce que je ſai là-deſſus.

M   Je

Je me suis trouvé diverses fois dans les Villes des *Indiens*, & j'ai conversé avec les plus raisonnables d'entr'eux; mais je n'ai presque pû rien tirer de leur bouche, parce qu'ils comptent que c'est un sacrilége, de reveler les principes de leur Religion. Quoi qu'il en soit, j'en découvris quelque chose par l'avanture suivante. Un jour que je me promenois dans les Bois, accompagné de quelques amis, nous tombâmes sur le *Quioccosan*, ou le Temple des *Indiens*, à une heure que toute la Ville étoit à un rendez-vous, pour consulter sur les bornes des terres que les *Anglois* leur avoient données. Ravis de trouver une si bonne occasion, nous resolumes d'en profiter, & d'examiner ce *Quioccosan*, dont ils ne permettent jamais l'entrée aux *Anglois*. Après avoir ôté de la porte douze ou quinze troncs de bois, dont elle étoit barricadée, nous y entrâmes, & nous n'aperçûmes d'abord que les murailles toutes nues, & un Foier au milieu. Cette Maison, bâtie à la maniere de leurs autres Cabanes, avoit autour de dix-huit piez de large, & trente de long, avec un trou au toit, pour donner passage à la fumée, & la Porte à l'un des bouts. En dehors, & à quelque distance du bâtitiment, il y avoit des pieux tout autour, dont les sommets étoient peints, & représentoient des visages d'homme en relief. Nous ne découvrimes aucune fenêtre dans tout ce Temple, ni d'autre endroit par où la lumiere pût entrer, que la Porte & le trou de la Cheminée. D'ailleurs, nous remarquames, qu'à l'extrémité opposée à la Porte, il y avoit une separation de Nates fort serrées, qui renfermoit un espace d'environ dix pieds de long, & où l'on ne voioit pas la moindre clarté. Nous eumes d'abord quelque repugnance à nous engager dans ces ténébres afreuses ; mais enfin nous y entrames, & après avoir tâtonné d'un côté & d'autre, vers le milieu de cet enclos, nous trouvames des pieux, sur le sommet desquels il y avoit de grandes planches. Nous tirames de là trois Nates, roulées & cousuës, qu'il falut porter au jour, pour voir ce qu'elles contenoient ; & afin de ne perdre pas du tems à les delacer, nous en ouvrimes les coûtures avec un coûteau, sans endommager les Nates. Dans l'une, il y avoit quelques ossemens, que nous prîmes pour des os d'homme, & l'os d'une cuisse, que nous mesurames, se trouva de deux piez neuf pouces de long. Dans l'autre, il y avoit quelques *Tomahawks* à l'*Indienne* bien peintes & artistement gravées. Elles ressembloient à ce Coutelas de bois, dont nos Gladiateurs se servent en *Angleterre*, avec cette différence qu'elles n'avoient point de garde, pour couvrir la main. Elles étoient faites d'un bois dur & pesant, & l'on en peut voir la figure dans la X Planche N°. 3. A l'une de ces *Tomahawks*, la plus grande de toutes celles que j'ai vû en ma vie, on avoit attaché la barbe d'un Coq d'Inde peinte en rouge, & les deux plus longues plumes de ses ailes pendoient au bout, attachées avec un cordon de cinq ou six pouces. Dans la troisieme de ces Nates, il y avoit diverses pieces de raport, que nous primes pour l'Idole des *Indiens*. Voici ce qu'elle contenoit, premierement une planche de trois piez & demi de long, où l'on voioit une entaillure au haut, pour y enchasser la tête, & des demi-cercles vers le milieu, qui étoient clouëz à quatre pouces du bord, & qui servoient à représenter la poitrine & le ventre de la Statue : il y avoit une autre planche au dessous, plus courte de la moitié que la précedente, & que l'on y joignoit avec des morceaux de bois, qui enchassez de part & d'autre, s'étendoient

doient à 14 ou 15 pouces du corps, & servoient, à ce que nous crumes, à former la courbure des genoux, lors qu'on ajuſtoit cette Image. D'ailleurs, nous trouvames dans la Nate des pièces de toile de Coton rouge & bleuë, & des rouleaux faits pour les bras, les cuiſſes & les jambes, qui plioient au genou, comme on le voit repréſenté dans la figure de l'Idole, qu'un bon deſſinateur a tirée ſur les lieux. Il ſeroit dificile aujourd'hui de voir une de ces Images, parce que les *Indiens* ont grand ſoin de les cacher à la vûe du public. Quoi qu'il en ſoit, nous mîmes les habits de celle-ci ſur les Cercles, pour en faire le corps, & nous y fixames les bras & les jambes, pour nous en former une idée : mais la tête & les braſſelets magnifiques, dont on la pare d'ordinaire, n'y étoient pas, ou du moins nous ne pûmes les trouver. Nous avions emploié près d'une heure à cet examen, & dans la crainte que les *Indiens* ne nous ſurpriſſent, ſi nous pouſſions nôtre recherche plus loin, nous envelopames tous ces materiaux dans les Nates, que nous remimes dans le même endroit, où nous les avions trouvées. Lors que cette Image eſt revêtuë de ſes ornemens, elle doit paroitre fort venerable dans ce lieu obſ-
cur,

cur., où le jour n'eſt introduit, qu'à la faveur d'une des Nates de la cloiſon, qu'on releve, & de cette lumiere ſombre, qui vient de la Porte & du trou de la cheminée. Ces ténébres ſervent à exciter la dévotion du peuple ignorant, mais ce qui contribue à maintenir l'impoſture, c'eſt que d'un côté, le principal des Magiciens y entre tout ſeul, & qu'il peut remuer l'Image, ſans que perſonne s'en aperçoive; & que de l'autre, un Prêtre ſe tient avec le peuple, pour l'empêcher de pouſſer la curioſité trop loin, ſous peine d'encourir ſes cenſures & l'indignation de la Divinité.

Tous les *Indiens* ne donnent pas le même nom à leur Idole; mais les uns l'apellent *Okee*, d'autres *Quioccos*, ou *Kiwaſa*. Auſſi croient-ils que ce n'eſt pas un ſeul Etre, & qu'il y en a pluſieurs de la même nature, outre les Dieux tutelaires qu'ils atribuent à chaque Ville.

La Planche XI. *repréſente l'Idole dans ſon Tabernacle.*

La bordure repréſente les côtez du Temple, qui ſont faits de jeunes Arbres, & le toit qui eſt couvert d'écorce. La bordure pâle repréſente les Nates, qui ſéparent un enclos de dix piez, au fond du Temple, & où l'on garde

Idole appellée Okee, Quióccos, ou kiwasă

de l'Idole. Elle est assise sur son siége de Natés, au dessus de la tête de ses adorateurs, & cette partie de la cloison, qui est vis à vis, est roulée en haut.

II. * Le Pere *Hennepin* assure que les *Indiens* ne reconnoissent aucune Divinité, & qu'ils sont incapables des raisonnemens communs à tout le reste des hommes. Il ajoute qu'ils n'ont aucune cérémonie extérieure, qui montre, qu'ils rendent quelque culte à la Divinité, & qu'on ne voit parmi eux, ni Sacrifice, ni Temple, ni Prêtre, ni aucune autre marque de Religion. D'un autre côté, Mr. le Baron de *La Hontan* leur atribue des notions si rafinées & des argumens si subtils, que peu s'en faut qu'ils ne refutent son Christianisme, & qu'il ne soit prêt à y renoncer en leur faveur.

A l'égard du témoignage de ce bon Pere, je ne saurois l'admettre, parce que tous ceux qui ont écrit des *Indiens* de l'*Amerique*, sont d'un avis contraire au sien, & que d'ailleurs mon expérience m'a convaincu que tous les *Indiens* de ces Quartiers sont idolatres & superstitieux. Pour ce qui est de Mr. de *La Hontan*, il me pardonnera, s'il lui plait, si je ne

le

* *Nouveau Voiage entre la Mer du Sud & du Nord*, &c. Impr. à Utrecht en 1698. Ch. XIII.

le croi pas sur sa parole. Je suis très-persuadé que les *Indiens* ont quelques pensées indignes de Dieu, & d'une autre vie, & je ne doute pas que Mr. le Baron ne nous ait plûtôt debité ses propres sentimens que ceux des *Indiens*.

Un jour que j'étois en voiage, par un tems bien froid, je rencontrai dans une maison *Angloise* un *Indien*, dont on m'avoit donné une haute idée, & qui passoit pour un honête homme, plein d'esprit & de bon sens. Il n'y avoit pas d'autre *Indien* avec lui, & là-dessus je me flatai que nous serions beaucoup plus libres ensemble. Je lui fis donc bien des caresses, & je le regalai d'un bon feu, & de quantité de vieux Cidre, dans l'esperance qu'il en seroit plus agréable, & qu'il me parleroit avec plus d'ouverture de cœur. Du moins, les *Indiens* ne parlent jamais de leur Religion, si on ne les y engage par quelque surprise. Lors que je vis que la liqueur commençoit à échaufer mon homme, je lui demandai qui étoit leur Dieu & quelles idées ils en avoient. Il me répondit, qu'ils croioient un Dieu bien faisant, qui demeuroit dans les Cieux, & dont les influences bénignes se répandoient sur la terre : que son excellence étoit inconcevable, & qu'il jouissoit de

tout

tout le bonheur possible : que sa durée étoit éternelle, ses perfections sans bornes, & qu'il jouissoit d'une tranquilité & d'une indolence éternelles. Je lui dis là-dessus, qu'on leur atribuoit d'adorer le Diable, & je lui demandai, pourquoi ils n'adoroient pas plûtôt ce Dieu, dont ils avoient une si haute idée, qui leur donneroit toute sorte de biens, & qui les garantiroit de tous les maux que le Diable leur pouvoit faire. Il me répondit, qu'à la verité, Dieu étoit le dispensateur de tous les biens ; mais qu'il les répandoit indifféremment sur tous les hommes, sans aucune distinction ; que Dieu ne s'embarrasse pas de leurs niaiseries, & qu'il ne se met pas en peine de ce qu'ils font : mais qu'il les abandonne à leur franc arbitre, & qu'il leur permet de se procurer le plus qu'ils peuvent de ces biens qui découlent de sa liberalité : qu'il étoit par conséquent inutile de le craindre ou de l'adorer : au lieu que s'ils n'apaisoient pas le méchant Esprit, & ne se le rendoient pas favorable, il leur enleveroit tous ces biens que Dieu leur avoit donnez, & leur envoieroit la guerre, la peste & la famine ; car, dit-il, ce méchant Esprit est toûjours occupé de nos affaires, il nous visite souvent, & il se trouve dans l'air, dans le tonnerre, & dans les tempêtes. Il ajouta, que cet Esprit malin s'atendoit à leurs sacrifices & à leur culte, sous peine de son indignation; & que pour cet effet ils jugeoient à-propos de lui faire leur cour. Je lui parlai ensuite de l'Image, qu'ils adorent dans leur *Quioccosan*, & je l'assurai que ce n'étoit qu'un morceau de bois insensible, fait par la main des hommes & couvert d'un tas de guénilles; qui ne pouvoit ni entendre, ni voir, ni parler, ni par conséquent leur faire ni bien, ni mal. Il ne répondit à ceci qu'avec peine, & après avoir hésité beaucoup, il lâcha ces paroles entrecoupées; *Ce sont les Prêtres ——— ils font croire au peuple*, & ——— Il fit ici une petite pause, & ensuite il me répéta que *c'étoient les Prêtres* ——— Alors il m'assura qu'il m'en auroit dit davantage, si un remors de conscience, qui lui étoit survenu, ne l'avoit empêché de passer outre.

III. Les Prêtres & les Devins ont beaucoup de pouvoir chez toutes les Nations *Indiennes*. Tout ce qu'ils disent passe pour des oracles, & fait par conséquent une grande impression sur le commun peuple. Ils font leur service & leurs enchantemens, dans la Langue générale,

dont

dont nous avons déja parlé, comme les Catholiques *Romains* de tous les Païs célébrent la Messe en *Latin*. Ils enseignent que les ames des hommes survivent à leurs corps, & que ceux qui auront bien fait ici bas, iront dans des champs *Elisiens*, pour y joüir de tous les plaisirs de la terre, amenez au plus haut degré de perfection : qu'ils y trouveront, par exemple, toute sorte de Gibier & de Poisson en abondance, pour s'y divertir à la Chasse & à la Pêche ; & les plus belles femmes du Monde, qui doüées d'une éternelle jeunesse, ne chercheront qu'à leur plairre, & à contenter leurs desirs : qu'il n'y aura point d'excès de chaleur ou de froid, & qu'il y regne un Printems continuel. Mais que les méchans au contraire, qui ont mené une vie scandaleuse ici bas, sont jettez, après leur mort, dans un Lac d'eau sale & puante ; qu'il y brûle un feu qui ne s'éteindra jamais ; & qu'ils y seront tourmentez nuit & jour, par des Furies, revêtuës de la forme de vieilles Femmes.

Il y a bien des occasions, où ils emploient les enchantemens, & ils n'épargnent pas non plus leurs Sacrifices à l'Esprit malin. Ils lui ofrent à chaque saison de l'année, les prémices de leurs fruits,

fruits, des Oiseaux, du Bêtail, du Poisson, des Plantes, des Racines, & de toutes les autres choses, qui leur aportent quelque profit, ou plaisir. Ils renouvellent leurs ofrandes toutes les fois qu'ils ont quelque grand succès à la Guerre, à la Pêche, ou à la Chasse.

Je raporterai deux de ces Enchantemens ; l'un, qui se fit à l'occasion du Capitaine *Smith*, lors qu'il étoit prisonnier à la Ville de *Pamaunkie*, & dont il nous a laissé lui-même le détail ; & l'autre, qui est de plus fraîche date, & qui m'est venu de très-bonne main. Voici les propres paroles de ce Capitaine :

„ A la pointe du jour, on alluma un
„ grand feu dans une Maison longue, &
„ l'on y étendit des Nates d'un côté &
„ d'autre. On me fit asseoir sur l'une
„ de ces Nates, & alors tous mes Gar-
„ des sortirent de la chambre. Je vis en-
„ trer aussi-tôt un grand homme d'un air
„ renfrongné, dont le corps étoit peint
„ de noir de charbon mêlé avec de l'hui-
„ le, & qui avoit sur la tête, un gros
„ paquet de peaux Serpens & de Belet-
„ tes farcies de mousse, dont les queuës
„ attachées ensemble formoient une espe-
„ ce de houpe sur le sommet, & dont les
„ corps

„ corps flotoient sur ses épaules, & lui
„ cachoient presque tout le visage. Il
„ avoit outre cela, une Couronne de
„ plumes, qui soûtenoit cet ornement
„ bisarre, & une Sonnette de Serpent à
„ la main. Après avoir fait mille postu-
„ res grotesques, il commença son invo-
„ cation d'une voix de tonnerre, & il se
„ mit à tracer un Cercle autour du feu,
„ avec de la farine. Là-dessus, trois de
„ ses Confreres, tout barbouillez de noir
„ & de rouge, avec les yeux peints de
„ blanc, & quelques grands traits, com-
„ me des moustaches, le long des joües,
„ vinrent sur la scene en gambadant. A-
„ lors, ils se mirent tous à danser autour
„ de moi, & tout d'un coup, il en pa-
„ rut trois autres aussi laids que les pre-
„ miers, avec les yeux peints de rouge,
„ & des traits blancs sur le visage. En-
„ fin, ils s'assirent tous vis à vis de moi,
„ trois de chaque côté de leur Chef, &
„ ils entonnerent une chanson, au bruit
„ de leurs Sonnettes. Quand cette mu-
„ sique enragée eut fini, le Chef des
„ Prêtres mit cinq grains de froment à
„ terre, & il étendit les bras & les
„ mains avec tant de violence, qu'il en
„ sua & que les veines lui enflérent. Il
„ fit alors une courte oraison, au bout
„ de

„ de laquelle ils pousserent tous un sou-
„ pir, & il remit ensuite trois grains de
„ blé à quelque distance des autres. On
„ repéta le même exercice jusqu'à ce qu'il
„ y eut deux cercles de ces grains au-
„ tour du feu. Ensuite, ils prirent un
„ paquet de buchettes préparées pour cet
„ usage, & à la fin de chaque Chanson
„ & Oraison, ils en mirent une dans les
„ intervales de blé. Ils ne mangerent &
„ ne bûrent, non plus que moi, jusques
„ à la nuit, mais alors ils se regalerent
„ de ce qu'ils avoient de meilleur. Cet-
„ te cérémonie dura trois jours de suite,
„ & ils me dirent qu'ils se proposoient
„ par-là de savoir, si j'étois bien ou mal
„ intentionné pour eux. Le Cercle de
„ farine signifioit leur Pais, les Cercles
„ des grains de blé, les bornes de la Mer,
„ & les buchettes ma Patrie. Ils s'ima-
„ ginent que le Monde est plat & rond
„ comme un Tranchoir, & qu'ils sont au
„ milieu.

C'est ainsi que *Smith* raporte cét Enchantement fait à son occasion; mais lors qu'il parle de grains de *Froment*, il veut dire sans doute de *Maiz*, que certaines personnes veulent toûjours apeller *Froment des Indes*, malgré l'usage ordinaire.

Pour

Pour venir à l'autre Enchantement, dont j'ai promis la relation, il y a quelques années qu'on eut une grande sécheresse vers les sources des Rivieres, sur tout vers le haut de la Riviere *James*, où le Colonel *Byrd* emploioit quantité de Négres à faire valoir ses Plantations. Ce Colonel étoit si respecté & si cheri depuis long-tems par tous les *Indiens* de son voisinage, qu'il les tenoit dans le devoir, sans qu'ils sussent même s'il y avoit un Gouverneur. Quoi qu'il en soit, un *Indien*, fort connu d'un de ses Inspecteurs, le vint trouver durant cette sécheresse, pour lui demander, s'il ne couroit pas risque de perdre tout son Tabac. L'Inspecteur lui répondit, qu'il y avoit grand danger, s'il ne pleuvoit pas bientôt. L'*Indien*, qui prétendoit avoir beaucoup d'amitié pour son Maître, lui repliqua, que s'il lui prometoit deux Bouteilles de *Rum*, il lui enverroit assez de pluie. Quoi que l'Inspecteur n'en vit pas la moindre apparence dans l'air, & qu'il ne se fiât pas trop à sa Magie, il lui promit de lui donner le *Rum*, à l'arrivée de son Maître sur les lieux, s'il ne manquoit pas de son côté à lui tenir parole. Là-dessus, l'*Indien* se mit à *pauwawer*, comme ils parlent, & une demi-heure après,

il

il parut un nuage noir, qui amena une grosse pluie sur le Grain & le Tabac de ce Gentilhomme, sans qu'il en tombât que peu de goûtes sur les terres de ses voisins. Il n'alla pas d'abord retrouver l'Inspecteur; mais aussi-tôt qu'il eut apris que le Maître étoit arrivé à ses Plantations, il s'y rendit pour demander les deux Bouteilles de *Rum*. Quoi que le Colonel fut instruit de ce qui s'étoit passé, & que son homme, ravi de l'avanture, eut fait près de quarante Miles à cheval, pour l'en avertir, il fit semblant de n'en rien savoir, & demanda froidement à l'*Indien*, pour quelle raison il exigeoit ces deux Bouteilles. Celui-ci fâché de cette demande, lui répondit, que son Inspecteur l'avoit informé sans doute du service qu'il lui avoit rendu, & de la pluie qu'il avoit amenée sur ses terres, pour sauver sa récolte. Là-dessus, le Colonel, qui n'étoit pas trop crédule, se mit à sourire, & ajouta, qu'il étoit un Imposteur, qu'il avoit aperçu le nuage dans l'air; & qu'autrement il n'auroit pû amener la pluie, ni même la prédire. L'*Indien* piqué au vif, lui repliqua en ces termes; ,, D'où vient donc que tels & tels
,, vos proches voisins n'ont point eu de
,, pluie, comme vous, & qu'ils ont per-
,, du

,, du leur recolte ? Je vous aime, & c'est
,, pour cela que j'ai sauvé la vôtre. Après
que le Colonel se fut diverti quelque tems
avec lui, il ordonna qu'on le regalât de
ces deux Bouteilles de *Rum*; mais il lui
fit entendre que c'étoit en pur présent,
& non point en conséquence d'aucun marché qu'il eut fait avec son Inspecteur.

IV. Les *Indiens* ont des Autels & des lieux destinez à leurs Sacrifices. On dit même qu'ils sacrifient quelquefois de jeunes enfans: mais ils le nient & prétendent, qu'ils ne les écartent de la Société, que pour les consacrer au service de leur Dieu. *Smith* nous donne la relation d'un de ces Sacrifices, qu'on célébra de son tems, sur le raport de quelques personnes qui en étoient les témoins oculaires. Voici ce qu'il en dit.

,, Ils peignirent de blanc quinze jeunes
,, garçons des mieux faits qui n'avoient
,, pas plus de douze à quinze ans, & après
,, les avoir amenez dehors, le peuple passa
,, toute la matinée à danser & à chanter
,, autour d'eux, avec des Sonnettes de
,, Serpent à la main. L'après-midi, ils
,, les placèrent tous quinze sous un arbre,
,, & l'on fit entr'eux une double haie de
,, gens armez de petites canes attachées
,, ensemble. On choisit alors cinq jeu-
,, nes

» nes hommes, qui allèrent prendre tour
» à tour un de ces garçons, le condui-
» sirent à travers la haie, & le garanti-
» rent à leur propre dam, & avec une
» patience merveilleuse, des coups de
» cane qu'on fit pleuvoir sur eux. Pen-
» dant ce cruel exercice, les pauvres
» Meres pleuroient à chaudes larmes, &
» préparoient des Nates, des Peaux, de
» la Mousse & du bois sec, pour servir
» aux funerailles de leurs enfans. Après
» que ces jeunes garçons eurent ainsi
» passé par les baguettes, on abatît l'ar-
» bre avec furie, on rompit en pieces le
» tronc & les branches, l'on en fit des
» guirlandes pour les couronner, & l'on
» para leurs cheveux de ses feuilles.

» Mes témoins ne purent voir ce que
» devinrent ces enfans, mais on les jetta
» tous les uns sur les autres dans une val-
» lée, comme s'ils étoient morts, & l'on
» y célébra un grand festin pour toute la
» compagnie.

» Le *Werowance*, interrogé sur le but
» de ce Sacrifice, répondit, que les en-
» fans n'étoient pas morts, mais que
» l'*Okee*, ou le Diable suçoit le sang de
» la mamelle gauche de ceux qui lui tom-
» boient en partage, jusqu'à ce qu'ils
» fussent morts; que les cinq jeunes hom-
» mes

,, mes gardoient les autres dans le de-
,, fert, l'espace de neuf Mois ; que du-
,, rant ce tems-là, ils ne devoient con-
,, verser avec personne, & que c'étoit
,, de leur nombre qu'ils tiroient leurs
,, Prêtres & leurs Devins.

Je ne sai si le Capitaine *Smith* a été mal informé dans cette relation, ni si le conte de l'*Okee*, qui suce le sang de la mamelle gauche, est un tour du Medecin, (ou du Prêtre, qui est toûjours Medecin) pour sauver sa réputation, en cas qu'il y ait quelcun de ces enfans, qui vienne à mourir sous sa discipline : mais je croirois plûtôt le dernier, que ce beau Roman à l'égard de leur *Okee*. Du moins, l'histoire du Capitaine *Smith* ne paroit autre chose qu'un exemple de leur *Huscanawement*, & il ne s'est trompé sur quelcune de ces circonstances que parce que cette cérémonie lui étoit alors tout-à-fait inconnuë.

On ne la célébre d'ordinaire qu'une fois en quatorze ou en seize années, à moins que leurs jeunes hommes ne se trouvent plus souvent en état d'y être admis. C'est une Discipline, par laquelle tous leurs jeunes hommes doivent passer, avant qu'ils soient reçus au nombre des grands hommes, ou des *Cockarouses* de la

Na-

Nation; au lieu que s'il en faut croire le Capitaine *Smith*, ils n'étoient mis à part, que pour supléer à l'Ordre de la Prêtrise. Quoi qu'il en soit, voici de quelle maniere on *huscanawe*.

Les Gouverneurs de la Ville choisissent les jeunes hommes les mieux faits & les plus éveillez qu'il y ait, & qui ont amassé quelque bien par leurs voiages & à la chasse, pour être *huscanawez*; en sorte que ceux qui refusent de subir cette épreuve, n'oseroient demeurer avec leurs compatriotes. On fait d'abord quelques unes des foles cérémonies que le Capitaine *Smith* a raportées; mais le principal est la retraite de ces jeunes hommes dans les Bois, où on les renferme plusieurs Mois de suite, sans qu'ils y aient aucune societé, ni d'autre nourriture que l'infusion, ou la décoction de quelques racines, qui bouleversent le cerveau. En effet, ce bruvage, qu'ils apellent *Wisoccan*, joint à la severité de la discipline, les rend foûs à lier, & ils continuent dans ce triste état dix-huit, ou vingt jours. On les garde enfermez dans un Enclos bien fort, fait exprès pour cet usage, & dont je vis un en l'année 1694. qui apartenoit aux *Indiens* de *Paumaunkie*. Il avoit la figure d'un Pain de Sucre, &

il

il étoit ouvert par tout en guise de treillis, pour donner passage à l'air; comme on le voit représenté dans la IV. Planche Fig. 3. Il n'y avoit pas encore un Mois que treize jeunes hommes y avoient été *huscanawez*, & qu'on les avoit mis en liberté. D'ailleurs, on débite à cette occasion, que ces pauvres malheureux boivent tant d'eau du Fleuve *Lethé*, qu'ils en perdent le souvenir de toutes choses, de leurs parens, de leurs amis, de leur bien, & même de leur Langue. Lors que les Medecins trouvent qu'ils ont assez bû de ce *Wisoccan*, ils en diminuent la dose peu-à-peu, jusqu'à ce qu'ils les aient ramenez à leur premier bon sens; mais avant qu'ils soient tout à fait bien rétablis, ils les conduisent à leurs différentes Villes. Après avoir essuié une si cruelle fatigue, ces jeunes hommes n'osent pas dire qu'ils se souviennent de la moindre chose, dans la crainte qu'on les *huscanaweroit* une seconde fois; & alors le traitement est si rude, qu'il n'en échape guére, la vie sauve. Il faut, pour ainsi dire, qu'ils deviennent sourds & muets, & qu'ils aprennent tout à nouveaux fraix. Je ne sai si leur oubli est feint, ou réel; mais il est sûr, qu'ils ne veulent rien connoître de ce qu'ils ont sû autrefois, &

que

que leurs Gardiens les accompagnent, jusqu'à ce qu'ils aient tout apris de nouveau. C'est ainsi qu'ils recommencent à vivre, après être morts en quelque maniere, & qu'ils deviennent hommes, en oubliant qu'ils aient été jamais enfans. Si quelcun d'eux vient à mourir dans ce pénible exercice, je m'imagine qu'alors la fable d'*Okee*, que *Smith* raporte, sert d'excuse pour le cacher : „ Car, dit-il, *Okee* de-
„ voit avoir ceux qui lui tomboient en
„ partage, & l'on disoit que ceux-là a-
„ voient été sacrifiez.

Ma conjecture est d'autant plus probable, que je sai de certitude, qu'*Okee* n'a pas toûjours part à chaque *Huskanawement*. En effet, si les *Indiens* de *Paumaunkie* ne ramenerent pas deux de leurs jeunes hommes de cette cruelle cérémonie, qu'ils firent en l'année 1694.; d'un autre côté, les *Appamatucks*, ci-devant une puissante Nation, mais qui est aujourd'hui bien afoiblie, ramenerent toute la jeunesse, qu'ils avoient envoiée en 1690. à ce terrible aprentissage.

V. La peine que les Gardiens de ces jeunes gens se donnent est si extraordinaire, & ils doivent observer un secret si religieux, durant tout le cours de cette rude discipline, que c'est la chose du Mon-

Monde la plus méritoire de se bien aquiter de cette charge, & le moien le plus sûr de parvenir aux plus grands Emplois du Païs, dès la premiere distribution qui s'en fait. Mais aussi peuvent-ils compter sûrement d'être bien-tôt expédiez à l'autre Monde, si par legereté, ou par négligence, ils manquent tant soit peu à leur devoir.

J'ai remarqué d'ailleurs, que ceux qu'on avoit *huscanawez* de mon tems, étoient de beaux garçons, bien tournez & pleins de feu, de l'âge de quinze à vingt ou vingt-cinq ans, & qui passoient pour riches. Cela me faisoit croire d'abord que les vieillars avoient trouvé cette invention, pour s'emparer des biens de la jeunesse; puis qu'en effet ils les distribuent entr'eux, ou ils les destinent à quelque usage public, & que ces jeunes hommes sont reduits à busquer de nouveau fortune.

Quoi qu'il en soit, les *Indiens* abhorrent cette pensée, & ils prétendent qu'on n'emploie un remede si violent, que pour délivrer la jeunesse des mauvaises impressions de l'enfance, & de tous les préjugez qu'elle contracte, avant que leur Raison puisse agir. Ils soutiennent, que mis alors en pleine liberté de suivre les Loix de la Nature, ils ne risquent plus d'être

les

les dupes de la coûtume, ou de l'éducation, & qu'ils sont plus en état d'administrer équitablement la justice, sans avoir aucun égard à l'amitié ni au parentage.

VI. Les *Indiens* présentent des ofrandes à leurs Dieux pour la moindre occasion, par exemple, s'ils entreprennent un long voiage, ils brûlent du tabac, au lieu d'encens, à l'honeur du Soleil, pour lui demander du beau tems, & un heureux retour : S'ils traversent quelque grand Lac, ou une Riviere enflée par le débordement des eaux, ou quelque torrent fort rapide, ils y jettent du Tabac, du *Puccoon*, du *Peak*, ou ce qu'ils ont alors de plus précieux, pour obtenir de l'Esprit, qu'ils croient présider dans ces endroits, un heureux passage. De même, lors qu'ils reviennent de la guerre, de la chasse, d'un long voiage, ou de quelque autre Expedition de cette nature, ils ofrent une partie de leurs dépouilles, du meilleur Tabac, des Fourrures, des couleurs dont ils se peignent, la graisse & les meilleurs morceaux du Gibier qu'ils ont pris.

VII. Je n'ai jamais pû aprendre qu'ils aient un tems fixé, ou certains jours destinez à célébrer leurs fêtes; mais ils se
ré-

réglent pour cela sur les diférentes saisons de l'année. Par exemple, ils célébrent un jour à l'arrivée de leurs Oiseaux sauvages, c'est-à-dire, des Oies, des Canars, des Sarcelles, &c. au retour des saisons de la chasse, & pour la maturité de certains fruits : mais la plus grande de toutes leurs Fêtes annuelles est au tems de leur Moisson, où ils emploient plusieurs jours de suite à se divertir, & où ils contribuent tous en général, de même qu'à serrer le grain. C'est alors qu'ils mettent en usage la plûpart de leurs divertissemens, sur tout leurs Danses guerrieres & leurs Chansons heroïques, où ils se vantent, qu'aiant amassé leur grain, ils ont assez de quoi entretenir leurs femmes & leurs enfans, & qu'ils n'ont autre chose à faire qu'à combatre leurs ennemis, qu'à voiager, & qu'à chercher de nouvelles avantures.

VIII. Ils comptent par unitez, par dizaines, par centaines, &c. comme nous faisons ; mais ils comptent le nombre des années par celui des hivers, qu'ils appellent *Cohonks*, du cri des Oies sauvages, qui ne viennent dans leur Païs qu'en hiver. Ils distinguent l'année en cinq diferentes Saisons : la 1. est, lors que les Arbres bourgeonnent ou fleurissent au

N   Prin

Printems ; la 2. lors que les Epis font formez & bons à rôtir ; la 3. est l'Eté ; la 4. la Moisson, ou la chute des feuilles ; & la 5. l'Hiver, ou *Cohonk*. Ils comptent les Mois par les Lunaisons sans avoir aucun égard au nombre qu'il y en a dans l'année : mais à leur retour ils les appellent du même nom, par exemple, la Lune des Cerfs, la Lune du grain, la premiere & la seconde Lune de *Cohonks* &c. Ils ne partagent point le jour en heures, mais ils en font trois portions, qu'ils nomment, le lever, le montant, & la descente du Soleil. Enfin, ils tiennent leurs comptes par le moien des nœuds qu'ils font à un cordon, ou des coches qu'ils taillent sur un morceau de bois, à peu-près comme les *Quippoes* du *Perou* le pratiquent.

IX. On diroit que dans cet état naturel, où les *Indiens* vivent, ils sont aussi éloignez de la superstition, que de tout autre excès ; mais je trouve au contraire que leurs Prêtres tirent avantage de cette simplicité, & qu'ils croient avec les Catholiques *Romains*, que *l'ignorance est la mére de la dévotion*. Le Pelerin le plus bigot ne paroit pas plus zélé devant la chasse d'une Image, que ces *Indiens* dans leur culte idolatre : & les Catholiques les plus

plus rigides ne font pas leurs pénitences avec plus de soumission, que ces pauvres malheureux en témoignent pour toutes les austeritez que les Prêtres leur imposent.

Ils ont aussi quantité de superstitions ridicules ; par exemple, vers les cascades de la Riviere *James*, & sur les terres du Colonel *Byrd*, il y a un Rocher, que j'ai vû moi-même, où paroissent distinctement plusieurs marques, qui ressemblent aux traces d'un Géant, & qui sont éloignées autour de cinq piez l'une de l'autre : les *Indiens* croient bonnement que leur Dieu a marché sur ce Roc, & qu'il y a laissé ces empreintes.

Quoi qu'il en soit, ceci ne ressemble pas mal au conte que l'Eglise *Romaine* fait, touchant l'empreinte des piez de nôtre Sauveur sur la pierre, où il étoit, lors qu'il parloit avec St. *Pierre* ; que cette pierre a été conservée depuis comme une sainte Relique, & qu'après avoir été transportée en divers lieux, enfin elle a demeuré dans l'Eglise de St. *Sebastien* le Martyr, où on la garde précieusement, & où on la visite avec une dévotion extraordinaire. De sorte que les *Indiens* ne manquent pas de fraudes pies, non plus que Messieurs les Catholiques.

X. Comme ces Peuples ont beaucoup de respect pour leurs Prêtres, ceux-ci travaillent à se l'attirer, par la maniere éfroiable, dont ils se barbouillent tout le corps, & par la singularité de leurs habits, & de l'arrangement de leurs cheveux, dont nous avons déja parlé en détail.

Le Devin est l'associé du Prêtre, non seulement à l'égard des fraudes, mais aussi pour les profits qui en reviennent, & quelquefois ils oficient l'un pour l'autre. Lors que le premier fait ses enchantemens, il paroit fort empressé; vous diriez à le voir, qu'il est hors de lui-même, & qu'il est saisi de convulsions, à-peu-près comme les *Sibylles*, lors que l'Esprit les agitoit.

Les *Indiens* ne font jamais aucune entreprise considerable, sans consulter leurs Prêtres & leurs Devins, qui passent tous pour gens d'esprit, & les mieux versez dans l'histoire du Païs. On leur atribuë aussi la connoissance de la Nature, qu'ils disent avoir reçuë par tradition de leurs ancêtres: ce qui les met en état de juger plus sainement des choses, & de donner de meilleurs avis à ceux qui les consultent. Quoi qu'il en soit, ces bons Religieux ne sont pas si atachez à leurs austé-
ri-

ritez, qu'ils ne se divertissent quelquefois à la Pêche & à la Chasse, comme les Laïques.

XI. Ce n'est pas le seul *Quioccosan*, ou le Temple des *Indiens*, qui est environné de Pieux, au sommet desquels il y a des visages d'homme en relief, & peints: Ils en plantent aussi de la même figure autour de quelques autres endroits célébres, & ils dansent autour du cercle que les Pieux forment, en certaines occasions solemnelles. Ils élevent souvent des Pyramides, & des Colomnes de pierre, qu'ils peignent avec du *Puccoon*, ou d'autres couleurs, & qu'ils ornent de *Peak*, de *Roenoke*, &c. Ils leur rendent même toutes les marques exterieures d'un culte religieux; non pas comme au souverain Dieu, mais en ce qu'elles sont des hieroglyphes de sa durée & de son immutabilité. C'est aussi pour la même raison qu'ils gardent des Paniers faits de pierre, dans leurs Cabanes. Ils ofrent d'ailleurs, des sacrifices aux Rivieres & aux Fontaines, parce, disent-ils, que leur cours perpétuel représente l'éternité de Dieu.

Ils élevent des Autels par tout, où il leur arrive quelque chose de remarquable, & ils leur rendent un profond respect, parce que toute leur dévotion ne consiste qu'en Sacrifices. Il y a un Autel particulier, que plusieurs de ces Nations honorent plus que les autres, pour quelque raison cachée : tel étoit ce Cube de Crystal, dont nous avons parlé ci-dessus *. Quoi qu'il en soit, ils appellent cet Autel *Pawcorance*, & c'est pour cela qu'ils respectent beaucoup un petit Oiseau, qui fréquente les Bois, qui fait retentir continuellement ce mot, qui va tout seul, & qui ne paroit qu'à l'entrée de la nuit. Ils disent que ce petit Oiseau est l'ame d'un de leurs Princes, & c'est à cause de cela même qu'ils ne voudroient pas lui faire le moindre mal. Ils ajoutent qu'un *Indien* profane, qui demeuroit vers le haut de la Riviere *James*, après avoir surmonté bien des fraieurs & des scrupules, se laissa corrompre, pour tuer un de ces petits Oiseaux d'un coup de Fusil ; mais que sa temerité lui coûta cher, puis qu'il disparut, peu de jours après, & qu'on n'entendit plus parler de lui.

Lors qu'ils voiagent, & qu'ils rencontrent quelcun de ces Autels, ils ne manquent jamais d'instruire leurs enfans & la jeunesse, de l'occasion qui les a faits élever, & du tems auquel on les a bâtis, & de les exhorter à leur rendre le respect

qui

* Liv. II. Ch. III. pag. 177.

qui leur est dû. De sorte que cette tradition repanduë avec soin, conserve la memoire de ces antiquitez, aussi bien qu'aucun écrit pourroit le faire; sur tout pendant que la même Nation habite sur les lieux, où se trouvent ces Autels, ou dans le voisinage.

Enfin je n'ai jamais ouï dire que leurs femmes se mêlent d'aucune fonction, qui regarde la Prêtrise, ou la Magie.

XII. Les *Indiens* conservent religieusement les corps de leurs Rois & de leurs Gouverneurs, & voici de quelle maniere ils s'y prennent. Ils fendent d'abord la peau tout le long du dos, & ils l'arrachent toute entiere, s'il est possible; ils décharnent ensuite les os, sans ofenser les nerfs, afin que les jointures puissent rester ensemble; après avoir fait un peu sécher les os au Soleil, ils les remettent dans la peau, qu'ils ont eu soin de tenir humide avec un peu d'huile, ou de graisse; ce qui la garantit aussi de la corruption. Lors que les os sont bien placez dans la peau, ils en remplissent adroitement les vuides avec du sable très-fin, & ils la recousent, en sorte que le corps paroit aussi entier, que s'ils n'en avoient pas ôté la chair. Ils portent le cadavre ainsi préparé dans un lieu destiné à cet usa-

usage ; ils l'y étendent sur une grande planche natée, qui est à quelque élévation du sol, & ils le couvrent d'une nate, pour le garantir de la poussière. La chair, qu'ils ont tirée du corps, est exposée au Soleil sur une claie, & quand elle est tout-à-fait seche, ils l'enferment dans un Panier bien cousu, & ils la mettent aux piez du Cadavre. C'est aussi dans cet apartement qu'ils placent un *Quiocos*, ou une Idole, qui sert, à ce qu'ils croient, à garder les corps, & il faut qu'il y ait jour & nuit quelque Prêtre, pour en avoir soin, tant ces Peuples ignorans & barbares ont de la vénération pour leurs Rois, même lors qu'ils ne subsistent plus.

La XII. Planche représente la sepulture de ces Rois, mais la Nate en est retirée, afin que l'on puisse voir les corps qu'elle cachoit.

CHAPITRE IX.

Des Maladies des Indiens, *& des Remedes qu'ils y emploient, pour s'en guérir.*

I. LES *Indiens* ne sont pas sujets à beaucoup de maladies, & celles qu'ils ont, ne viennent d'ordinaire que

des

Planche XII. Pag. 296.

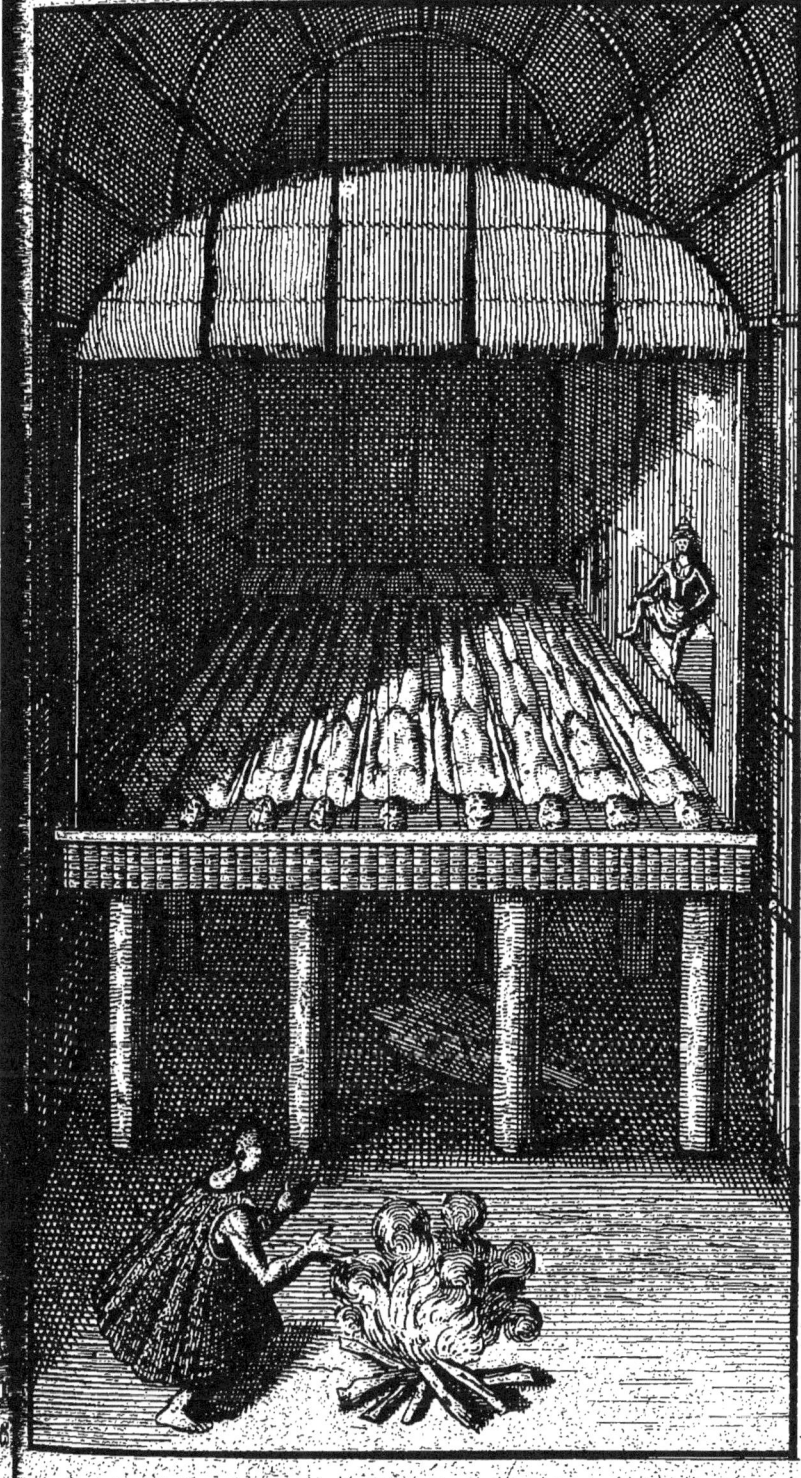

des chaleurs excessives, ou des froids subits ; mais ils s'en guérissent bien vite par les sueurs. Cependant, s'il se forme une tumeur douloureuse dans quelque endroit, qui puisse soufrir le feu, ils l'y apliquent ; c'est-à-dire, qu'ils prennent une petite buchette de bois-leger, qui reduite en charbon brûle comme un fer chaud, & qu'avec la pointe ils percent la chair, où il se fait une plaie, qu'ils tiennent ouverte, jusqu'à ce que toute la mauvaise humeur en soit sortie. Ou bien ils prennent du *Punck*, (qui est une espece de bois pourri, qu'ils tirent des nœuds du Chêne ou du *Hiccory* ; mais le dernier fournit le meilleur,) dont ils font un petit Cone, de même que les *Japonnois* en font de leur *Moxa* pour se guérir de la Goute, en apliquent la base sur la partie afectée, & y mettent le feu jusqu'à ce qu'il soit tout brûlé, & qu'il ait formé un veritable cautére.

Ils sucent aussi fréquemment les apostumes, & ils scarifient, à la maniere des *Mexicains*, avec une dent de Serpent à Sonnette ; mais ils ne coupent presque jamais que l'Epiderme, pour donner passage aux humeurs acres, qui sont entre les deux cuirs, & qui causent les inflammations. Quelquefois, pour cauteriser, ils emploient des Canes, qu'ils tiennent sur le feu, jusqu'à ce qu'elles soient prêtes à s'enflammer, & alors ils les appliquent sur la partie malade, à travers un morceau de cuir mince & mouillé; ce qui rend la chaleur plus vive.

Leurs Prêtres sont toûjours Medecins, & l'éducation qu'on leur donne, sert à leur faire connoitre les qualitez des Plantes, & la Physique en général; mais ils croient que leur Religion les engage à ne communiquer leur Science, qu'à ceux qui se destinent à un si saint Emploi. Ils prétendent que leur Dieu seroit fâché contr'eux, s'ils découvroient leurs remédes à personne: de sorte que le peuple ne connoit que la racine du Serpent à Sonnette, & quelque autre antidote de cette nature, parce qu'il les faut apliquer sur le champ, & qu'ils n'ont pas toûjours le Medecin tout prêt, lors qu'il leur arrive quelque desastre à la Chasse ou en voiage, ce qui est assez ordinaire.

Ils apellent un certain bruvage qu'ils font *Wisoccan*, qui signifie une Medecine en général; de sorte que *Harriot*, *De Bry*, *Smith*, *Purchas* & *De Laet* se trompent, lors qu'ils le nomment *Wighsacan*, & qu'ils disent que c'est une Racine particuliere. *Parkinson* n'est pas mieux fondé, dé, de l'apeller *Woghsacan*, & de dire que c'est une Plante. Je ne croi pas non plus qu'on ait raison de prétendre que *Wisank* est le *Vincetoxicum Indianum Germanicum*, ou que le *Winank* est le *Sassafras*.

La plûpart des remedes que font les *Indiens* ne consistent qu'en écorces ou en racines, & ils n'y emploient que rarement les feuilles des plantes ou des arbres; ils infusent dans de l'eau ceux qu'ils prennent par la bouche; mais ils pilent ou broient ceux qu'ils apliquent au dehors, & ils y ajoutent un peu d'eau, si l'emplâtre n'est pas assez liquide d'elle-même; ils bassinent la plaie avec ce qu'il y a de plus délié, & ils en mettent le plus épais tout-autour, sans en couvrir le mal.

II. Ils prennent beaucoup de plaisir à se faire suer. Pour cet effet il y a une Etuve dans chaque Ville, & un Medecin gagé du Public doit s'y tenir constamment. Ils y vont d'ordinaire pour se rafraichir, après avoir fatigué à la chasse, en voiage, ou à quelque autre exercice pénible; ou bien lors qu'ils sont ataquez de la fiévre, ou de douleurs dans quelque partie du corps. Voici de quelle maniere ils se procurent la sueur; le

Me-

Medecin prend trois ou quatre grandes pierres, qu'il fait rougir au feu; il les met enſuite au milieu de l'Etuve, & il les couvre avec de l'écorce interieure du Chêne broiée dans un mortier, pour empêcher qu'elles ne brûlent. Cela fait, il s'y fourre ſept ou huit perſonnes à la fois, ou même davantage, ſi l'endroit les peut contenir, & l'on ferme enſuite la gueule de l'Etuve, qui reſſemble à un four, & qu'on bâtit d'ordinaire ſur le bord de quelque courant d'eau. Lors qu'ils commencent à ſuer, le Medecin verſe de l'eau froide ſur les pierres, & de tems en tems il en jette ſur les perſonnes mêmes, pour les empêcher de tomber en foibleſſe. Après y avoir reſté auſſi long tems qu'ils le peuvent ſoufrir, ils en ſortent tout d'un coup, & vont ſe plonger tête baiſſée dans l'eau froide, quand ce ſeroit au milieu de l'hiver, ce qui ferme auſſi-tôt les pores, & les empêche de s'enrhumer. La chaleur, pouſſée de cette maniere des extrémitez vers le cœur, les rend d'abord un peu foibles; mais ils recouvrent bientôt leurs eſprits & leur force, & ils ſe trouvent auſſi agiles & auſſi vigoureux, que s'ils n'avoient point fatigué, ou s'ils n'avoient pas eu la moindre indiſpoſition. De ſorte

te qu'on peut dire avec *Belon* dans ses Observations sur les Etuves de *Turquie*, que par ce moien toutes les cruditez formées dans le corps s'exhalent & s'évaporent. On dit que les *Moscovites* & les *Finlandois* ont la même coûtume. „ C'est
„ presqu'un miracle, au raport * *d'Olea-*
„ *rius*, de voir que leurs corps endurcis
„ au froid peuvent soutenir une chaleur
„ si vive, & qu'après être sortis des Etu-
„ ves, ils vont tout-nuds, hommes &
„ femmes, se plonger dans l'eau froide,
„ où ils s'en font verser sur le corps.

Les *Indiens* pulverisent les racines d'une espece d'*Orchanette* jaune, qu'ils apellent *Puccoon*, & d'une sorte d'*Angelique* sauvage, qu'ils mêlent ensemble avec de l'huile d'Ours, & en font un onguent jaune, dont ils se frotent tout le corps, après s'être baignez. Ils en deviennent plus souples & plus agiles, & cela sert d'ailleurs à fermer les pores, en sorte qu'ils ne perdent que peu d'esprits par la transpiration. *Pison* dit la même chose des *Brasiliens*, & Mylord *Bacon* assure, que l'huile & les matieres grasses n'aident pas moins à conserver le corps, que les couleurs à l'huile & le vernis contribuent à faire durer le bois. Ils

* *Voiage en* Moscovie. Lib. III. pag. 67.

Ils tirent un autre avantage de cet onguent, c'est qu'il les garantit des poux, des puces, & de toute cette vermine incommode, que la faleté de leurs Cabanes ne manqueroit pas d'amener, s'ils n'y remedioient par ce moien-là.

Smith parle de ce *Puccoon*, comme s'il ne croiffoit que fur les Montagnes, au lieu qu'il eft commun dans toutes les Plantations *Angloifes*, fi vous en exceptez celles qui font fituées dans un terrain bas.

CHAPITRE X.

Des Jeux & des Divertiffemens des Indiens.

I. LEURS récréations confiftent à chanter, danfer, joüer de quelques inftrumens de Mufique, & à faire certaines jeux violens, où ils courent & fautent les uns fur les autres. Ils en ont un en particulier, où ils fe plaifent beaucoup, & où ils prennent des poignées de buchettes, ou des morceaux de paille roide, qu'ils comptent auffi vite que l'œuil peut fe mouvoir, & qu'ils manient avec une dexterité merveilleufe.

Leur Mufique n'eft pas la plus charmante du Monde; tantôt ils élévent la voix

voix jusques au plus haut degré, tantôt ils la baissent, & poussent des accens lugubres. Malgré tout cela, ils ont quelques Notes qui ne sont pas désagréables.

Ils dansent en petit nombre, ou plusieurs en compagnie ; mais ils n'ont aucun égard aux tems ni à la figure. A la premiere de ces Danses, il n'y a qu'une seule personne, ou deux ou trois tout-au plus. Cependant, les autres, qui sont assis en cercle sur le pavé, chantent à toute outrance, & secouent leurs Sonnettes. Les Danseurs chantent quelquefois eux-mêmes ; ils lancent des regards ménaçans & terribles, ils frapent des piez contre terre, & ils font mille postures & mille grimaces. L'autre Danse, où il y a grand nombre d'Acteurs, se fait en rond, autour d'un cercle planté de pieux, où l'on voit quelque sculpture, ou bien autour d'un feu, qu'ils allument dans une place commode de la Ville ; & chacun y paroit une Sonnette à la main, ou avec son arc & ses fléches, ou sa *Tomahawk*, ou quelque autre chose qui lui vient en fantaisie. Ils se couvrent aussi de branches d'arbres, s'ajustent de la maniere la plus bisarre qu'ils peuvent imaginer. Dans cet équipage, ils dansent, ils chantent,

tent, ils font mille postures grotesques, & celui qui a l'esprit d'inventer les plus ridicules, passe pour le plus brave de tous. Quelquefois ils mettent trois jeunes femmes au milieu du Cercle, comme on le voit représenté dans la XIII. Planche.

Cette Planche représente la Danse des Indiens *autour de leurs Pieux, dans une Fête solemnelle.*

Ceux qui sautillent de chaque côté appuiez sur leurs jarrets cherchent l'occasion de se fourrer dans le Cercle, & d'abord qu'ils y voient du jour, ils ne manquent pas de se mêler avec les autres.

Le Capitaine *Smith* raconte les particularitez d'une espece de Bal, que *Pocahontas*, fille de l'Empereur *Powhatan*, donna, pour le divertir, pendant l'absence de son Pere, qui étoit alors à la campagne. Voici, de quelle maniere il le décrit.

,, On alluma un feu dans une grande
,, Plaine, & on le fit asseoir devant sur
,, une Nate. Tout d'un coup, on en-
,, tendit un bruit si terrible, & des hur-
,, lemens si furieux dans les Bois du voi-
,, sinage, que les *Anglois* prirent leurs ar-
,, mes

Planche XIII. Pag. 304.

„ mes & se saisirent de deux ou trois vieil-
„ lars *Indiens*, qui étoient avec eux, dans
„ la crainte que *Powhatan* ne vînt avec
„ toutes ses forces, pour les surprendre.
„ Mais *Pocahontas* parut d'abord, & dit
„ au Capitaine qu'il pouvoit la tuer, si
„ l'on avoit aucun mauvais dessein con-
„ tr'eux; les spectateurs, hommes, fem-
„ mes & enfans, l'assurérent de la même
„ chose, & qu'il n'y avoit rien à crain-
„ dre de ce côté-là. En effet, tout le
„ mal aboutît à une farce; trente jeunes
„ femmes sortirent des Bois, toutes nuës,
„ avec quelques feuilles de verdure se-
„ mées sur leurs corps, peints de difé-
„ rentes manieres; celle qui menoit la
„ bande avoit une paire de belles Cornes
„ de Daim sur la tête, une peau de Lou-
„ tre à la ceinture, une autre sur le bras,
„ un Carquois sur le dos, un Arc & des
„ Fléches à la main. La seconde portoit
„ une épée à la main, la troisiéme une
„ Massue; En un mot, châcune étoit
„ armée à sa guise, mais elles avoient
„ toutes des cornes de Daim sur le front.
„ Avec cet attirail, elles formérent un
„ Cercle autour du feu; se mirent à chan-
„ ter & à danser, & de tems en tems
„ elles se reposoient, pour faire des cris
„ infernaux: elles reprenoient ensuite les
„ chan-

„ chanſons & la danſe; & aprés avoir
„ emploié autour d'une heure à ce beau
„ manége, elles ſe retirérent avec les
„ mêmes cérémonies, qu'elles avoient
„ obſervé à leur arrivée.

Tous les ſoirs, ils ont un feu public dans un endroit de la Ville, propre à cet uſage; l'on y danſe, & l'on y chante, & ceux qui ont envie de ſe divertir, ne manquent pas de s'y rendre.

Leurs principaux inſtrumens de muſique ſont le Tambour & la Sonnette. Le premier ſe fait avec une peau, étendue ſur un pot de terre à demi plein d'eau, & la Sonnette eſt l'écorce d'une petite Courge, ou *Matock*, de cette eſpece qui rampe, & non pas de celle des Calebaces, qui croiſſent ſur les Arbres, & dont les *Braſiliens* font leur *Maraka*, ou *Tamaraka*, qui eſt auſſi une eſpece de Sonnette, s'il en faut croire *Cluſius*.

CHAPITRE XI.

Des Loix, & des titres d'honeur & de diſtinction qu'il y a parmi les Indiens.

I. Nous avons déja remarqué, que les *Indiens* n'ont point de caractéres,

téres, comme nous, pour exprimer leurs pensées : de sorte qu'ils ne peuvent avoir des Loix écrites, & il faut avouër que l'état, où nous les trouvames, n'en demandoit pas beaucoup. La Nature & l'interêt leur avoient apris à obéïr à un seul, qui est chez eux l'Arbitre & le Souverain de tout. Ils n'ont aucune terre en propre ; mais la Nation jouit en commun de toutes celles qu'ils cultivent. Ils chassent, ils pêchent & ils cueillent des fruits par tout, sans aucune distinction. Le soin qu'ils prennent, pour élever leur grain, les Courges, les Mélons, &c. est si peu de chose ; outre que le Païs est si fertile, & qu'il y a tant de terres incultes, que ce n'est pas la peine de se disputer pour en avoir.

Ils n'élevoient aucun Bêtail, & ils n'amassoient rien de tout ce qu'on peut apeller des richesses. Ils estimoient les peaux & les fourrures pour l'usage, & le *Peak* & le *Roenoke* pour l'ornement.

Ils sont fort sévéres à punir les incivilitez & les brusqueries ; chaque *Werowance* en est le Juge en dernier ressort, & il ne manque jamais d'imposer une rude peine aux coupables. En voici un exemple que j'ai apris d'un témoin oculaire.

Au

Au tems de la revolte de *Bacon*, un de ces *Werowances*, suivi de plusieurs personnes de sa Nation, se rendit à la *nouvelle Kent*, pour traiter de la paix avec les *Anglois*. Pendant qu'il discouroit-là dessus, un de ses gens eut la hardiesse de l'interrompre ; mais il en fut bien-tôt puni. Le *Werowance* choqué de cet afront tira d'abord sa *Tomahawk* de la ceinture, lui en donna un coup, dont il lui fendit la tête, & le renversa mort par terre : Il commanda qu'on l'emportât, & il reprit son discours, sans s'émouvoir, comme s'il n'avoit rien fait.

Les *Indiens* n'oublient & ne pardonnent jamais une injure, soit Nationale, ou personnelle, ils y pensent toute leur vie, jusqu'à ce qu'ils en aient tiré satisfaction, & s'ils ne peuvent en venir à bout, ils en remettent la vangeance à leur postérité.

II. Les titres d'honeur qui leur sont particuliers se reduisent à ceux de *Cockarouse* & de *Werowance*, outre celui de Roi & de Reine : mais ils en ont emprunté depuis peu quelques uns des nôtres, dont ils se parent. Un *Cockarouse* est Membre du Conseil du Roi ou de la Reine, & il a grand' part aux affaires du Gouvernement. Un *Werowance* est un

Ofi-

Oficier militaire, qui en conféquence de fon emploi commande tous les partis, qui vont à la Chaffe, ou en voiage, ou à la guerre ; & ce terme fignifie *un Capitaine de guerre.*

Les Prêtres & les Devins ont auffi beaucoup d'autorité ; & c'eft à eux que le peuple s'adreffe en toute forte d'ocafions, pour recevoir leurs avis. Cela joint aux prémices & aux ofrandes continuelles qu'on leur donne, les met en état de vivre de la graiffe du Païs, & de s'enrichir des dépouilles de leurs ignorans compatriotes.

Ils ont une efpece de goujats parmi eux, qui font tous leurs ofices ferviles, quoi que dans l'état où ils vivent, ils n'en aiant pas grand befoin. Ils ne penfent qu'à fe rendre la vie aifée & commode, & qu'à pourvoir à leurs neceffitez préfentes. Le Climat eft fi doux & fi favorable, qu'ils ne font pas obligez de fe tourmenter, pour aquerir des richeffes, comme on fait dans tous les autres Païs, où les particuliers fe tuent, pour laiffer de gros revenus à des heritiers, fouvent incertains & prefque toûjours ingrats. En un mot, il femble qu'ils ne poffèdent rien, & que cependant ils jouïffent de tout.

CHA-

CHAPITRE XII.

De la Monnoie & des richesses des Indiens.

AVANT l'arrivée des *Anglois* dans ce Païs, les *Indiens* ne comptoient pour richesses, que le *Peak*, le *Roenoke*, & les autres niaiseries de cette nature qu'ils faisoient de la Conque. C'étoit leur or & leur argent, & ils s'en servoient en guise de monnoie, & de parure. Les *Anglois* leur aprirent les premiers à faire plus de cas de leurs peaux & de leurs fourrures, & à les vendre en troc.

Il y a deux sortes de *Peak*, ou plûtôt de deux couleurs, puis que l'une & l'autre se fait de la même Coquille, mais de diférents endroits; l'une est couleur de pourpre brun, & l'autre est blanche. En un mot, ce sont de petits cylindres, qui ressemblent beaucoup à ces petits tuiaux de verre, de diférentes couleurs, qu'on fait chez nous, & qu'on emploie à des brasselets ou à d'autres parures; mais ils ne sont pas si transparens, ni si fragiles. On les polit comme du verre; ils ont un tiers de pouce de long, sur un quart de pouce de diamêtre, & on les enfile par

un

un trou qu'on fait au centre. Le brun est le plus cher, & on l'appelle *Peak Wampom*. Les Marchands *Anglois*, qui negocient aux *Indes*, l'estiment dix-huit Sols la Verge, & le blanc neuf Sols. Les *Indiens* en font aussi des Pipes, de deux ou trois pouces de long, plus épaisses que les communes, & qu'on estime beaucoup plus. D'ailleurs, ils font des *Runtees* de la même Coquille, & ils les polissent de même que le *Peak*. Il y en a de figure ovale, aussi gros que les grains d'un Chapelet, & ils les percent en long d'un bout à l'autre, où la circonference en est ronde & ils font plats, de l'épaisseur d'un tiers de pouce, & on les perce par les côtez. Ils font aussi de cette Coquille des Tablettes rondes, qui ont quatre pouces de diametre ou environ, qu'ils polissent bien, où ils gravent quelquefois des Cercles, des Etoiles, un Croissant, ou toute autre figure qui leur vient en fantaisie, & qu'ils portent devant ou derriere le coû, en guise de Médailles. Le *Peak*, les *Runtees* & les Pipes leur servent à faire des Couronnes, des Brasselets, ou de longs Coliers, qui leur pendent sur la poitrine, ou ils en chamarrent leurs habits, & en ornent leurs *Tomahawks*, & toute autre chose qu'ils estiment.

Ils

Ils ont une autre forte de Monnoie, qui est courante chez eux, mais qui est de beaucoup moindre valeur que les précedentes. On la fait de la Coquille du Petoncle, qu'on rompt en petits morceaux, dont les bords font raboteux, & qu'on perce de la même maniere que les grains de Chapelet. C'est ce qu'ils apellent *Roenoke*, & ils s'en servent comme du *Peak*. Toutes ces diférentes Monnoies ont leur prix fixe, & font reçuës en paièment, aussi bien que les nôtres.

Les *Indiens* n'ont des Perles qu'en petite quantité, autrefois ils en avoient beaucoup plus, mais on ne sait pas d'où ils les tiroient, à moins qu'ils ne les trouvassent sur les Bancs d'Huitres, dont le Païs abonde en divers endroits.

CHAPITRE XIII.

Des Arts méchaniques parmi les Indiens.

I. AVANT QUE de finir ce discours sur les *Indiens*, il ne sera pas inutile d'avertir, qu'à l'arrivée des *Anglois* à la *Virginie*, ils n'avoient aucun instrument de fer ni d'acier : que leurs couteaux étoient faits de Canes afilées, ou de Coquilquilles, & que leurs Haches étoient composées de pierres aiguës, qu'ils lioient au bout d'un bâton, & qu'ils y coloient avec de la térébentine. Ces outils, quoi que grossiers, leur servoient à faire leurs Arcs du Bois du Carouge, qui est très-dur lors qu'il est sec, mais facile à couper quand il est verd, & ils ne manquoient pas de profiter de cette diférence. Pour leurs Fléches, ils les faisoient de petites canes, ou verges, qu'ils trouvoient toutes prêtes, qu'ils ne coupoient qu'afin de les rendre d'une juste longueur, & où il n'y avoit autre chose à faire qu'une coche, qu'à les garnir de plumes, & à y mettre une pointe au bout. Les plumes du Coq d'Inde leur servoient à cet usage, & ils les y coloient avec une espece de glu, faite des dagues du Cerf, mais qui n'a pas la qualité qu'on lui atribue, de resister à la pluie. Ils les armoient, au lieu de fer, des éperons du Coq d'Inde sauvage, ou bien d'une pierre blanche & transparente, dont il y a plusieurs Rochers, & qui ressemble à celle du *Mexique*, dont *Pierre Martyr* fait mention.

Ils tiroient du feu de quelques bois particuliers, (comme les Anciens en tiroient du Lierre & du Laurier) en tournant le bout d'un morceau dur sur le côté d'un autre qui étoit sec & moû, à peu-près comme le fuseau d'un Rouët tourne sur son pivot, jusqu'à ce que le bois s'échaufât & qu'il vint à s'alumer. Ils y ajoutoient quelquefois, pour hâter l'ouvrage, du bois pourri & des feuilles séches.

II. Malgré l'imperfection de ces inftrumens, ils trouvoient le moien d'abatre les plus gros arbres, & de défricher les terres, dont ils avoient besoin.

Pour renverser un gros arbre, ils alumoient un petit feu autour de la racine, & ils empêchoient que la flame ne s'évaporât, jusqu'à ce que sa base fut brûlée à un tel point, que la moindre boufée de vent sufisoit pour l'abatre. Lors qu'il étoit couché par terre, ils en brûloient une partie, suivant la longueur dont ils le vouloient, & ils en ôtoient l'écorce avec leurs *Tomahawks* de pierre; ce qui n'étoit pas dificile, quand la séve montoit, ni en tout autre tems, si on l'échaufoit bien avec du feu. Ensuite, ils élevoient l'arbre à une certaine hauteur, pour le creuser commodément; ils emploioient à cela un feu moderé, & ils racloient avec une espece de ratissoire, les endroits brûlez, jusqu'à ce que le creux d'un bout à l'autre fut assez profond,

fond, & qu'ils en euſſent fait un Canot. J'ai vû moi-même une de ces Machines, qui avoit trente piez de long. Voy. la XIV. Planche.

Quand ils vouloient défricher quelque étendue de terre, ils faiſoient avec leurs *Tomahawks*, une entaillure autour des arbres, qui en perçoit toute l'écorce, & les tuoit bien-tôt, en ſorte qu'ils ne pouſſoient plus, & qu'ils tomboient d'eux-mêmes, au bout de quelques années. Mais ſans atendre leur chute, ils n'étoient pas plûtôt ſecs, que la terre produiſoit tout ce que l'on y vouloit ſemer. Quoi qu'il en ſoit, les *Indiens* emploient aujourd'hui pour tous ces ouvrages, & pour la ſtructure de leurs Cabanes, des haches & de petites doloires, qu'ils achetent des *Anglois*. Ils n'en ont guére beſoin qu'à cela, puis que leurs Arts méchaniques ne s'étendent pas plus loin, & que les utenſiles de leurs maiſons ſe reduiſent à des Paniers faits d'herbe de ſoie, à des Câlebaces, & à des Pots de terre, où ils font cuire leurs vivres.

Les Naturels de la *Virginie* ſont preſqu'entierement éteints, quoi qu'il y ait encore pluſieurs Bourgs, qui retiennent leurs anciens noms; mais ils ne pourroient pas lever tous enſemble cinq cens hommes, propres à porter les armes. Ces Peuples vivent dans la misere, & dans une crainte continuelle de la part des *Indiens* du voisinage. Par les Articles de Paix conclus en 1677. chaque Bourg doit paier tous les ans trois Fléches *Indiennes* pour ses terres, & 20. Peaux de Castor pour la protection des *Anglois*. Voici une liste de tous ces Bourgs.

Dans la Province d'*Accomack* il y a 9. Bourgs, savoir, *Matomkin*, où la petite verole s'est fourrée depuis peu, & a bien diminué le nombre de ses habitans: *Gingoteque*, dont les tristes restes se sont joints à une des Nations de *Maryland*: *Kiequotank*, *Matchopungo* & *Occahanock*, où il n'y a qu'un petit nombre d'hommes; *Pungoteque*, où une Reine commande à une très-petite Nation; *Oanancock*, où il n'y a pas plus de quatre ou cinq familles: *Chiconessex*, qui n'en a guére plus, & *Nanduye*, qui est le siege d'une Imperatrice, dont toutes les Nations de cette Côte sont tributaires, quoiqu'il n'y ait pas plus de vingt familles dans ce Bourg.

Dans la Province de *Northampton*, il n'y a que la Ville de *Gangascoe*; mais ses habitans sont presqu'en aussi grand nombre, que ceux de tous les Bourgs,

que

que je viens de specifier, mis ensemble.

Dans la Province du *Prince George*, le Bourg *Wyanoke*, est presqu'abandonné, & les Naturels sont allez vivre avec d'autres *Indiens*.

Dans le voisinage de la *Ville Charles*, ceux d'*Appamattox*, au nombre de six ou sept familles, demeurent sur les terres du Colonel *Byrd*.

Dans la Province de *Surry*, ceux de *Nottawayes*, qui prospérent & se multiplient depuis peu, sont autour de cent Archers.

Près de *Nansamond*, il y a deux Bourgs; l'un qui porte le même nom, & qui étoit composé de trente Archers, se multiplie depuis quelque tems: l'autre, appellé *Menheering*, a le même nombre d'Archers; mais il n'augmente pas.

Dans la Province du Roi *Guillaume*, on trouve aussi deux Bourgs, *Pamunkie*, où il y avoit autour de quarante Archers, dont le nombre diminuë; & *Chickahomonie*, qui n'en avoit que seize, mais qui commencent à se multiplier.

Dans la Province d'*Essex*, la Nation *Rappahannock* est reduite à un petit nombre de familles, qui sont dispersées entre les Plantations des *Anglois*.

Dans la Province de *Richmond*, *Port-Tabago* n'a que cinq ou six Archers, qui déperissent.

Dans la Province de *Northumberland*, il y a *Wiccocomoco*, où il ne reste que trois hommes, qui conservent toûjours leur Roiaume & leurs anciennes coûtumes : ils vivent separez de tous les autres *Indiens* & des *Anglois* même.

III. On peut voir par cette courte relation que je viens de donner sur l'état naturel des *Indiens*, qu'ils ont grand sujet de se plaindre des *Européens*, puis qu'ils semblent avoir perdu leur innocence & leur felicité, depuis l'arrivée de ces derniers chez eux. En effet, les *Anglois* leur ont enlevé une grande partie de leur Païs, & diminué de cette maniere l'abondance, dont ils jouïssoient. Ils y ont introduit le luxe & l'ivrognerie ; ce qui a multiplié leurs besoins, & leur a fait souhaiter mille choses, auxquelles ils n'avoient jamais pensé auparavant. Quoi qu'il en soit, je vais entretenir mes Lecteurs de l'état présent de la *Virginie*, sous le Gouvernement des *Anglois*.

Fin du troisiéme Livre.

319

HISTOIRE
DE LA
VIRGINIE.

LIVRE QUATRIEME.

De l'état présent de la *Virginie*, tant à l'égard du Gouvernement civil, que par raport à l'Agriculture, & aux Coûtumes que les Anglois y ont introduites.

CHAPITRE I.

De la Police & du Gouvernement de la Virginie.

I. **P**Our recapituler en peu de mots ce que nous avons déja dit sur cet article, il faut se souvenir que le premier établissement des *Anglois* dans ce Païs, se fit

O 4 sous

sous la direction d'une Compagnie de Marchands, établie à *Londres*.

Qu'ils mirent d'abord le Gouvernement entre les mains d'un Président, qui étoit choisi toutes les années par la Colonie, & d'un Conseil, dont ils nommoient eux-mêmes les Membres.

Qu'en l'année 1610, on altera cette police, & que la Compagnie obtint un nouvel Octroi de Sa Majesté, par lequel ils avoient le droit de nommer le Gouverneur, qui ne devoit agir qu'avec l'approbation & l'avis du Conseil.

Qu'en l'année 1620, on convoqua pour la premiere fois une Assemblée de Membres deputez de tous les endroits du Païs, où les *Anglois* avoient des Plantations, pour regler, conjointement avec le Gouverneur & le Conseil, toutes les affaires publiques de la Colonie; ce qui servit à perfectionner la forme du Gouvernement.

Qu'après la dissolution de la Compagnie, le Roi laissa toûjours l'administration des affaires au Gouverneur, au Conseil & aux Deputez, & qu'on donna le titre d'Assemblée générale à ce corps.

Que cette Assemblée générale traitoit de toutes les affaires importantes de la Colonie, & faisoit des Loix pour le bien

du

du peuple, & que le Gouverneur & le Conseil devoient tenir la main à leur execution.

Que le Roi nommoit le Gouverneur & les Membres du Conseil, & que le peuple élisoit ses Deputez à l'Assemblée générale.

Le Gouverneur obtint ensuite un pouvoir si étendu, que son aprobation devint absolument necessaire dans toutes les affaires qui se traitoient, quoi que d'ailleurs il fut obligé de prendre l'avis du Conseil.

Jusques à la Rebellion, qui éclata en l'année 1676, le Gouverneur n'avoit pas le pouvoir de suspendre, ni de casser aucun des Membres du Conseil. Mais alors il eut le droit de les suspendre, avec cette clause, qu'il donneroit de bonnes raisons de sa conduite à cet égard, & qu'il répondroit au Roi de la validité de ses accusations.

Cependant, la Colonie obtint une Chartre, par laquelle Sa Majesté lui confirmoit qu'elle seroit toûjours gouvernée par l'Assemblée générale, avec cette clause de plus, Que si le Gouverneur venoit à mourir, ou à être démis de sa charge, sans qu'il y eut dans le Païs, une autre personne nommée pour lui succeder, alors le le Président, ou le plus ancien des Conseillers, assisté de cinq autres Membres du Conseil, se chargeroit de l'administration des affaires.

Avant l'année 1680, le Conseil s'assembloit dans la même Chambre avec les Députez du peuple; ce qui aprochoit beaucoup de la forme du Parlement d'*Ecosse*; mais le Lord *Colepeper* prit occasion de quelques demêlez qui s'éléverent entr'eux, d'engager le Conseil à ne se joindre plus avec les Députez ; en sorte qu'ils se reduisirent en deux Chambres distinctes, à l'exemple du Parlement d'*Angleterre*; & cette séparation à continué depuis jusques à ce jour.

II. Le Gouverneur est nommé par la Reine, & lui donne sa Commission sous le seau privé, & durant son bon plaisir.

Il doit obéir à ses ordres & il représente sa personne dans tout ce qui regarde le public.

Il a le droit d'aprouver, ou de rejetter les Loix faites par l'Assemblée, & de mettre son Certificat à celles qu'il aprouve; de convoquer, proroger & casser l'Assemblée générale; d'assembler quand il veut le Conseil d'Etat, & d'y présider; de nommer des Commissaires & des Officiers

ciers pour l'administration de la justice; de choisir tous les Officiers militaires, au dessous du degré de Lieutenant Général, qui est le titre, dont il est revêtu lui-même; de disposer de la Milice pour la défense du Païs, & suivant les Loix; de publier des Proclamations; d'aliéner les terres de la Reine, suivant la teneur de la Chartre, & les Loix établies dans le Païs, & d'avoir en sa garde, pour cet effet & pour d'autres occasions publiques, le Seau de la Colonie.

D'ailleurs, il doit certifier tous les paiemens qui se font du revenu public, & en vertu d'une Commission de l'Amirauté, il jouit de la charge de Vice-Amiral.

Il n'y a pas plus de trente années que le Gouverneur n'avoit que mille Pieces de salaire par an; outre cinq cens pieces ou environ de casuel. Il est vrai que l'Assemblée générale fit un Acte, pour donner deux cens Pieces de plus tous les ans au Chevalier *Berkeley*, en consideration de ses bons & louables services, de la dépense qu'il avoit faite de la meilleure partie de son bien, pour procurer des avantages à la Colonie, & des grandes pertes qu'il avoit soutenuës durant l'usurpation de *Cromwel*: mais cette augmentation devoit finir avec son Gouvernement.

Après lui, Mrs. *Jeffrey* & *Chichley* n'exercèrent que peu de tems la Lieutenance de Gouverneur, & le Lord *Colepepper* qui lui succeda, obtint du Roi *Charles II*. sous prétexte qu'il étoit Pair d'*Angleterre*, deux mille Pieces d'apointemens, & cent cinquante Pieces pour le louage d'une Maison, parce que la Colonie n'en fournissoit point.

Ce Seigneur profita du desordre, où il trouva le Païs, qui n'étoit pas encore bien rétabli des calamitez qu'il avoit souffertes par la revolte de *Bacon*. Persuadé, que bien des gens avoient eu part à ces troubles, il en conclut qu'ils ne feroient pas scrupule de lui accorder tout ce qu'il demanderoit, pour les garantir des poursuites de la Justice. En effet, il obtint de l'Assemblée tous les Subsides qu'il proposa, & il lui fit continuer à perpetuité la Taxe de deux Chelins par Barrique & les droits de Fort; avec cette clause, que Sa Majesté pourroit employer les deniers qui en reviendroient, à l'usage du Gouvernement. Cette augmentation de revenu a été laissée depuis à tous les Gouverneurs, qui ont fait aussi monter le casuel beaucoup plus haut qu'il n'alloit autrefois.

Si l'administration du Gouvernement vient à tomber entre les mains du Président

dent & du Conseil, on donne alors au premier cinq cens Pieces de plus par an; mais les Membres du Conseil n'ont que leurs gages ordinaires.

III. Ceux-ci sont nommez par des Lettres Patentes, ou par ordre de la Reine, qui se contente de dire, que tels & tels aient à prêter serment pour être Membres du Conseil.

Il n'y a que douze Conseillers en tout; & s'il arrive par mort, ou cassation, qu'il y en ait moins de neuf qui resident dans le Païs, alors le Gouverneur a plein pouvoir de choisir tels Gentilshommes du Païs qu'il juge à propos, pour remplir le nombre, sans attendre aucune instruction d'*Angleterre* là dessus.

Ils sont obligez d'assister le Gouverneur de leurs avis dans toutes les affaires importantes qui regardent le Gouvernement, & de s'opposer à ses entreprises, s'il vouloit exceder les bornes de sa Commission: Ils peuvent le tenir en bride à cet égard, parce qu'ils ont voix déliberative, aussi bien que lui, sur presque toutes les affaires de conséquence. Par exemple, lors qu'il s'agit de convoquer l'Assemblée générale; de disposer du Revenu public & d'en examiner les comptes; de nommer & de casser les Officiers de la Marine, les

Receveurs de tous les Impôts, & tous les autres Officiers à Commission, soient qu'ils aient des Places honoraires ou profitables; en un mot, lors qu'il s'agit de faire des Ordonnances, publier des Proclamations, donner des Octrois, & d'enregitrer les Patentes pour les terres.

D'ailleurs, le Conseil fait la Chambre haute dans l'Assemblée générale, & il s'attribue le droit de rejetter tous les Actes de la Chambre basse, comme la Chambre des Seigneurs dans le Parlement d'*Angleterre*.

Les gages du Conseil ne montent en tout qu'à 350 Livres Sterlin par An, qu'on distribue à ses Membres, à proportion du nombre qu'il en paroit aux Cours & aux Assemblées générales.

IV. Chaque Province envoie deux Députez à l'Assemblée générale, la Ville *James* un, & le Collége un autre; ce qui fait en tout cinquante deux Députez. On les convoque par des Ordres, qui s'expedient dans la Secretairie d'Etat, sous le Sceau de la Colonie & le Seing du Gouverneur, & qui sont adressez au * *Sheriff* de chaque Province respective, qua-

---

* Sorte de Magistrat annuel en *Angleterre*, dont les Fonctions sont à peu près les mêmes que celles du *Prevôt de l'Ile en France*. C'est la description que Mr. *Boyer* en donne dans son Dictionnaire.

rante jours du moins avant que l'Assemblée se forme. Tous ceux qui jouïssent d'un franc Fief, si vous en exceptez les femmes & les mineurs, ont droit de donner leur voix aux Elections, & voici de quelle maniere on les assemble. Dans chaque Eglise & Chapelle de la Province, on publie, durant deux Dimanches de suite, l'Ordre qui est venu de la Secretairie d'Etat, avec le jour que le *Sheriff* a marqué, pour proceder à l'Election, qui se fait à la pluralité des voix: mais si l'un ou l'autre des Partis est mécontent, & qu'il croie qu'on n'en a pas agi de bonne foi, il peut demander une copie du Rôle, où le nombre des voix est specifié, & s'adresser même ensuite à la Chambre des Députez, qui ne manquera pas d'examiner ses plaintes. D'ailleurs, pour prévenir les Elections frauduleuses, l'Assemblée a fait divers Actes, qui sont conformes à ceux qu'on a passez depuis peu en *Angleterre* sur le même chapitre.

Aussi-tôt que les Députez sont ensemble, ils choisissent un Orateur, & ils le présentent tous en corps au Gouverneur, pour avoir son aprobation. Cela fait, l'Orateur prie son Excellence, au nom de la Chambre, de lui confirmer tous ses priviléges, c'est-à-dire, en particulier, l'acl'accès auprès de sa personne, toutes les fois que l'occasion le demandera; la liberté de discourir sur les affaires, sans être obligez d'en rendre compte à qui que ce soit ; la protection de leurs personnes & de leurs domestiques contre tout arrêt, &c. D'abord qu'ils ont obtenu leurs demandes, ils passent aux affaires, ils nomment des Comitez, & en toute autre chose, ils imitent le plus qu'ils peuvent l'usage de la Chambre des Communes en *Angleterre*.

Après que les Actes ont passé dans les deux Chambres, on les envoie à la Reine, par les premiers Vaisseaux qui partent, pour avoir son aprobation; mais ils ne laissent pas d'avoir force de Loi, aussi-tôt que le Gouverneur y a donné les mains, quand même Sa Majesté suspendroit son consentement, pourvû d'ailleurs qu'elle ne les rejette pas.

Il n'y a point de tems fixe, pour convoquer cette Assemblée; mais jusques-ici on l'a tenue tous les ans, ou de deux en deux années ; & il n'arrive guéres que ce dernier terme s'écoule, sans qu'il y en ait une. On est redevable de ce bonheur à la prudence des Députez, qui, pour retenir le pouvoir entre leurs mains, n'accordent les taxes & les subsides, que
pour

pour un court terme. Cependant, on les assemble toutes les fois que les affaires du Païs le demandent, ou que Sa Majesté l'ordonne, pour leur proposer quelque chose de sa part.

CHAPITRE II.

Des Subdivisions de la Virginie.

CE Païs est divisé en vingt-cinq Comtez ou Provinces, & les Comtez en plus ou moins de Paroisses, suivant qu'elles sont grandes, comme on peut le voir dans la Table qui est à la fin de cet Ouvrage, aussi bien que plusieurs autres choses, dont le détail seroit trop long, s'il en faloit discourir.

Chaque Province est bornée aujourd'hui par une seule Riviere; ce qui sert beaucoup à la facilité de son Commerce & de sa navigation : en sorte que ceux qui n'ont à faire que dans une Province, ne sont obligez de s'embarquer que sur une Riviere. Il n'en étoit pas de même autrefois, lors que les Provinces étoient bornées par raport aux Départemens des Juges, & au voisinage des extrémitez à un centre commun; alors une Province s'étendoit, tout

au

au travers d'une Langue de terre, d'une Riviere à une autre; ce qui fut trouvé si incommode, qu'on en changea les bornes sur le pié, où elles sont aujourd'hui.

Outre cette division en Comtez & Paroisses, il y en a deux autres qui sont sujettes aux reglemens & aux alterations que les Cours de justice trouvent à propos d'y faire. L'une est en Ressorts ou Bourgs, pour les limites des * Conétables; & l'autre en Quartiers, ou Promenades, pour les Inspecteurs des grands chemins.

II. Il y a une autre division du Païs en Langues de terre, qui servent de bornes aux Receveurs des droits d'aubaine, & qu'on distingue en cinq Quartiers, savoir,

1. L'Isthme *Septentrional*, qui est entre les Rivieres de *Patowmeck* & de *Rappahannock*.

2. L'Isthme, qui est entre les Rivieres de *Rappahannock* & de *York*, & qui renferme celui de *Pamunky*.

3. L'Isthme qui est entre les Rivieres d'*York* & de *James*.

4. Les terres qui sont au Sud de la même Riviere *James*,

5. Et celles qui sont sur la Côte *Orientale*.   III. Il

* Ce sont de petits Commissaires du Quartier.

III. Il y a encore une autre division du Païs en Quartiers, qui se distinguent par les Rivieres, eû égard à la Navigation, & qui servent de limites aux Officiers de la Marine, & aux Receveurs des Impôts publics. Voici de quelle maniere on les distingue.

1. Le Quartier supérieur de la Riviere *James*, depuis l'*Isle des Cochons*, tirant vers le haut.

2. Le Quartier inférieur de la même Riviere *James*, depuis l'*Isle des Cochons* tirant vers le bas, jusques aux Caps, & tout autour de la Pointe *Comfort*, jusqu'à * *Back-River*.

3. Les Rivieres *York*, *Poquoson*, *Piankitank*, & la Baye de *Mobjack*.

4. La Riviere *Rappahannock*.

5. Depuis *Wicocomoco*, tirant vers le haut, jusques à la Riviere *Potowmeck*.

6. Depuis le même endroit, tirant vers le bas, jusques à la même Riviere, & tout le long de la Baye jusques au Quartier de *Rappahannock*.

7. *Pocomoke*, & les autres Lieux sur la Côte *Orientale* formoient ci-devant deux Quartiers, mais ils n'en font aujourd'hui qu'un seul.

CHA-

* C'est-à-dire, Riviere posterieure.

CHAPITRE III.

Des Emplois & des Offices publics.

I. OUTRE le Gouverneur & le Conseil, dont nous avons déja parlé, il y a dans cette Colonie deux autres Officiers principaux, qui reçoivent leur Commission immédiatement de la Reine, & qui sont l'Auditeur des comptes du revenu public, & le Secretaire d'Etat.

L'Auditeur doit examiner les comptes de tous les revenus publics, qui proviennent, par exemple, des rentes foncieres, de la taxe de deux Chelins par Barrique, des droits de Fort, des Amendes, des confiscations, & du droit d'aubaine. Après que ces comptes sont averez, il faut qu'il en transmette une copie en *Angleterre*. Il a 7½ pour Cent sur tous les deniers publics; ce qui lui sert de gages.

Le Secretaire est obligé de garder toutes les Archives du Païs, & d'avoir soin qu'elles soient en bonne & duë forme: par exemple, tous les Jugemens rendus par la Cour générale, de même que tous les Actes, & autres Ecrits qu'elle a verifiez.

D'ail-

D'ailleurs il doit expedier tous les Ordres par écrit, qui se donnent, soit par le Gouvernement, où les Cours de judicature, dresser & enregîtrer toutes les Patentes pour la distribution des terres, garder les Originaux, qui contiennent les droits, sur lesquels ces Patentes sont fondées; & recevoir le raport de toutes les enquêtes qu'on fait pour l'aubaine.

C'est dans la même Secretairie qu'on tient un Regître de toutes les Procurations qui se donnent, pour administrer le bien d'autrui, & de toutes les verifications des Testamens, qui se font dans l'étendue de la Colonie; comme aussi de tous les enfans qui naissent; de toutes les personnes qui meurent; qui se marient, ou qui sortent du Pais: de toutes les Auberges, ou Cabarets; de tous les Officiers publics, & de plusieurs autres choses de cette nature, dont il est à propos de conserver la memoire.

C'est aussi de ce Bureau qu'on expédie tous les Ordres, pour faire élire les Députez à l'Assemblée générale; & où l'on garde des Copies authentiques de toutes les Proclamations.

Tout y étoit parfaitement bien reglé, après l'incendie de l'Hôtel de Ville à *James-Town*; mais le desordre s'y glisse plus

que

que jamais, faute d'y avoir les commoditez néceſſaires, & d'y aporter le ſoin requis.

Le revenu du Secretaire eſt fondé ſur les droits qu'il tire de tout ce qui s'expedie dans ſon Bureau, & monte une année portant l'autre, à près de 70000 ℔ de Tabac par an; dont il paie 12500 ℔ avec le Tonneau à ſes Commis. D'ailleurs, les Greffiers des Provinces ſont obligez de lui paier tous les ans une gratification, qui peut aller à 40000 ℔ de Tabac, avec le Tonneau.

II. Il y a deux autres Officiers généraux, qui ne reçoivent pas leur Commiſſion immédiatement de la Reine, & qui ſont, le Commiſſaire Eccleſiaſtique, autoriſé par Mr. l'Evêque de *Londres*, Evêque-né de toutes les Plantations, & le Tréſorier du Païs, nommé par l'Aſſemblée générale.

Le Commiſſaire doit viſiter les Egliſes, & avoir inſpection ſur les Eccleſiaſtiques. Il a 100 Liv. Sterl. par an, qui ſe prennent ſur les rentes foncieres.

Le Tréſorier reçoit l'argent des Collecteurs particuliers, & il doit regler les comptes des Impôts, que l'Aſſemblée générale a établis depuis quelques années, pour des occaſions extraordinaires. Il tire re d'ailleurs six pour Cent, de tous les deniers qui lui passent par les mains.

Ce sont là tous les Officiers généraux qui appartiennent au Gouvernement, à l'exception de ceux de l'Amirauté, qui n'a point d'Officier constant & en pié.

III. Les autres Officiers publics & qui ont Commission, (si vous en exceptez ceux de la Milice, pour qui nous reservons un Chapitre à part) sont les Receveurs des droits d'aubaine, les Officiers de la Marine, les Collecteurs, les Greffiers des Cours de Justice, les *Sheriffs* des Comtez, les Arpenteurs & les * *Coroners*.

Les Receveurs des droits d'aubaine ne sont paiez qu'à proportion de ce qu'ils remettent à la Tréforerie, & ils demandent cinq Livres Sterlin pour chaque Office, qu'ils recouvrent.

Les Officiers de la Marine ont de gros droits sur l'entrée & la sortie de tous les Vaisseaux, & ils tirent dix pour Cent de tout l'argent qu'ils reçoivent soit pour les deux Chellins par Barrique, ou les droits de Fort, sur les Peaux, & les Fourrures,
&

* Ce sont des Officiers qui ont charge, de la part de la Couronne, ou du Gouvernement, d'examiner avec l'assistance de 12 Jurez, si un Corps, que l'on a trouvé mort, a été tué & assassiné, ou s'il est mort de mort naturelle.

& pour la nouvelle taxe sur les Domestiques & les liqueurs.

Les Collecteurs sont paiez par la Trésorerie d'*Angleterre*, & ils ont quarante, soixante, ou cent Livres de gages, suivant l'étendue de leurs Quartiers, en conséquence d'un Statut fait l'an 25. du regne de *Charles* II, ils sont nommez à cet Emploi par les Commissaires de la Douane de *Londres*, & ils prennent 20 pour Cent, sur tous les deniers qu'ils reçoivent, outre qu'ils ont de gros droits sur l'entrée & la sortie des Vaisseaux.

Les Greffiers des Cours de justice, les *Sheriffs*, & les Arpenteurs sont limitez, suivant les diférentes Provinces. Les premiers reçoivent leur Commission du Secretaire d'Etat ; les autres du Gouverneur, & les troisiémes des Gouverneurs du Collége, qui sont revêtus, par leur Chartre, de l'Office de grand Voier.

Les Greffiers avoient certains droits sur tous les Procès & les autres affaires qui se passoient dans leurs Cours respectives; si vous en exceptez le Greffier de la Cour générale, auquel le Secretaire d'Etat, qui s'attribue toutes les épices de cette Cour, donne des apointemens. Ceux qui demeuroient dans les grandes Provinces bien peuplées, avoient dequoi s'entretretenir au large par le moien de ces droits; mais sous prétexte que les Actes, qui les regloient, ne sont plus en force, ils exigent aujourd'hui tout ce qu'ils veulent.

Le *Sheriff* a de même certains droits pour toutes les affaires qui se traitent dans les Cours de sa Province, dont il est le ministre, & dont il est obligé de faire éxecuter les sentences; mais la meilleure partie de son revenu vient des 10 pour Cent qu'il tire de tout l'argent, dont il fait la recette, outre qu'il jouït de divers autres avantages, qui rendent sa place fort lucrative.

Les profits des Arpenteurs ne sont pas considerables; mais il seroit à souhaiter qu'on les augmentât, & qu'on ne mit dans cette charge que des personnes habiles & d'une probité reconnue, puis que le repos & les biens des familles dépendent de leur décision.

Les *Coroners* ne gagnent pas grand' chose, quoi qu'ils aient de gros droits. Il y en a deux établis dans chaque Paroisse, ou même davantage, s'il est nécessaire. Lors qu'ils sont absens, & qu'il arrive quelque cas de leur compétence, le Juge à Paix le plus voisin s'aquite de leur fonction, & reçoit le profit, qui

P

mon-

monte à 133 ℔ de Tabac, pour une Enquête; mais ils n'ont rien pour leurs autres vacations.

IV. Il y a d'autres Officiers subalternes qui n'ont pas de Commission, je veux dire, les Inspecteurs des grands chemins, les Conétables & les Chefs des Bourgs, ou des Communautez. Ils sont établis & renouvellez tous les ans, s'il est nécessaire, par les Cours de chaque Province, qui leur prescrivent d'ailleurs telles bornes qu'elles jugent à propos, & ils doivent s'aquitter de leurs charges, sans en tirer aucun profit.

CHAPITRE IV.

Des Revenus fixes, ou des Fonds publics en Virginie.

I. IL y a cinq sortes de Revenus publics dans ce Païs-là. 1. Une Rente que Sa Majesté se reserve sur toutes les terres données par des Lettres patentes. 2. Un Revenu accordé à Sa Majesté par Acte de l'Assemblée, pour l'entretien du Gouvernement. 3. Un Fonds établi par l'Assemblée, & dont elle dispose, pour des occasions extraordinaires. 4. Un autre Fonds,

Fonds, qu'elle a donné au Collége. 5. Enfin, un Revenu, qui se leve par Acte du Parlement d'*Angleterre*, sur le commerce de la *Virginie*.

II. A l'égard du *premier* de ces Revenus, c'est la rente fonciere de deux Chellins pour chaque cent Arpens de terre, que tout le monde paie à la Reine, & qu'on porte à la Tréforerie, si vous en exceptez les habitans de l'Isthme *Septentrional*, qui paient cette rente à certains Proprietaires de la famille du Lord *Colepepper*, qui en ont pris possession sous les prétextes, dont nous avons déja parlé ci-dessus *.

Ce Revenu est monté à plus de 1200 Liv. Sterl. par an, depuis que le Tabac se vend bien; & l'Auditeur, qui le met en caisse, en doit disposer, suivant les ordres de la Reine, pour le service & l'avantage du Païs, sur tout, en cas d'un peril éminent & de quelque urgente necessité. Si l'on avoit eu la même précaution du tems de la revolte de *Bacon*, le Chevalier *Berkley*, qui ne se trouva pas en état de lui faire aucune résistance, auroit pû facilement le réduire, & il auroit épargné plus de cent mille Pieces, qu'il en coûta à l'*Angleterre*, pour pacifier ces troubles.

III. Le

* Liv. I. p. 130. &c.

III. Le *second* de ces Revenus accordé à Sa Majesté par Acte de l'Assemblée, pour l'entretien du Gouvernement, se tire 1. de la taxe de deux Chellins par Barrique de tout le Tabac qui se transporte hors du Païs: 2. des quinze Sols par Tonneau, que chaque Navire doit paier au retour d'un Voiage, soit qu'il se trouve plein ou vuide: 3. des six Sols par tête, que tous les Passagers, libres ou esclaves, doivent paier à leur arrivée dans ce Païs-là: 4. des amendes & des confiscations établies par divers Actes de l'Assemblée: 5. de toutes les Bêtes qui s'égarent dans l'étendue du Gouvernement & que personne ne reclame: 6. enfin, du droit d'aubaine sur les terres & les biens meubles de ceux qui ne laissent point d'heritier légitime. Tous les deniers, qui proviennent de ces Fonds, sont mis entre les mains de l'Auditeur, qui en dispose par ordre du Gouverneur & du Conseil, pour défraier les dépenses publiques; & l'Assemblée a le droit d'en examiner les comptes. Ce revenu monte à plus de 3000 Liv. Sterl. par an, une année portant l'autre.

IV. Le *troisiéme* Fonds établi par Acte de l'Assemblée, & dont elle se reserve la disposition, vient d'une taxe sur l'entrée des Liqueurs qu'on envoie des Plantations

voi-

voisines, & d'un droit qu'on leve sur tous les Esclaves, Valets & Servantes qui arrivent dans le Païs, à l'exception des *Anglois*.

L'impôt sur les Liqueurs est de 4 soûs par Gallon sur tous les Vins, le Rum & l'Eau de vie; & d'un soû par Gallon sur la Biere, le Cidre & autres Liqueurs, à 20 pour Cent de rabais sur la facture du Commissionnaire.

Le droit sur les Esclaves & les Serviteurs, est de 15 Chellins pour chacun de ces derniers, qui ne sont pas natifs d'*Angleterre* ou du Païs de *Galles*, & 20 Chell. pour chaque Esclave, ou Négre.

La premiere de ces Taxes monte, une année portant l'autre, à 600. Liv. Sterl. par an, & la derniere, tantôt plus, tantôt moins, selon qu'il arrive des Vaisseaux, qui vont à l'achat des Négres.

L'argent, qui provenoit de celle-ci, servit à élever le Capitole, & à bâtir la Prison publique, & les deniers, qu'on tire de l'une & de l'autre, servent à paier diverses personnes, qui ont de grandes prétentions sur l'Assemblée; ce qui faciliteroit la levée de la Capitation, si l'une de ces Taxes ne tomboit sur les Domestiques; mais comme ce droit, qui n'est que de 15 ou 20 Chell. par tête, se pousse dans la vente jusques à 40 ou à 50, il arrive qu'on paie cinq ou six années de Capitation, avant que l'on puisse avoir un Domestique.

Le Trésorier du Païs est le Receveur de ces Fonds, & il n'en dispose que par ordre de l'Assemblée.

V. Le *quatriéme* Revenu, que l'Assemblée a donné au Collége, se tire d'un droit sur toutes les Peaux & les Fourrures qui sortent du Païs : Ce Fonds produit autour de 100. Liv. sterl. par an, & ceux qui l'exigent, le doivent paier au Trésorier du Collége.

VI. Enfin, le *cinquiéme* & dernier Fonds établi par Acte du Parlement d'*Angleterre* sur le Commerce de la *Virginie*, est un droit d'un Sol par ℔, sur tout le Tabac qu'on transporte aux Plantations, & qui ne va pas à droiture en *Angleterre*. Ce droit fut établi par un Statut passé l'An XXV. du Regne de *Charles* II. Chap. VII, & accordé au Roi & à ses Successeurs ; mais le Roi *Guillaume* & la Reine *Marie*, de glorieuse memoire, le donnerent au Collége. Il ne produit pas plus de 200 Liv. Sterl. toutes les années, soit en *Virginie* ou à *Maryland*, & c'est au Trésorier du Collége qu'on le doit paier.

CHA-

CHAPITRE V.

De la levée des deniers, pour paier les Dettes de chaque Province, & des Paroisses.

I. IL n'y a que deux manieres de lever de l'argent dans ce Païs; l'une, par les droits qu'on met sur le commerce, & l'autre par une Capitation. Je viens de parler assez au long de la premiere; ainsi je ne m'arrêterai qu'à celle-ci; qui consiste à faire paier une certaine quantité de Tabac, à toute sorte de personnes, sans aucune distinction, sujettes à la dîme.

Tous les Négres, mâles ou femelles, au dessus de seize ans, sont sujets à la dîme: aussi bien que tous les blancs du même âge: mais les femmes blanches ne paient aucune taxe, de quelque nature qu'elle soit.

Pour avoir un compte exact de toutes ces Personnes sujettes à la dîme; les Juges à paix de chaque Province respective en font une Liste toutes les années au tems de la Moisson; & les Chefs des familles sont obligez, sous de grosses amendes, de leur donner une liste fidéle de toutes les personnes qui les composent.

Les Capitations sont de trois sortes; ou Générales, ou Provinciales, ou Paroissiales.

II. Les premieres se levent par Acte de l'Assemblée sur toutes les personnes sujettes à la dîme, dans toute l'étenduë de la Colonie. Elles servent à paier plusieurs dépenses publiques; comme, ce qu'il en coûte, pour faire executer un Esclave criminel, dont il faut dédommager le Maitre; pour arrêter les deserteurs, paier la Milice, lors qu'elle est sur pié, les gages de divers Officiers, l'expedition des Ordres que la Secretairie envoië, pour faire élire les Députez à l'Assemblée générale, & pour d'autres frais de cette nature.

III. Les Capitations Provinciales, ou particulieres à chaque Province, sont imposées par les Juges de paix, & servent à faire bâtir ou reparer les Cours, où l'on administre la justice, les Prisons, les Piloris, les Cêps, & à paier en général toutes les dettes de la Province.

IV. Enfin, les Capitations Paroissiales s'imposent par les principaux de chaque Paroisse, & sont emploiées à faire bâtir & orner les Eglises & les Chapelles;

les ; à paier les terres qu'on y annexe, & les gages des Ministres, des Lecteurs, des Clercs & des Sacristains.

CHAPITRE VI.

Des Cours de Judicature en Virginie.

I. LORS que j'ai parlé du Gouvernement de ce Païs, j'ai insinué quelles étoient autrefois les procedures des Cours de justice; qu'on y observoit les regles de la droiture & de l'équité, sans avoir aucun égard à mille formalitez impertinentes, qui se pratiquent ailleurs ; que la Cour générale prenoit connoissance de toutes les Causes, Ecclesiastiques & Civiles, & qu'on pouvoit apeller de ses décisions à l'Assemblée générale. De cette maniere, les Procès se vuidoient bien vîte, & l'on recouvroit à peu de fraix une Dette légitime.

Mylord *Colepepper*, homme d'un sens exquis & fort versé dans les Loix d'*Angleterre*, admiroit la méthode simple & facile de ces Cours, & il n'oublia rien pour les y tenir assujeties. Il en retrancha même quelques innovations qui s'y glissoient, sous le masque de formali-

P 5 tez,

tez ; quoi que d'ailleurs il fut la cause qu'on banît la voie des Apels à l'Assemblée générale.

Mylord *Howard*, qui lui succeda, prît une route opposée à la sienne, & quoi qu'il n'eut aucune connoissance des procedures qu'on observe dans les Cours d'*Angleterre*, il tacha d'en introduire toutes les formalitez.

Le Chevalier *Edmond Andros*, qui vint ensuite, y fit recevoir tous les Statuts d'*Angleterre*, même ceux qu'on avoit faits depuis que la Colonie avoit obtenu sa derniere Chartre.

Enfin le Gouverneur *Nicholson*, qui ne connoit d'autres loix que celles du Roiaume de *Maroc*, & qui n'a eu, pour diriger sa conscience & son jugement, que de miserables Praticiens, a mis tout en œuvre, pour introduire dans ces Cours-là toutes les chicanes & les subtilitez de la Plaidoyerie *Angloise*.

II. Il y a deux sortes de Cours, qui ne diférent qu'à l'égard de la jurisdiction; c'est-à-dire la Cour générale, & les Cours particulieres de chaque Province. Je ne parle pas de la Cour de l'Amirauté, où il n'y a point de Juge, ni même aucun salaire fixe pour lui ; & où est l'homme de quelque rang ou de quelque capacité,

cité, qui voulut à ce prix-là d'un Poste si pénible? Il est vrai qu'on n'a pas besoin de cette Charge, parce que les Cours Provinciales se tiennent si souvent, qu'elles y supléent sans aucun embarras. D'ailleurs, s'il arrive des affaires imprévûes, qui regardent la Marine, le premier Juge en Commission est autorisé par les Loix, de convoquer extraordinairement les Cours, pour y tenir la main.

III. La Cour générale est composée du Gouverneur & du Conseil, qui jugent de tous les Procès civils, en vertu de la coûtume, & de toutes les affaires criminelles, en vertu de la Chartre.

Cette Cour prend connoissance de toutes les causes, criminelles, Ecclesiastiques & civiles, & il n'y a point d'apel de son jugement, à moins que la chose demandée ne vaille plus de 300 Liv. sterl. Alors on peut en apeller à la Reine & à son Conseil, qui choisit un Comité, qu'on nomme les Seigneurs des Apels, pour en décider; & cela se pratique aussi à l'égard de toutes les autres Plantations. Je ne sache pas que dans les affaires criminelles il y ait aucun apel de la Sentence de cette Cour; mais le Gouverneur a le droit de pardonner tous ceux qui se trouvent coupables de quelque crime que ce soit,

soit, si vous en exceptez celui de trahison & de meurtre volontaire; & même dans ces derniers cas, il peut donner du repit au criminel, si la Cour le représente comme un objet digne de compassion. D'ailleurs, ce repit est valable, & peut être prolongé, jusqu'à ce que la Reine signifie quel est son bon plaisir à cet égard.

IV. Cette Cour ne se tient que deux fois l'année, à commencer le 15 d'*Avril* & le 15 d'*Octobre*, & continuë dix-huit jours de suite, sans compter les Dimanches, s'il y a des affaires pour l'occuper si long-tems, & c'est alors qu'on examine les Prisonniers.

V. Le Sheriff de la Province, où la Cour se tient, & ses Officiers subalternes sont obligez d'y assister. Il est de leur charge d'y faire entrer les Parties qui sont en procès, & les témoins, lors que la Cour le requiert, & de choisir les Jurez. D'ailleurs, chaque Sheriff fait arrêter les coupables dans sa Province, & il doit produire ses ordres à cette Cour.

VI. Voici de quelle maniere on choisit les petits Jurez, qui sont au nombre de douze, pour servir dans cette Cour. Le Sheriff & ses Députez vont par la

Vil-

Ville, tous les matins que la Cour s'assemble, & ils somment les Gentilshommes les plus qualifiez, qui s'y rendent de toutes parts, de comparoitre à la Cour ce matin-là, pour y servir de Jurez, quoi qu'on ne sache pas, si elle en aura besoin. S'il y a quelque cause, qui en demande, on leur fait prêter serment qu'ils l'examineront avec soin, & qu'ils en diront leur avis en conscience; mais si l'on n'a pas à faire d'eux, on les renvoie dès le soir même, sans que la Cour les congédie dans les formes. Par ce moien, on a de meilleurs Jurez, que si on les mandoit d'une seule Province, & le voisinage des Lieux n'y fait rien, puis que les mêmes usages & les mêmes coûtumes se pratiquent dans toute la Colonie.

Pour ce qui est des Grands-Jurez, qu'on nomme ainsi, parce qu'ils sont au nombre de vingt-quatre, on les choisit à-peu-près de la même manière, avec cette différence, que la Cour, qui souhaite d'en avoir quelques uns de tous les Quartiers du Païs, ordonne au Sheriff, un jour à l'avance, d'y pourvoir.

VII. On observe une autre méthode, lors qu'il s'agit d'une affaire criminelle, où il importe aux Jurez de connoitre la vie & mœurs du coupable. En ce cas, on expédie un Ordre par écrit, pour sommer six des plus proches voisins du criminel, & qui doivent être de la même Province, où il demeuroit. Le Sheriff de la Province renvoie cet Ordre à la Secretairie d'Etat, avec les noms des six personnes qu'il a choisies, & le Sheriff, qui assiste à la Cour générale, les met sur son rôle à la tête des autres, qu'il somme dans la Ville, pour servir à juger le criminel, en qualité de petits-Jurez. D'ailleurs, le Prisonnier a le même droit ici qu'on accorde en *Angleterre*, c'est-à-dire qu'il peut recuser les Jurez qu'il lui plait, & alors, s'il n'en reste pas assez, on choisit quelques uns des Bourgeois qui se trouvent présens, pour en avoir le nombre qu'il faut.

VIII. Dans ce Païs, tous les Procès se terminent au plus tard à la troisiéme fois que la Cour s'assemble, à moins qu'il n'y ait de puissantes raisons, pour faire voir que le Défendeur n'a pû être prêt si tôt. Quoi qu'il en soit, s'il ne comparoit pas, on fait arrêter sa Caution, & on lui signifie, que si le Défendeur ne se présente aux prochaines assises, pour plaider sa cause, il en sera débouté : S'il paroit alors, il est obligé de plaider sa cause,

se, & s'il demande un délai, & qu'on le lui refuse, il faut qu'il plaide tout de nouveau sur le champ; la Cour prononce ensuite; ou si elle ne peut pas, à coup sûr l'affaire se vuide la Séance prochaine, à moins qu'il n'y ait quelque obstacle insurmontable. C'est ainsi qu'une année & demi sufit pour terminer un Procès à la Cour générale, & trois Mois dans les Cours particulieres de chaque Province. Si l'on en apelle de celles-ci à l'autre, l'affaire ne peut trainer tout au plus que neuf Mois.

IX. Il est permis à chacun de plaider sa cause, s'il le juge à propos, ou d'y emploier ses amis, parce qu'il n'y a point de Praticiens pour cela. Si l'on n'est pas satisfait du jugement rendu par la Cour de la Province, on peut en apeller aux prochaines assises de la Cour générale, soit qu'il s'agisse d'une grosse ou d'une petite Somme, pourvû qu'on donne caution d'y répondre, & de s'en tenir au jugement de cette derniere Cour; où l'on ne peut point porter une cause en premiere instance, au dessous de la valeur de 10 Liv. Sterl., ou de 2000 ℔ de Tabac.

X. Les Cours particulieres des Provinces sont établies par Commission du Gou-

Gouverneur, & de l'avis du Conseil. Elles sont composées de huit Gentilshommes de la Province, ou même d'un plus grand nombre, qu'on apelle Juges de paix, & le Sheriff n'y assiste que pour executer leurs ordres. Cette Cour se tient tous les Mois, & sa jurisdiction est bornée aux Causes de la Province; mais elle n'a pas droit de condamner à mort, ni à la perte d'aucun membre; si ce n'est les voleurs des Cochons, à qui elle peut faire couper les oreilles, suivant un Acte particulier, qui lui en donne le pouvoir. D'ailleurs, on y procéde en toutes choses de la même maniere qu'à la Cour générale.

XI. Les Juges de ces Cours s'assemblent outre cela un certain jour de l'année, pour examiner les affaires des Orphelins, & mettre en aprentissage ceux qui n'ont rien, ou que très-peu de chose. Ils s'informent de quelle maniere on les éleve & les nourrit; si les personnes qui ont leur bien continuent à être solvables; si leurs terres & leurs aprentissage, profitent à l'Ecole & dans leur métier; & lors que les Juges trouvent qu'on en use mal avec eux, ou qu'on ne les enseigne pas bien, ils les font changer de Maitres, ou ils leur donnent une autre vacation. Ce

Ce n'est pas tout, la charité qu'on a ici pour les pauvres Orphelins, oblige les Artisans, qui en ont pour aprentifs, non seulement à les envoier à l'Ecole, & à leur aprendre leur métier, mais aussi à leur donner au bout de leur terme, du Bétail, des outils, ou autres choses, jusques à la valeur de cinq, six, ou dix Pieces, à proportion de l'âge qu'ils avoient lors qu'ils se sont engagez, outre une certaine quantité de blé & des habits. Les Garçons servent jusques à l'âge de vingt & un an, & les Filles jusques à dix-huit. Alors ceux qui ont pris quelque peine à s'instruire, ne manquent pas de se bien marier, & de vivre à leur aise, quoi qu'ils n'eussent pas un sol de patrimoine.

Au reste, malgré le jour destiné à l'examen de ce qui regarde les Orphelins, cela n'empêche pas que les Juges ne travaillent à procurer leur avantage, toutes les fois que l'occasion s'en présente dans leurs assises ordinaires; & il semble même qu'ils ne prennent un jour fixe, que pour repasser ce qu'ils ont fait durant l'année, & voir si l'on a bien executé leurs ordres.

CHAPITRE VII.

De l'Eglife & des affaires Ecclefiaftiques.

I. Les Paroiſſes ne s'apellent ici grandes ou petites, qu'à proportion de nombre des perſonnes qu'il y a ſujettes à la dîme, & non pas ſuivant l'étenduë du leur terroir. Chaque Paroiſſe a une Egliſe commode, bâtie de brique, ou de pierre, & de bois de charpente, & ornée de tout ce qu'il faut pour la bienſéance & la célébration du ſervice divin. Mais ſi la Paroiſſe eſt trop grande, il y a une ou deux Chapelles annexes, où le Miniſtre prêche tour à tour, & où il laiſſe un Lecteur, pour lire les Prieres & une Homilie, lors qu'il ne peut pas y officier lui-même.

II. Preſque tous les habitans ſont Membres de l'Egliſe *Anglicane*, qu'on y a établie par les loix, & l'on n'y voit que très-peu de Non-Conformiſtes, quoi qu'il y ait liberté de conſcience pour tous les Chrêtiens, qui veulent ſe ſoumettre aux charges de la Paroiſſe. Il n'y a que cinq Conventicules, c'eſt-à-dire trois de Quakers, & deux de Presbyteriens. L'on obſerve à l'égard de ces derniers, que

les

les Comtez, où ils ont leurs assemblées, ne produisent que de fort méchant Tabac; & c'est pour cela qu'ils ne peuvent engager aucun Ministre orthodoxe à demeurer avec eux; mais lors qu'ils en recouvrent quelcun, ils vont regulierement à l'Eglise. Pour ce qui est des Quakers, si on ne les inquiete point, leur nombre diminuë de jour en jour.

III. Les gages d'un Ministre y sont fixez à 16000 ℔ de Tabac par An, soit que la Paroisse soit grande ou petite. Il a d'ailleurs, une Maison & des terres, qui apartiennent à l'Eglise, outre certains droits sur les Mariages, & pour les Oraisons funébres qu'il prononce: de sorte que la différence des revenus du Clergé ne peut venir que de la différence du Tabac, ou des Lieux où il croît, ce qui en change la valeur, ou de ce que dans les grandes Paroisses il se fait plus de Mariages, & plus d'Oraisons funébres.

Le droit du Ministre pour une Oraison funébre est fixé à 40 Chellins, ou à 400 ℔ de Tabac; & pour un Mariage, dont on a été dispensé de faire publier les anonces, à 20 Chell., ou à 200 ℔ de Tabac; mais lors que les anonces en ont été proclamées, à 5 Chell., ou à 50 ℔ de Tabac.

Lors

Lors que l'Assemblée accorda ces apointemens aux Ministres, elle estimoit le Tabac à 10 Chell. le Quintal ; c'est-à-dire que les 16000 ℔ reviennent sur ce pié à quatre-vingt Livres Sterlin ; mais depuis quelques années, le Tabac parfumé s'est vendu presque le double dans toutes les Paroisses, où il en croît, & il n'a jamais valu moins de 10 Chellins.

Il y a même quelques Paroisses qui entretiennent une certaine quantité de Bétail & de Négres sur les terres de l'Eglise, pour l'avantage & le profit du Ministre, qui n'est responsable que du fonds, lors qu'il vient à quitter la Paroisse.

IV. Pour bien regir toutes leurs affaires, il y a un Consistoire dans chaque Paroisse, qui est composé de douze de ses principaux Membres, que les Paroissiens nommoient autrefois ; mais aujourd'hui lors qu'il en meurt un, ceux qui restent en choisissent un autre à sa place. On peut regarder ces Messieurs comme les Patrons de l'Eglise, puis qu'ils ont droit de présenter les Ministres, au nom de la Paroisse, dont ils réglent aussi toutes les cotisations. D'ailleurs, pour se rendre capables de cet Emploi, il faut qu'ils souscrivent les Dogmes & la Discipline de l'Eglise *Anglicane* ; & s'il y a un Ministre

niſtre dans la Paroiſſe, il eſt toûjours le chef du Conſiſtoire.

Afin de s'entr'aider les uns les autres, & que chacun ait ſa part du fardeau, ils nomment tous les ans deux Membres de leur corps, pour ſervir de Marguiliers. Ceux-ci doivent tenir la main à l'exécution des ordres & des reglemens du Conſiſtoire ; recueillir tout le Tabac de la Paroiſſe, & le diſtribuer aux différentes perſonnes qui ont droit d'y prétendre : Ils ſont obligez d'ailleurs de faire les Comptes de la Paroiſſe, & de repréſenter toutes les profanations & les débauches qui s'y commettent.

Ces Marguiliers ont auſſi le ſoin d'envoier chez le Miniſtre le Tabac qu'on lui donne, bien accommodé dans des Barriques, & prêt à être embarqué ; de ſorte qu'il n'a d'autre peine, que celle de le recevoir. C'eſt ce que la Loi preſcrit, pour la commodité des Miniſtres, afin que, delivrez de tout cet embarras, ils aient plus de tems pour s'aquitter des fonctions de leur Charge, & qu'ils puiſſent vivre d'une maniere décente & convenable à leur caractére. On peut remarquer ici en paſſant, qu'il faut le travail de douze Négres, pour cultiver le Tabac qu'on paie à un Miniſtre, ſur tout ſi c'eſt du Tabac parfumé. V. Sui-

V. Suivant les loix de ce Païs, les Cours des Provinces peuvent accorder la verification des Testamens & des Actes d'administration; mais la Commission en doit être signée par le Gouverneur, sans qu'il en tire aucun profit. Les Clercs de ces mêmes Cours expédient les Dispenses à l'égard des Mariages, & le premier Juge en Commission les signe, ou toute autre personne deputée par le Gouverneur, à qui il en revient un droit de vingt Chellins. Le pouvoir aussi de mettre les Curez en possession des Benefices, auxquels on les présente, est entre les mains du Gouverneur. Tout cela est reglé par des Actes contenus dans le premier Recueil qu'on fit des Loix de la *Virginie*, & depuis ce tems, les Rois d'*Angleterre* ont toûjours donné des instructions à leurs Gouverneurs de les faire exécuter avec soin.

Lors qu'en l'année 1642, les Sectaires commencerent à se multiplier en *Angleterre*, l'Assemblée fit un Acte pour les empêcher de repandre leurs Dogmes dans la Colonie. On n'y admettoit aucun Ministre à prêcher, qu'il ne fut ordiné par un Evêque de l'Eglise Anglicane: & le Gouverneur devoit juger, si les Certificats qu'ils produisoient de leur

Or-

Ordination, étoient valables, comme il le fait encore aujourd'hui.

VI. La seule chose dont les Ministres se plaignent en *Virginie*, c'est que la plûpart d'entr'eux ne possedent pas leurs Benefices par droit de franc Fief, & qu'ils en peuvent être dépouillez sans aucune forme de procès, & sans qu'on les charge d'aucun crime. Ils sont entretenus d'une année à l'autre, ou pour un certain nombre d'années, suivant l'accord qu'ils ont fait avec leur Consistoire ; mais il n'arrive guéres qu'on les renvoie, à moins qu'ils n'aient commis quelque grande faute ; & alors même, s'ils n'ont pas mené une vie fort scandaleuse, ils ne manquent pas de trouver bientôt une autre Paroisse. On peut dire qu'il n'y a pas un seul Benefice dans ce Païs, qui demeure vacant, s'il y a moien de le remplir ; & qu'aucun Ministre dûement qualifié n'en est jamais retourné, sans y trouver de l'Emploi ; quoi qu'il y ait aujourd'hui une douzaine de Paroisses vacantes.

CHAPITRE VIII.

Du * *Collège établi à* Williamsbourg.

I. Nous avons déja vû que le Roi *Guillaume* & la Reine *Marie* de glorieuse memoire fonderent ce Collége en l'année 1692. Pour servir à cette fondation, ils lui donnerent la somme de 1985 Liv. 14 Chell. 10 ß, 20000 Acres de terre, le droit d'un Sol par ℔ sur le Tabac qui se transporte de la *Virginie* & de *Maryland* aux Plantations, & la Place de grand Voier de la Colonie, qui étoit alors vacante, avec la permission de nommer un Deputé à l'Assemblée générale. Jusques-ici les terres n'ont presque rien produit; le droit d'un Sol par ℔ sur le Tabac porte autour de 200 Liv. par an, & la Place de grand Voier près de 50 Livres. L'Assemblée y a joint un droit sur la sortie des Peaux & des Fourrures, qui peut aller à 100 Livres par an.

II. La Chartre que Leurs Majestez lui accorderent, nommoit certains Gentils-hom-

* Il a été brulé par accident le 29. Octobre 1705.

hommes, pour en être les Curateurs, avec plein pouvoir de le faire bâtir, & de lui donner le nom de Collége de *Guillaume* & de *Marie*; d'y établir un Président ou un Principal, six Regens, ou Professeurs, & une centaine d'Etudians, graduëz, ou non graduëz; de jouir, en qualité d'un corps reduit en Communauté, d'un revenu de 2000 Liv. Sterl. par an, soit en biens Ecclesiastiques, ou Seculiers, pour être emploié à bâtir & orner le Collége; & cela fait, d'en remettre le reste au Principal & aux Professeurs, qui sont aussi erigez en Communauté, & qui ont droit d'aquerir & de posseder jusques à la valeur de 2000 Liv. Sterl. par an, mais non pas au-delà.

III. Les Curateurs nommez dans la Chartre sont faits Gouverneurs & Inspecteurs du Collége à perpetuité, avec pouvoir de remplir les places qui viennent à vaquer, soit par la mort ou la déposition de quelcun d'entr'eux. Leur nombre complet peut aller jusques à 18, mais il ne doit pas exceder 20, dont ils choisissent un Recteur tous les ans, c'est-à-dire le premier Lundi, qui suit le 25. de *Mars*.

Ces Curateurs ont le droit de nommer le Président, les Professeurs & tous les autres Officiers du Collége, & de faire tels Statuts & tels Réglemens qu'ils jugent à propos, pour le bien gouverner.

IV. Le Bâtiment doit être un Quarré, dont on n'a fini que deux côtez, où il y a pourtant la grande Sale, qui sert de Refectoire, l'Ecôle, tous les Offices pour la Cuisine, la Brasserie, la Boulangerie, &c. de bonnes Chambres pour le Président, les Professeurs, & un plus grand nombre d'Ecoliers, qu'il n'y en a eû jusques-ici.

V. Lors que le dernier Gouverneur fut rapellé, il y avoit plus d'Ecoliers, qu'on n'y en voit aujourd'hui, quoi qu'il n'y eut alors aucune chambre prête, & que le Regent du Collége fit ses leçons dans une petite Ecôle du voisinage. On ne peut atribuër cette difference, qu'aux procedures violentes du nouveau Gouverneur, qui ont reduit diverses personnes à envoier leurs Fils en *Angleterre*, plûtôt que de les exposer à être inquiëtez, & à vivre dans les brouilleries continuëlles que ce Gentilhomme excite parmi eux.

D'ailleurs, le premier Regent demeure à sa Plantation, qui est à plusieurs Miles du Collége, & il est si occupé de ses affaires domestiques, qu'il n'a pas le soin qu'il devroit avoir de ses Ecoliers, & qu'on qu'on avoit raison d'attendre de lui, puisqu'on lui donne 100 Liv. Sterl. par an, outre les profits.

Les Revenus du Collége, & par conséquent les gages de divers Officiers qu'il y a, sont en arriere; & *Maryland* n'a point paié depuis quelque tems le sol par ℔ du Tabac, qu'elle envoie déhors.

CHAPITRE IX.

De la Milice en Virginie.

I. Toutes les troupes de ce Païs sont reduites à la Milice, & il n'y a point de Forteresse, ni presqu'aucune Artillerie en état de servir. Les six Pieces de Campagne, qu'il y avoit autrefois sur le Fort de *James-Town*, ont été transportées à *Williamsbourg* où elles ne servent qu'à tirer quelques coups, dans une rejouissance extraordinaire. Il est vrai que les habitans y goûtent une paix profonde, & qu'ils ont aussi peu à craindre les *Indiens* du voisinage, qu'un Ennemi étranger. La pauvreté où ils vivent, & la distance qu'il y a d'une Plantation à l'autre, les mettent à l'abri des insultes du déhors, puis qu'il en coûteroit plus pour les envahir, qu'on n'en retireroit du profit. Ils ne fentent ainfi que les effets éloignez de la guerre; ce qui les tient fi bas avec tout cela, qu'ils ne peuvent fe vanter d'autre chofe que de la fûreté de leurs habitations. L'ennemi qu'ils craignent le plus de tems en tems, c'eft un Gouverneur fier & hautain, qui abufe de l'autorité de la Reine, qui cherche à établir un pouvoir arbitraire, qui les opprime & qui les traite d'une maniere indigne & cruelle.

II. Le Gouverneur eft Lieutenant-général de la Milice par fa Commiffion, & il a droit de nommer dans chaque Province le Colonel, le Lieutenant Colonel & le Major, qui ont fous eux les Capitaines & les autres Officiers fubalternes.

Tout homme libre eft enrôlé dans la Milice depuis l'âge de feize ans jufques à foixante; & chaque Province eft obligée de paffer la fienne en revuë une fois tous les ans, & de faire exercer les Compagnies feparées trois ou quatre fois. Les gens accoûtumez à chaffer toute leur vie dans les Bois, y font fort habiles à manier les armes à feu; & il n'y a nul doute que fi on les exerceoit un peu plus, la Milice

ne

ne vaudroit guére moins que des troupes reglées.

III. Le nombre de la Milice est de 2363. Chevaux legers, & de 7169. Fantassins ou Dragons ; mais comme il y a très peu de Bourgeois qui n'aient des chevaux, on pourroit facilement tourner en Dragons la plûpart de l'Infanterie, si l'occasion le demandoit. On peut voir ce que chaque Province en fournit, dans la Table qui est à la fin de ce Livre.

IV. Au lieu des Soldats qu'on avoit autrefois sur pié, & qui servoient, sous le nom de bateurs d'estrade, à nettëier les frontieres des *Indiens* ennemis, l'on a ordonné depuis peu, qu'en cas de necessité, la Milice marcheroit sous le commandement de l'Officier en chef de la Province, où l'allarme est donnée, & que s'ils restent trois jours, ou même plus, à cette expedition, ils seront païez pour tout le tems de leur service ; mais que si l'allarme se trouve fausse, & qu'ils ne soient pas obligez d'être si long tems dehors, ils ne peuvent rien prétendre.

V. Dans chaque Compagnie de Chevaux legers & de Dragons il y a trente ou quarante Maîtres, suivant les forces des Provinces, & autour de cinquante hommes dans une Compagnie d'Infanterie.

rie. Le Gouverneur, qui est en charge, les a reduites sur ce pié, au lieu qu'autrefois une Compagnie de Cavalerie étoit de cinquante Maîtres & au-delà, & une Compagnie d'Infanterie de soixante-dix hommes effectifs. On peut assembler l'une ou l'autre en moins de vingt-quatre heures.

CHAPITRE X.

Des Valets ou des Servantes, & des Esclaves en Virginie.

I. ON distingue ici les gens de service, en Esclaves à vie, & en Domestiques à tems. Les Négres & leur Posterité sont du premier ordre, suivant la maxime qui porte, que * *le fruit suit le ventre*, ou la mere. Les autres Domestiques servent pour un certain nombre d'années, suivant l'accord qu'ils font avec leurs Maîtres, ou la coûtume du Païs, qui a lieu, lors qu'il n'y a point de Contract. En ce dernier cas, la Loi ordonne, que si les Domestiques ont au dessous de dix-neuf ans, ils soient présentez à la Cour, afin qu'elle détermine leur âge; & ils sont obligez ensuite à servir jusqu'à ce

* *Partus sequitur ventrem.*

ce qu'ils aient ateint l'âge de vingt-quatre ans ; mais si la Cour juge qu'ils en ont plus de dix-neuf, alors ils ne doivent servir que l'espace de cinq années.

II. Les Valets, & les Esclaves de l'un & de l'autre Sexe sont également emploiez à cultiver la terre, à semer le grain, à planter du Tabac, &c. Il est vrai qu'il y a quelque distinction à-l'égard de leurs habits & de leur nourriture ; mais le travail des uns & des autres n'est pas diférent de celui des Inspecteurs, des Bourgeois & des Maîtres même des Plantations.

L'on distingue assez les Servantes, des Femmes Esclaves ; puis qu'une Servante n'est presque jamais emploiée à cultiver la terre, si elle est bonne à quelque autre chose. Afin même d'empêcher les Maîtres de s'en servir à cet usage, la Loi met de grosses taxes sur celles qui s'occupent à ce travail, quoi que les femmes blanches soient exemtes de tout Impôt : mais soit qu'une Esclave travaille déhors, ou à la maison, elle n'en paie ni plus ni moins.

III. Le bruit court en divers endroits d'*Angleterre*, que le Service en *Virginie* est fort rude & cruel ; mais il est certain que les Valets & les Esclaves n'y sont pas maltraitez, & qu'on n'exige pas plus d'eux, que de leurs Inspecteurs. Je puis même

même assurer que leur travail n'y est pas si pénible, que celui des Laboureurs, & des Ouvriers à la journée en *Angleterre*, & qu'ils n'y emploient pas autant d'heures le jour. Au reste, un Inspecteur, ou Maître-Valet, est un homme, qui, après avoir servi son terme, est devenu assez habile, pour gouverner une Plantation, & à qui l'on confie la direction des Valets & des Esclaves.

Pour achever cette relation à l'égard des gens de Service, j'exposerai ici en peu de mots ce que les Loix du Païs ordonnent en leur faveur.

1. On doit écouter les plaintes de tous les Domestiques, libres ou esclaves, sans en tirer aucun profit ; mais s'il se trouve que le Maître a tort, il est obligé de paier les frais.

2. Tout Juge de paix est autorisé à recevoir les plaintes d'un Domestique, & à y remedier le mieux qu'il peut, jusqu'aux prochaines assises de la Cour Provinciale, où l'affaire est terminée definitivement.

3. Tous les Maîtres sont exposez à la Censure des Cours Provinciales, s'ils ne fournissent à leurs Domestiques, de bons vivres, de bons habits, & un bon logement.

4. Ils

4. Ils sont obligez de comparoitre, sur le premier avis qu'on leur donne de la plainte de leurs Domestiques, & ils sont privez de leur service jusques à ce tems-là.

5. Les plaintes des Domestiques doivent être reçuës en tout tems à la Cour de la Province, & sans avoir égard aux formalitez ordinaires, les Juges doivent passer d'abord à l'examen de leurs griefs: S'il arrive même que les Maîtres y aportent quelque délai, & qu'ils ne se présentent pas, pour se défendre, la Cour a droit de retirer de leur service le Valet, ou la Servante qui se plaint, jusqu'à ce qu'ils comparoissent au jugement du Procès.

6. Si un Maître vient à desobéïr à un ordre que la Cour a donné sur les plaintes d'un Domestique, elle est autorisée à le placer d'abord chez un autre Maître, qui en usera mieux envers lui; en paiant au premier Maître le prix que le Valet aura été vendu à l'encan, après en avoir deduit les fraix.

7. Si un Maître est assez cruel, pour maltraiter un Domestique, qui est tombé malade, ou devenu impotent à son service, & mis par là hors d'état de travailler, les Marguiliers sont obligez de le transferer à la maison de quelque honéte

homme, pour y être nourri, jufques à la fin de fon engagement, & d'expofer les frais de fa nourriture aux prochaines affifes de la Cour Provinciale, qui a droit d'en faire de tems en tems la levée fur les biens meubles & immeubles du Maître; après quoi, cette penfion roule fur les coffres de la Paroiffe en général.

8. Tous les Domeftiques à gages ont droit à ces priviléges.

9. Les Maîtres ne peuvent faire aucun nouveau marché avec leurs Domeftiques, foit à l'égard de leur fervice, ou de toute autre chofe, fans l'aprobation d'un Juge de paix, afin que les premiers n'abufent pas de leur pouvoir au préjudice des autres.

10. Les Domeftiques ont une pleine & entiere difpofition de tout l'argent & des effets qu'on leur envoie, ou qu'ils portent eux-mêmes dans le Païs.

11. Chaque Valet à la fin de fon terme, reçoit de fon Maître quinze Boiffeaux de blé, (ce qui fufit pour toute une année) & deux Habits complets tout-neufs, de toile & de laine; & il eft alors auffi libre à tous égards, & il a autant de droit aux priviléges du Païs, qu'aucun autre des Habitans ou des Naturels.

12. D'ailleurs, chaque Valet peut prendre

dre alors cinquante Acres de terre, par tout où il en trouve, pourvû qu'on n'en ait pas déja difpofé: mais ce n'eſt pas un grand privilége, puis qu'on en peut aquerir autant pour une Piece de huit.

On voit par là, qu'on eſt ſi éloigné de tyrannifer les Domeſtiques en *Virginie*, qu'il n'y a peut-être point de Païs au Monde, où l'on ait pris plus de meſures, pour les garantir de l'oppreſſion.

CHAPITRE XI.

Des Charitez que le Public fait, & du ſoin qu'on y prend des Pauvres.

I. LE Climat eſt ſi heureux en *Virginie*, & le terroir y eſt ſi fertile, qu'il n'y a perſonne aſſez pauvre pour mendier, ou manquer de vivres, quoi qu'il y en ait un bon nombre d'aſſez lâches, qui auroient beſoin de ſecours. Je me fouviens d'avoir vû moi-même que l'Executeur Teſtamentaire d'une perſonne charitable, qui avoit laiſſé 5. Liv. Sterl. aux pauvres de ſa Paroiſſe, fut obligé de les garder neuf années de ſuite, avant que de trouver quelcun qui méritât d'y avoir part, & qu'enfin il les donna à une vieille femme. De sorte qu'on peut dire au pié de la lettre, que c'est le meilleur Païs qu'il y ait au Monde pour les pauvres. Mais si personne n'y est reduit a la mendicité, il n'y en a guére de riches ; parce que leurs denrées sont chargées de si gros droits en *Angleterre*, qu'ils n'y trouvent presqu'aucun profit.

II. S'il arrive par quelque maladie, ou autrement, qu'une personne est renduë incapable de travailler, & qu'elle est forcée à vivre des aumônes de la Paroisse, on n'en use pas alors comme en certains Païs, où l'on se contente de donner aux pauvres dequoi ne mourir pas de faim : mais on la met dans une bonne pension, où elle est entretenuë au large aux dépens du public.

Il y a diverses personnes qui demandent quelquefois d'être exemtes de toute sorte d'impôts & de contributions, lors qu'elles ont ateint un âge fort avancé, ou qu'elles sont devenuës pauvres par une longue maladie ; mais il y en a très peu qui veuillent vivre des aumônes de la Paroisse, ou plûtôt qui en aient besoin.

III. En divers endroits du Païs, il y a des Ecôles publiques, pour l'éducation des enfans, qui sont doüées d'une grande éten-

étenduë de terres, de Maisons, & d'autres choses convenables; & il y en a même quelques unes, dont les revenus peuvent fournir à l'entretien d'un Maître: mais ce que les Peres donnent de plus lors qu'ils y envoient leurs enfans, sert à lui procurer une subsistance fort honéte. Ces Ecoles ont été fondées par le moien des Legs pieux de quelques personnes charitables, & le gouvernement en est laissé à la Cour de chaque Province, ou au Consistoire des Paroisses respectives, & je n'ai jamais ouï dire qu'on ait détourné ces Legs pieux à un autre usage. Dans tous les autres Lieux, où l'on n'a pas fait de pareilles donations, les gens se cotisent pour bâtir des Ecoles, & les enfans y sont instruits à peu de fraix.

CHAPITRE XII.

Du titre, en vertu duquel les habitans de la Virginie possédent leurs terres; & des Octrois que l'on en fait.

1. L'On ne jouït ici des terres qu'à titre de roture, suivant la coûtume d'*Est-Greenwich*; & on l'aquiert par des Lettres patentes, sous le sceau de la Colonie, &

l'atestation du Gouverneur. Je ne trouve pas que le Seign d'aucun autre Officier soit requis, pour rendre la Patente valide; mais il faut que le Conseil y ait donné les mains.

II. Il y a trois diférentes voies, pour obtenir des terres dans ce Païs : 1. Par une juste prétention & à l'Arpentage. 2. En présentant Requête, pour demander les terres d'une personne, qui est déchuë de son droit. 3. En demandant aussi par Requête des terres confisquées. Pour rendre les deux premieres valables, on n'a qu'à faire enregistrer ses prétentions, & à l'égard de la troisieme, il faut convenir de paier 2 ℔ de Tabac pour chaque Acre de terre.

III. Par la Chartre Roiale, toute personne qui se transporte dans ce Païs, pour s'y établir & y demeurer, a droit à cinquante Acres de terre; c'est-à-dire qu'un homme, qui y amene sa famille, a droit au même nombre d'Acres, pour sa femme, & chacun de ses enfans.

Voici de quelle maniere il obtient sa Patente. Il faut d'abord qu'il prouve son droit, c'est-à-dire qu'il préte serment devant la Cour de la Province, où il se trouve, qu'il est arrivé dans le Païs, avec un tel nombre de personnes, & qu'il
donne

donne une Liste de leurs noms. Le Greffier de la Cour envoie cette Liste & l'Acte du serment au Commis de la Secretairie, qui, après en avoir examiné la validité, en donne un Certificat, & les met en liasse dans son Bureau. Ensuite, on produit son droit à l'Arpenteur de la Province, & on lui montre les terres qu'on a choisies ; & là dessus il est engagé par son serment de proceder à l'Arpentage, à moins que ces terres n'aient été accordées à quelque autre. D'ailleurs, il n'est rien de plus commun que de vendre son droit, de même que ses terres ; de sorte qu'une personne qui n'a jamais été dans le Païs, y peut faire des aquisitions.

L'Arpenteur doit aussi prendre garde, que les bornes des terres qu'il mesure soient bien distinctes, soit par des marques naturelles, ou par des coches taillées sur les Arbres, qui se trouvent dans son chemin : mais il fait tout ceci aux dépens de la personne qui l'emploie.

Après que l'Arpentage est achevé, l'on en remet une Copie, avec le Certificat de son droit, à la Secretaire d'Etat, & là-dessus, s'il n'y a point d'opposition, on y dresse une Patente, qui est présentée au Gouverneur & au Conseil, pour en être aprouvée. Celui qui la demande, n'a qu'à l'envoier chercher, & qu'à paier les droits, à la premiere recolte, au Sheriff de la Province, qui a foin de les recueillir tous les ans.

Cette Patente donne les terres à titre de Fief abfolu, à condition de paier une Rente fonciere de douze Sols pour chaque cinquante Acres, & d'y planter, ou de s'y établir dans l'efpace de trois années, comme la Loi du Païs le requiert ; c'eſt-à-dire, de défricher un Acre de terre, & d'y femer du grain, ou d'y bâtir une Maifon, & d'y tenir du Bêtail une année de fuite ; après quoi l'on ne ne doute point que le Poffeffeur ne s'y habituë tout-à-fait ; parce qu'il ne voudroit pas perdre fon Bêtail, qui après avoir goûté le paturage de ces nouvelles Plantations, ne s'accoûtume qu'avec beaucoup de peine à celui des autres, qui font cultivées depuis long tems. Je n'ignore pas qu'un certain Auteur grave, qui joint à un vafte favoir une fort petite connoiffance des Plantations, tourne cette Loi en ridicule, dans les * Difcours qu'il a publiez fur le Commerce d'*Angleterre*. Mais s'il avoit des terres dans ce Païs-là, fous les conditions portées par cette Loi, j'ai de la peine à croire, qu'avec toutes fes rufes & fon habileté,

* Part. II. Page 236.

bileté, il pût frauder le paiement de la rente fonciere, ou conserver son droit en faisant bâtir une Hute d'écorce, comme il s'exprime lui-même. Ce n'est pas le seul reproche injuste qu'il fait à la *Virginie*; son Livre en contient plusieurs autres, que j'attribuë tous à l'envie qu'il avoit de favoriser le partage que la Cour en faisoit à divers Proprietaires, & aux informations qu'il a reçuës de quelques personnes qui n'en savent pas plus que lui sur ce chapitre.

IV. Lors qu'une personne a obtenu une Patente de la nature de celle, dont je viens de parler, & qu'au lieu de s'établir sur ses terres, ou d'y faire quelque Plantation dans l'espace de trois années, comme il est requis, il les laisse inhabitées & incultes: en pareil cas il est déchu de ses terres, & tout autre les peut demander en son propre nom; & voici de quelle maniere il en obtient une nouvelle Patente.

Il faut qu'il présente une Requête à la Cour générale, & qu'il y expose toutes les circonstances du fait. Si sa Requête est admise, la Cour donne ordre, qu'on lui expedie une Patente, sous les mêmes conditions, de s'habituer ou de planter sur ces terres, dans l'espace de trois années. C'est ainsi que les mêmes terres peuvent

se

se perdre plusieurs fois, par la négligence de ceux qui en avoient obtenu la Patente, & que cette omission les fait déchoir, non seulement de leurs terres; mais aussi de tous les droits qu'ils y avoient, & de la dépense qu'ils y ont faite.

Mais si dans l'espace de trois années, après la date de la Patente, celui qui l'a obtenuë, s'établit ou plante sur ses terres, il n'en peut plus déchoir dans la suite, à moins qu'il ne soit convaincu de quelque crime, qui emporte la confiscation des biens, ou qu'elles ne reviennent à Sa Majesté par droit d'aubaine.

V. Quand il y a des terres qu'on croit sujettes à confiscation, le Gouverneur donne un Ordre par écrit au Receveur du droit d'aubaine, pour en faire enquête, & s'il se trouve après la perquisition, que la Reine y a droit, l'Acte en est enregistré dans la Secretairie d'Etat, où on le garde neuf Mois de suite, pour voir s'il y aura quelcun qui s'oppose à la Confiscation. En pareil cas, l'Opposant n'a qu'à présenter Requête à la Cour générale, & l'on ne dispose de ces terres, qu'après l'avoir entendu; mais s'il n'y a personne qui s'oppose à l'Enquête, on les donne à celui qui produit les titres les plus équitables; & à son défaut, le Gouverneur & le Conseil

seil en gratifient toute autre perſonne qu'il leur plait, à condition de paier dans la Tréſorerie du Païs 2 ℔ de Tabac pour chaque Acre de terre, & pour ſervir à dédommager la Reine de ſon droit d'aubaine : Là-deſſus on expedie une Patente, où l'on met tout le détail que je viens de raporter.

CHAPITRE XIII.

Des Priviléges & de la Naturaliſation des Etrangers en Virginie.

I. LEs Chrêtiens de toutes les Nations y jouïſſent tous de la même liberté, & à leur arrivée, ils ont droit, *ipſo facto*, à tous les priviléges du Païs, pourvû qu'ils prétent ſerment de fidelité à la Couronne, & au Gouvernement.

Ceux qui veulent être naturaliſez n'ont qu'à s'adreſſer au Gouverneur, & préter ſerment de fidelité entre ſes mains. Il leur en donne d'abord un Certificat ſous le Seau de la Colonie, & alors ils ſont naturaliſez dans toutes les formes.

II. Tous les *François* Refugiez, que le Roi *Guillaume*, de glorieuſe memoire, y envoia à ſes frais & dépens, ſont naturaliſez.

En l'année 1699. il y en arriva trois cens ou environ, l'année d'après, autour de deux cens, & quelque centaine ensuite, jusques au nombre en tout de sept à huit cens personnes, hommes, femmes & enfans, qui étoient sortis de *France* à cause de la Persecution.

Ceux qui s'y rendirent la premiere année, allerent s'établir, suivant l'avis qu'on leur en donna, dans un Quartier très fertile, au côté Meridional de la Riviere *James*, où demeuroient autrefois les *Monacàns*, Nation puissante & guerriere; mais il n'y en reste plus aujourd'hui, quoi qu'on apelle toûjours cet endroit la ville de *Monacàn*.

Les Refugiez qui arriverent la seconde année, joignirent d'abord leurs Compatriotes à *Monacàn* ; mais à l'occasion de quelques brouilleries, il y en eut plusieurs qui se disperserent d'un côté & d'autre dans le Païs; & ceux qui vinrent après, suivirent leur exemple, à l'exception de quelques uns, qui s'habituerent à *Monacàn*.

L'Assemblée générale fit beaucoup de bien à ceux qui s'arrêterent dans cette Ville : non contente de leur fournir d'abord de l'argent & des vivres, & de les décharger de toutes les taxes publiques,

pour

pour un bon nombre d'années, elle pria le Gouverneur de leur accorder un Bref, pour faire une Collecte universelle dans tout le Païs. Cela joint à la charité du Roi servit à les entretenir à leur aise, jusqu'à ce qu'ils puſſent avoir tout ce qui leur étoit neceſſaire, pour emploier leur induſtrie. Ils ſont aujourd'hui paſſablement bien pourvus, & ils ont déja des Troupeaux de Bêtes à corne; on aſſure même que leurs Vaches donnent beaucoup plus de lait que les autres. J'ai ouï dire qu'ils ont deſſein d'aprivoiſer de jeunes Bufles, & s'ils y peuvent reüſſir, ils en tireront ſans doute de grands avantages, puis que ces Animaux ſont plus gros que les Bœufs, & que le Climat du Païs leur eſt naturel.

D'ailleurs, les Refugiez font déja des étoffes pour leurs habits; & d'abord qu'ils auront perfectionné cette Manufacture, ils ont reſolu de s'appliquer à faire du vin & de l'eau de vie.

L'année derniere, ils firent un eſſai des Grapes ſauvages qu'ils avoient cueilliës dans les Bois, & ils en tirerent un excellent Vin rouge, qui avoit du corps & un fumet très agréable. Un Monſieur qui en avoit goûté, le vanta beaucoup en ma préſence: & ſi l'on peut faire un ſi excellent

lent vin de la vigne sauvage, que ne doit-on pas attendre de cette même vigne cultivée avec soin?

Je ne dois pas oublier ici de rendre justice à la générosité du Colonel *Byrd*, à l'égard de ces infortunez Protestans. Dès leur arrivée dans ce Païs, il les reçut avec toute la tendresse d'un Pere; & il a continué depuis à les assister en tout ce qu'il a pû. Non seulement il fournit à leurs besoins, mais par un exemple d'une charité fort rare, il s'en fait un vrai plaisir. Il les regarde comme ses enfans, & il emploie toute son adresse & tous ses amis, pour appuïer leurs interêts, soit en public ou en particulier. Il n'épargne ni sa bourse, ni sa peine, pour encourager leur industrie. Ne leur a-t-il pas toûjours permis de prendre sur ses Plantations du blé, & tout ce qui leur seroit necessaire? Ses Moulins ont toûjours été à leur service, & ils y peuvent moudre leur grain, sans paier aucun droit; & ses gens ont ordre de les assister toutes les fois que l'occasion s'en présente. Quel soin n'a-t-il pas pris, pour engager les autres à contribuër à leur subsistance? Avec quel zéle ne représenta-t-il pas leur état à l'Assemblée? Quelle ardeur ne marqua-t-il pas, pour leur concilier tous ses amis, dont la
plû-

plûpart ne croioient pas, à ce qu'ils lui difoient eux-mêmes, que la condition des
Refugiez fut auffi trifte, qu'il la dépeig-
noit? La pauvreté accompagnée de tout
ce qu'elle a d'afligeant, ne pût pas les
garantir de certains raports desavantageux, qui n'auroient pas manqué de produire de très mauvais effets à leur égard,
fi ce brave Gentilhomme n'eut pris leur
caufe en main & défendu leur innocence.
Avec quelle joie ne fit-il pas enfuite lui-
même la collecte de ce que chacun leur
voulut donner? Ne continue-t-il pas encore tous les jours à vifiter leurs familles,
& ne leur demande-t-il pas avec empref-
fement, qu'ils lui découvrent leurs be-
foins, afin qu'il ait le plaifir d'y remedier? Il eft aifé de concevoir, qu'un Pa-
tron auffi généreux que celui-ci ne peut
qu'être d'un grandiffime fecours à plufieurs
Centaines de perfonnes, hommes, femmes & enfans, qui arrivent dans un Païs
étranger, accablez de mifere & de fatigue ; & qui n'ont pas feulement à combatre la faim ; mais auffi la malice des Ef-
prits envieux, qui s'imaginent qu'on leur
vient ôter le pain de la bouche. Ce font
là des obftacles, que ces pauvres Refug-
giez eurent à furmonter dès leur arrivée
dans le Païs ; mais Dieu leur fufcita ce
Gen-

Gentilhomme, qui non content de les secourir lui-même, embrasa la charité des autres en leur faveur. Par ce moien ils ont subsisté jusques-ici, & ils sont en quelque maniere en état de s'entretenir eux-mêmes. Cependant, ils ne sont pas si bien établis, qu'ils n'aient encore besoin du crédit de leur Protecteur, pour obtenir de l'Assemblée une Donation des terres qu'ils possedent, puis qu'ils n'y ont aucun autre droit que celui de la jouissance. On devroit, si je ne me trompe, leur en accorder au plûtôt un octroi dans toutes les formes, de peur qu'après avoir emploié beaucoup d'industrie à les cultiver, on n'en dépouille un jour leurs enfans.

CHAPITRE XIV.

De la valeur & du cours des Especes en Virginie.

LA principale Monnoie qu'il y a ici, est ou d'or, marqué au coin d'*Arabie*, ou d'or & d'argent, frapez au coin de l'*Amerique Espagnole*: mais on n'y en voit que fort peu, & il y a grand'apparence qu'il y en restera encore moins, si les affaires continuent sur le pié, où elles sont

au-

aujourd'hui. Car pendant qu'il est défendu à ceux de la *Virginie* d'augmenter le prix de leur Monnoie, & qu'il est permis à tous les Gouvernemens du voisinage d'augmenter leurs Especes, à plus de trente pour Cent, au delà de leur valeur intrinseque, il n'y a nul doute qu'on ne transporte tout l'argent des premiers dans ces endroits-là; ce qui est la plus grande avanie que l'on puisse jamais leur faire. Il seroit à souhaiter que toutes les Colonies du Continent soumises à la domination d'*Angleterre*, fussent obligées d'avoir un seul & même titre pour leur Monnoie; afin qu'un Gouvernement ne s'enrichît pas mal-à propos au préjudice d'un autre. On ne sauroit exprimer les embarras que la sortie des especes cause à la *Virginie*. Quelquefois on y manque d'argent, pour fournir à la dépense d'un Voiage, & pour paier quelques journées à des Ouvriers, ou à des Artisans, qui sont par là reduits à perdre beaucoup de tems, pour exiger une bagatelle, & privez des moiens de faire valoir le peu qu'ils ont. D'ailleurs, ce manque d'argent est la source de mille Procès, qu'on entame, pour demander ces Dettes, & force presque tout le monde à tenir une infinité de Comptes inutiles.

Les Piſtoles d'*Eſpagne* vont ici pour 17 Ch. 6 ſols, les Sequins d'*Arabie* pour 5 Ch. c'eſt-à-dire, ſi elles peſent 16 Deniers de poids, les Ecus de *France* pour 5 Ch. les Pieces de huit du *Perou* & les Rixdales pour 4 Ch. & toutes les Eſpeces *Angloiſes* ſur le même pié qu'en *Angleterre*.

CHAPITRE XV.

Des habitans de la Virginie.

I. JE reconnois avec le Chevalier *Joſias Child*, que cette Plantation, de même que les autres, ne fut d'abord peuplée que par des gens, qui n'étoient pas trop bien dans leurs affaires, ou qui cherchoient fortune dans un Païs étranger. Cela ne pouvoit preſque pas arriver autrement; puis qu'il n'y a nulle apparence qu'un homme, qui auroit eu de grands biens, les eut abandonnez, pour courir après des avantages chimeriques, dans un nouveau Monde. Outre cette incertitude, il faloit s'atendre à mille dificultez, & à un nombre infini de perils, qui accompagnent toûjours un établiſſement de cette nature. Cela ſufiſoit, ſi je ne me trompe,

pour

pour empêcher tout homme, qui avoit dequoi vivre en *Angleterre*, d'aller tenter fortune dans un Païs si éloigné.

II. La plûpart de ceux qui passerent les premiers en *Virginie* n'avoient ni femmes ni enfans, & ceux qui en avoient, ne voulurent pas les exposer à la fatigue & aux perils d'un si long voiage; jusqu'à ce qu'ils eussent vû de quelle maniere ils s'y établiroient. Ils ne furent pas plûtôt à leur aise, & en état d'entretenir une Famille, que sensibles au malheur de n'avoir point de Femmes, ceux qui en avoient laissé en *Angleterre*, les firent venir; mais les autres se trouverent bien embarrassez: ils n'oserent pas épouser des *Indiennes*, tant à cause de leur Paganisme, que dans la crainte qu'elles ne conspirassent avec ceux de leur Nation, pour leur ôter la vie. Reduits à cette extrémité, ils crurent que l'abondance où ils vivoient, pourroit engager d'honêtes *Angloises*, qui auroient peu de bien, à les aller joindre. Cependant ils n'en voulurent recevoir aucune, qui ne fut munie d'un bon Certificat de sa bonne & sage conduite. Celles qui avoient de la vertu, pour médiocres qu'elles fussent d'ailleurs à tout autre égard, ne manquoient pas de s'y bien marier en ce tems-là, sans avoir même un

Sol de Dot. Ce n'est pas tout, les premiers Avanturiers s'attendoient si peu à recevoir de l'argent d'une Femme, qu'ils avoient accoutumé d'en acheter une, qui avoit quelque mérite, sur le pié de 100 Liv. Sterl. & qu'ils croioient d'avoir fait un excellent marché.

III. On peupla d'abord la Colonie de cette maniere; mais dans la suite, lorsqu'on eut bien connu les avantages du Climat, & la fertilité du terroir, & que tous les dangers, qui accompagnent un établissement de cette nature pendant son enfance, ne subsisterent plus, il y eut des personnes de consideration, qui s'y rendirent avec leurs Familles soit pour augmenter leurs Capitaux, ou pour se mettre à couvert de la persecution, que leurs principes sur la Religion, ou sur le Gouvernement leur pouvoient attirer.

Ce fut ainsi qu'au tems de la Rebellion en *Angleterre*, il y eut plusieurs bonnes familles des Roialistes, qui s'y retirerent avec leurs effets, pour échaper à la tyrannie de l'Usurpateur. D'un autre côté, lors que *Charles* II. fut rétabli sur le trône de ses ancêtres, il y eut des gens du parti de *Cromwell*, qui s'y refugierent pour éviter le ressentiment de ce Monarque. Mais il n'y en alla pas beaucoup de
ces

ces derniers, parce que de tous les Païs, qui relevent de la Domination *Angloise*, il n'y en avoit point qui eut tenu si long tems pour la Famille Roiale ; de sorte que la plûpart de ces Républicains passerent à la *Nouvelle-Angleterre*, comme aussi la plûpart de ceux qu'on inquieta pour leur Religion, sous le Regne de *Charles* II. quoi que la *Virginie* en eut quelques uns de ce nombre. A l'égard des criminels qui sont condamnez au transport, on n'y en a jamais reçu guéres ; & il y a même plusieurs années qu'on a fait des Loix rigides, pour le prévenir.

CHAPITRE XVI.

Des Bâtimens de la Virginie.

I. ON voit ici deux Bâtimens publics, qui sont les plus beaux qu'il y ait en *Amerique :* L'un est le Collége, dont nous avons déja parlé, & l'autre le Capitole ou l'Hôtel de Ville, comme on l'apelloit autrefois. C'est dans ce dernier, où se tiennent l'Assemblée générale, le Conseil, & les différens Bureaux du Païs.

Dans le voisinage du Capitole, on trouve la Prison publique, qui est fort grande

& commode; il y a des endroits feparez pour les deux Sexes, & des Chambres diftinctes pour ceux qui n'ont commis que de legers crimes. Il y a d'ailleurs une baſſe-cour, où les criminels prennent l'air, pour ſe conſerver en ſanté, juſqu'à ce qu'on ait inſtruit leur Procès.

Tous ces Bâtimens ſont élevez à *Middle-Plantation*, qu'on appelle aujourd'hui *Williamsbourg*, où la place eſt marquée, pour y bâtir une Ville. Le College & le Capitole ſont bâtis de brique, & couverts de petits Quarrez longs de bois de Cyprès ou de Pin.

II. Diverſes perſonnes y ont fait bâtir de grandes Maiſons de brique, & quelques unes de pierre, à pluſieurs étages, avec quantité de chambres à plein pié: mais l'on ne s'amuſe pas trop à les faire d'une hauteur exceſſive, parce qu'on n'y manque pas de terrain, pour y bâtir en long & en large, & qu'on y eſt expoſé quelquefois à de gros vents, qui mettroient en danger une fabrique trop élevée. On y ménage toûjours de grandes chambres, pour y pouvoir être au frais en Eté. D'ailleurs, on fait aujourd'hui les Etages beaucoup plus hauts qu'on ne les faiſoit autrefois; l'on y perce de grandes fenêtres, où l'on met des Chaſſis à

pa-

paneaux de cryſtal, & les ameublemens y ſont magnifiques.

Tous les Offices, comme la Cuiſine, le Lavoir, la Laiterie, &c. ſont détachez du corps du Logis, qui par là ſe trouve plus frais & moins expoſé aux mauvaiſes odeurs.

Les Magaſins, où l'on ſerre le Tabac, ſont tous bâtis de bois, & l'on y laiſſe autant d'ouvertures qu'il ſe peut, afin que l'air y pénétre & qu'il purifie le Tabac; mais on a grand ſoin de le garantir de la pluie.

Le toit des Maiſons, où l'on habite, eſt couvert d'ordinaire avec des morceaux de bois de Cyprès ou de Pin; mais celui des Magaſins, où l'on met le Tabac, eſt couvert de planches fort minces; & quoi qu'en certains endroits du Païs on ne manque pas d'ardoiſe, & qu'il y ait d'auſſi bonne argile qu'on peut ſouhaiter, pour faire des tuiles, il y a très-peu de Maiſons qui en ſoient couvertes. Perſonne même n'a cru juſques ici qu'il valût la peine de tirer des ardoiſes, & il n'y a pas trop d'apparence qu'on s'en ſerve, à moins que le charroi ne devienne plus commun, & à meilleur prix.

CHAPITRE XVII.

De tout ce qui se mange, ou se boit, & du Chaufage en Virginie.

I. COmme toutes les Familles demeurent ici dans des Maisons de campagne, chacune a ses gens pour engraisser le Bêtail, & semer le grain, son Jardinier, son Brasseur, son Boulanger & son Cuisinier. On y a quantité de différentes provisions pour la table, & l'on y fait venir d'*Angleterre* les Epices, & bien d'autres choses, qui ne sont pas du crû du Païs. Les Gentilshommes s'y piquent de tenir une table aussi délicate & aussi proprement servie, qu'il y en ait à *Londres*.

II. Mes Compatriotes me pardonneront, si je blâme ici leur mauvais ménage, & le peu de soin qu'ils prennent de leur Bêtail pendant l'Hiver; ce qui ruine leurs jeunes Bêtes, ou les empêche du moins de croître autant qu'elles feroient, si l'on pourvoioit mieux à leur subsistance. Mais ils s'imaginent qu'il sufit de les entretenir en vie, quoi que fort maigres, durant l'Hiver, parce qu'au Printems elles s'engraissent d'abord; & c'est la cause que leurs Bœufs & leurs Moutons ne sont
ja-

jamais si gros ni si gras qu'en *Angleterre*. Il est vrai que pour peu d'herbe qu'ils mangent, ils se retablissent à merveilles, & deviennent aussi gras qu'on peut le souhaiter.

Le Cochon, & la Volaille de toutes les sortes, domestique & sauvage, ont beaucoup meilleur goût ici qu'en *Angleterre*.

Il y a quantité d'excellent Poisson. Le Bœuf & le Cochon s'y vendent d'ordinaire un, ou deux Sols la ℔ ; une grosse Poularde six Sols ; un Chapon huit ou neuf Sols ; les Poulets trois ou quatre Chelins la Douzaine ; un bon Canard huit ou neufs Sols ; une Oie dix ou douze Sols ; un Poulet d'Inde quinze ou dix-huit Sols, & un gros Coq d'Inde deux Chelins ou demi-Ecu. Les Huitres & la Volaille sauvage sont à très-grand marché dans la Saison. Les Cerfs s'y vendent communément huit, dix, ou douze Chelins par tête, suivant qu'il y en a plus ou moins.

III. Les Gentilshommes y mangent d'ordinaire du Pain fait de froment ; mais il y en a quelques uns qui préferent le *Pone*, qui est du Pain de Maïz. La plûpart des gens du commun se soucient si peu du blé d'*Angleterre*, que bien qu'ils en pussent avoir sans aucun embarras, ils n'en veulent pas semer leurs champs, pour n'avoir pas la peine de les enfermer avec des haies. Auſſi ne mangent-ils que du *Pone*, qui n'eſt pas un mot qui vienne du Latin, *Panis*, mais du terme Indien *Oppone*.

IV. Il n'y a point de Lieu au Monde, où les Jardins Potagers réüſſiſſent mieux qu'ici. On y a non ſeulement toutes les herbes potageres qui croiſſent en *Angleterre*, & beaucoup meilleures ; mais auſſi diverſes Racines, des Herbages & des Fleurs pour la Salade, qui ſont particulieres à ce Païs, & dont la plûpart ne ſauroient ateindre à leur perfection en *Angleterre*. On les accommode en diférentes manieres, & l'on en fait de très-bonnes ſauces à la viande rôtie ou bouillie, fraiche ou ſalée. On peut mettre dans ce rang les Boutons-rouges, les Fleurs de Saſſafras, les *Cymnels*, les Melons & les Potates, dont j'ai parlé au long dans le Chapitre IV. du II. Livre.

On dit qu'il y a diverſes Plantes, comme la Rue, l'Auronne, le Romarin, le Laurier & la Lavande, qui ne viennent pas dans la *Nouvelle Angleterre*; & qu'il y en a d'autres, comme l'Oeillet, le Fenouil, l'*Enula Campana*, l'Orvale, & la Corrigiole, qui y dégénerent, & qui ne s'y maintiennent pas au-delà d'un, ou de

deux

deux ans tout-au-plus : mais je ne sache pas qu'il y ait aucune Plante, aucun Grain, ou Fruit d'*Angleterre*, qui ne réussisse en *Virginie*, & qui même n'y devienne meilleur avec le tems. L'on a cru autrefois que le Navet, dont la tête est rouge, y dégéneroit en Rave sauvage au bout de trois ou quatre années ; mais tout le mal ne venoit que d'en avoir pris la semence, comme le Navet entier la porte naturellement ; au lieu qu'on a trouvé depuis, que si l'on coupe la tête de ce Navet, après l'avoir gardé tout l'Hiver hors de terre, & qu'on la plante ensuite, elle produit une Graine, qui ne manque pas d'ameliorer le Navet, dès la premiere fois qu'on la seme.

V. On boit ici communément pour se rafraichir, du Vin & de l'eau, de la petite Biere, du Lait & de l'eau, ou de l'eau toute seule. La plûpart des gens riches y font brasser leur petite Biere avec de la Dreche, qu'ils tirent d'*Angleterre*, quoi qu'il y ait en *Virginie* d'aussi bon Orge, qu'aucune autre part du Monde ; mais les habitans n'en sement presque point, parce qu'ils n'ont pas les commoditez pour le reduire en Dreche. Les gens du commun font leur Biere avec les sedimens du Sucre & du Son ; ou avec du Maïz seché dans une Etuve; ou avec des *Persimmons* reduits en Gâteaux, sechez & cuits au Four; ou avec des Potatœs; ou avec les tiges vertes du Maïz, coupées menu & broiées; ou avec des Courges; ou enfin avec le *Batates Canadensis*, ou l'Artichaut de *Jerusalem*, qu'on plante exprès pour cet usage; mais cette derniere sorte de Biere est la moins estimée de toutes celles que je viens de specifier.

Les Liqueurs fortes qu'on boit dans ce Païs sont du Vin de *Madére* qui est délicat & vigoureux; du *Punch*, qu'on fait avec du *Rum*, qui vient des Isles *Caribes*, ou avec l'eau de vie qu'on tire des Pommes & des Pêches; du Vin & de l'Eau de vie de *France*, & de la Biere forte qu'on reçoit d'*Angleterre*.

VI. On ne brûle ici que du bois pour le chaufage, & il n'en coûte que la peine de l'abatre, & de le faire porter chez soi. Pour en débarrasser les terres qu'on défriche, on est obligé d'en brûler de gros monceaux sur les lieux mêmes. Il y a divers endroits dans le Païs, comme nous l'avons déja dit, où l'on ne manque pas d'excellent Charbon de Mine; mais personne ne s'est avisé jusques-ici d'en faire usage, tant le bois y abonde & se trouve à la main de chacun.

CHA-

CHAPITRE XVIII.

Du peu de soin qu'on a des Manufactures en Virginie.

ON y reçoit d'*Angleterre* tout ce qui sert à s'habiller, comme les Toiles, les Etoffes de laine & de soie, les Chapeaux & le Cuir. Cependant, il n'y a point d'endroit au Monde, où le Lin & le Chanvre soient meilleurs ; les Brebis y sont d'un excellent revenu, & portent une bonne toison ; mais on ne les tond que pour les rafraichir. Les Meuriers, dont les feuilles servent à nourrir les Vers à soie, croissent ici naturellement, & les Vers à soie y prosperent le mieux du monde. Il y a grand' apparence que les Fourrures, dont on y fait les chapeaux, sont renvoiées dans le Païs, après en être sorties. D'ailleurs, on y laisse pourrir une infinité de Peaux, & l'on ne s'en sert qu'à couvrir quelques Denrées séches, dans les Maisons un peu délabrées. L'on en tane à la verité quelques unes, pour en faire des Souliers aux Domestiques ; mais c'est avec si peu de soin, que les Bourgeois n'en veulent pas acheter, s'ils en trouvent

d'aud'autres ; & un homme paſſe pour un grand ménager, s'il s'aviſe de faire une Culote de Peau de Cerf. Que dis-je? on y eſt ſi pareſſeux & ſi mauvais Oeconome, que, malgré les vaſtes Forêts qui couvrent le Païs, on y fait venir d'*Angleterre*, des Cabinets, des Chaiſes, des Tables, des Coffres, des Tabourets, des Caiſſes, des Rouës de Charrette, en un mot, toute ſorte d'Utenciles de bois; & qu. plus eſt, ce qu'on auroit de la peine à croire, des Balais de Bouleau.

CHAPITRE XIX.

De la Temperature de l'air, & des incommoditez qu'il y a.

I. DAns la partie habitée de ce Païs, l'air y eſt chaud & humide : mais cette humidité vient, ſi je ne me trompe, du terrain bas & marécageux, des Criques & des Rivieres que l'on y trouve par tout ; au lieu que vers les Bois, où le terrain eſt plus élevé, & où l'on commence à faire de nouvelles Plantations, l'air y eſt ſec, & l'on n'y voit que des Ruiſſeaux, qui coulent doucement de leurs ſources, & qui ſe partagent en mille

pe-

petites branches, pour arroser les terres voisines.

II. Ce Climat, également éloigné du chaud & du froid excessif, ne peut être que fort heureux, quoi qu'il panche un peu vers le premier. Il est presque à la même Latitude que la Terre promise de *Canaan*, & il a diverses conformitez avec elle. En effet, si la *Judée* abondoit en Rivieres, la *Virginie* n'en manque pas: si l'une étoit située sur une grande Baye, qui rendoit son Commerce florissant, l'autre jouït du même avantage: si l'une se vantoit de la fertilité de son terroir, l'autre se peut comparer à cet égard aux meilleurs Païs du Monde. Mais j'ose dire, à la honte éternelle de mes Compatriotes, qu'ils n'ont pas sû profiter de tous ces avantages, & que l'abondance de toutes choses les a plongez dans une paresse inexcusable; car il arrive malheureusement que par tout où la Bonté infinie de Dieu a travaillé pour les hommes, ceux-ci ne travaillent guéres pour eux-mêmes.

Tous les Païs qui se trouvent à peu-près dans la même Latitude que la *Virginie*, passent pour les plus fertiles & les plus agréables qu'il y ait au Monde. Tels sont par exemple, le Païs de *Canaan*, la *Syrie*, la *Perse*, une grande partie des *Indes*,

des, la *Chine* & le *Japon*, la *Morée*, l'*Espagne*, le *Portugal* & la Côte de *Barbarie*; & quoi que ces Païs soient regardez comme les Jardins de ce Globe, que nous habitons, la *Virginie* est négligée par ses habitans, & méprisée par les autres.

III. Quoi qu'il en soit, ce mépris n'est fondé que sur le raport de certaines personnes prévenuës, & qui ne sont point capables d'en juger sainement. Voici de quelle maniere cela arrive.

Ceux qui s'y rendent d'*Angleterre*, ont l'imprudence d'y porter leurs habits de Drap tout l'Eté, & ils se plaignent ensuite de la chaleur insuportable du Climat. Ce n'est pas tout, ils s'y gorgent des fruits delicieux du Païs, & ils abusent de la générosité des habitans, qui n'épargnent rien pour les regaler : de sorte qu'ils tombent malades, & qu'au lieu de s'en prendre à leur intemperance, ils taxent l'air d'être mal sain. D'ailleurs, comme il n'y a point ici de Villes maritimes, les Equipages sont reduits à rouler pendant un ou deux Milles de chemin les Barrils de Tabac, pour les embarquer ; leurs mains en soufrent quelquefois, & c'est ce qui les porte à maudire le Païs. Echaufez par un si pénible exercice & par l'ardeur du Soleil, ils se mettent à boire

de

de l'eau froide ou du Cydre, nouveau, qu'ils trouvent dans la Saison, chez tous les habitans; ou bien ils mangent avec avidité toute sorte de fruits verds, qui leur tombent sous la main : ils s'attirent par là des Dyssenteries, des Fiévres, & la Cholique : alors ils s'écrient en termes de bon Matelot, que Dieu damne & confonde le Païs! C'est là l'unique source de toutes les plaintes qu'on fait contre le mauvais air de la *Virginie*; mais après un examen fort serieux, je trouve que si l'on veut mener une vie temperée, & se ménager un peu, c'est un des Païs les plus sains qu'il y ait sur la terre; quoi que la bonté du Climat & l'excellence des Fruits y exposent les gens à diverses tentations. L'air y est si pur & si subtil, qu'il anime les esprits, & chasse toute sorte de melancholie. On y jouit des benignes influences du Soleil, & l'on se met à couvert de l'ardeur de ses raions, à l'ombre des Bôcages. Tous les sens s'y trouvent repûs par une succession continuelle de plaisirs naturels. Les yeux y sont charmez de la beauté que la Nature toute nuë leur présente de toutes parts. Les oreilles y sont chatouillées par le murmure des Ruisseaux, & le sifflement des Arbres, que le Vent agite: les Oiseaux joignen
leur

leurs doux accents à ce Concert champêtre, fur tout ceux qu'on apelle *Moqueurs*, qui fe plaifent tant à la compagnie des hommes, qu'auffi-tôt qu'ils en voient paroitre quelcun, ils fe perchent tout-auprès de lui, & chantent les plus agréables airs du Monde : mais ce qu'il y a de plus remarquable dans ces Oifeaux, c'eft qu'ils volent de diftance en diftance devant un Voiageur, & qu'ils l'entretiennent de leurs airs harmonieux, plufieurs Miles de fuite ; ce qui ne contribuë pas peu à lui faire oublier les fatigues de fon voiage. Le Goût y eft regalé d'une infinité de Fruits, que la terre produit d'elle-même, fans art & fans culture. Enfin l'odorat y eft parfumé de mille odeurs agréables, que les Fleurs & les Aromates y répandent de toutes parts, durant prefque toute l'année.

Si l'on fe plait au Jardinage, on peut dire qu'il n'y a point de lieu au Monde, où les Plantes, les Fruits & les Fleurs réüffiffent mieux qu'ici, & où l'on foit plûtôt recompenfé des petits foins qu'on prend pour leur culture. Mais outre cet agrément, l'on y voit le petit * Oifeau bourdonnant qui vole de fleur en fleur,

pour

* L'on en peut voir une defcription plus exacte dans les Voiages de *Dampier*, Tome III. p. 278.

pour y cueillir la rosée & le miel dont il se nourrit. Il n'est pas la moitié si gros que le Roitelet, & son plumage, de couleur écarlate & d'or, mêlée de verd, est d'une beauté charmante. Dans le Jardin du Colonel *Byrd*, qui est le plus beau de tout le Païs, il y a un Pavillon, tout couvert de Chévre-feuille des *Indes*, dont les fleurs plaisent beaucoup à ces petits Oiseaux. C'est là où j'en ai vû jusques à dix ou douze à la fois, qui venoient voltiger autour de moi, & me frisoient souvent le nez avec leurs petites ailes.

IV. D'ailleurs, les incommoditez du Païs se peuvent réduire à ces trois, aux coups de Tonnerre, à une chaleur excessive, & à quelques Insectes nuisibles.

J'avouë que durant les plus grandes chaleurs de l'Eté, il y a de furieux coups de Tonnerre; mais ils ne causent presque jamais aucun mal: bien loin de là, ils servent à rafraichir & à purifier l'air ; de sorte qu'on les souhaite plus, qu'on ne les craint. D'un autre côté, on n'y est point exposé aux Tremblemens de terre, qui sont si frequens aux Isles *Caribes*.

La chaleur n'y est pas d'ordinaire insupportable, à moins qu'elle ne soit accompagnée d'un grand calme, qui n'arrive peut-être pas deux ou trois fois dans un
An,

An, & ce n'eſt alors que pour quelques heures. On peut même s'en garantir à la faveur de l'ombre, dont on jouit ſous les arbres toufus, des Chambres expoſées au grand air, des Pavillons, des Berceaux & des Grotes qu'on a dans les Jardins : mais le Printems & l'Automne y ſont auſſi a-gréables que le Paradis de *Mahomet*.

Les Inſectes, dont on ſe plaint dans ce Païs, ſont les Grenouilles, les Serpens, les Muskitos, les Punaiſes, les Tiques & les Vers rouges, que d'autres apellent Poux de Potate.

Quelques perſonnes mal-informées ont debité que la *Virginie* étoit pleine de Crapauds ; cependant on n'y en a jamais vû paroître aucun. Il eſt vrai que les endroits bas & marécageux ſont remplis de Grenouilles, qui ne font d'autre mal que celui de coaſſer ; mais on n'en voit preſque point vers le haut Païs, où le terrain eſt ſec. Il y en a d'une groſſeur prodigieuſe, qu'on appelle des Taureaux, à cauſe du bruit qu'elles font. L'année derniere, j'en vis une de cette eſpece tout-auprès d'un Courant d'eau douce, & qui étoit d'une groſſeur ſi énorme, qu'après avoir étendu ſes Cuiſſes, je trouvai qu'il y avoit dix-ſept Pouces & demi de diſtance, de l'une à l'autre. Je ſuis

per-

persuadé que six *François* en auroient pû faire un bon repas.

Il y a quelques personnes en *Angleterre*, qui tremblent au seul nom du Serpent à sonnette, & qui s'imaginent que tout le Païs en est si plein, qu'on ne sauroit aller dans les Bois, sans y être en danger de sa vie. Mais c'est une erreur aussi mal-fondée, que la plûpart des autres bruits desavantageux, qu'on a fait courir à l'égard du Climat de ce nouveau Monde. Il est sûr du moins qu'on ne voit guéres ce Serpent, & lors qu'on le rencontre, il ne fait aucun mal, si on ne l'irrite, & ne le provoque à se défendre. D'ailleurs, il ne manque jamais de vous avertir, par le bruit qu'il fait avec sa Sonnette, & qu'on peut entendre à une distance raisonnable. Pour moi, qui ai voiagé dans tout le Païs, habité & inhabité, de jour & de nuit, autant qu'aucune autre personne de mon âge, il ne m'est jamais arrivé de voir un Serpent à Sonnette en vie, ou en liberté; quoi que j'en aie vû quelques uns morts, ou enfermez dans des Boëtes, pour être envoiez en *Angleterre*. Le venin de ce Serpent est mortel, si on n'y remédie d'abord par quelque Antidote; mais ces remedes sont si connus, qu'il n'y a personne du Païs, qui

qui les ignore. Quoi que j'y connoisse bien du monde, je n'ai jamais vû personne, qui ait été mordu de ce Serpent, ou d'aucun des autres qui n'y sont pas si rares. Par exemple, il y a le Serpent noir, le Serpent qui vit de Maïz, & le Serpent d'eau ; mais ceux-ci ne font que peu ou point de mal. On dit que la Vipere noire, & le Serpent, qui a le ventre couleur de cuivre, font aussi venimeux que le Serpent à sonnette; mais on n'en voit que fort peu. Ces trois dernieres sortes font leurs petits en vie, au lieu que les trois précedentes posent des œufs ; & c'est la différence qu'on met entre les Serpens venimeux & ceux qui ne le font pas. Il y a d'ailleurs un Serpent, qu'on apelle cornu, parce qu'il a une corne au bout de la queuë, avec laquelle il se défend contre les hommes ou les Bêtes qui l'attaquent ; il s'élance même quelquefois avec tant de violence, qu'il l'enfonce dans la couche d'un Mousquet, d'où il ne sauroit plus la retirer.

Les Serpens de toutes les sortes enchantent les Oiseaux & les Ecureuils, & les *Indiens* se vantent d'enchanter les Serpens. Il y a diverses personnes qui ont vû des Ecureuils descendre d'un Arbre, & courir dans la gueule d'un Serpent : de même que

que des Oiseaux voltiger çà & là, gazouiller à la vûë des Serpens, & tomber enfin devant eux.

Il n'y a que peu d'années, qu'étant à la chasse de l'Ours avec quelques uns de mes amis, je m'égarai dans les Bois, & qu'après avoir retrouvé ma compagnie, je fus regalé d'une plaisante avanture, qui s'étoit passée entre un de leurs Chiens & un Serpent à Sonnette. Celui-ci avoit attrapé un Ecureuil, dont il n'avoit que la tête & les épaules dans sa machoire, parce qu'il étoit trop gros, pour l'avaler tout d'un coup. Le Chien se prévalut de cet avantage, saisit l'Ecureuil par derriere, & se mit à tirer de toute sa force. Le Serpent tint ferme assez long tems, & il ne lâcha prise que dans la crainte qu'il se froisseroit, si son ennemi venoit à l'entrainer ; de sorte qu'il lui abandonna sa proie, dont le Chien fit un bon repas, & nous mangeames le Serpent, qui fut trouvé d'un goût exquis.

Les Muskitos sont une espece de Vermine, moins dangereuse, mais beaucoup plus incommode, parce qu'il y en a quantité. Ce sont de Moucherons à longue queuë, de la même sorte que les autres, & qu'on trouve, aussi bien qu'ailleurs, dans les endroits bas & marécageux.

Toute

Toute la différence qu'il y a, c'est qu'en *Virginie* ils ont plus de vigueur & continuent plus long tems, par exemple qu'en *Angleterre*; ce qui peut venir de l'ardeur du Soleil. Lors qu'une Maison en est infestée, il est facile d'y remedier; on n'a qu'à ouvrir les fenêtres au coucher du Soleil, & les refermer avant que le crepuscule soit tout à fait clos; les Muskitos ne manquent jamais de sortir par les fenêtres & de vuider la Chambre.

Les Punaises se cachent dans les bois de lit, & tout ce qu'on y met dessus, ou autour, & interrompent le sommeil de ceux qui auroient bonne envie de dormir. Les femmes un peu propres ont divers moiens, pour en garantir leurs lits; mais le meilleur de tous, c'est de visiter les bois de lit, les Paillasses, les Draps, les Couvertures, &c. à l'entrée du Printems: alors les Punaises, qui ont été engourdies tout l'Hiver, sont pleines de leurs œufs, & commencent à se remuer; de sorte qu'il est facile de les surprendre, & de les détruire tout d'un coup avec toute leur semence.

Les Tiques & les Vers rouges sont de petits Insectes, qui ne vont pas chercher les hommes, si ceux-ci ne se trouvent sur leur chemin. On voit d'ordinaire les Tiques

ques à la suite du Bétail, & les plus grosses se gorgent si bien de leur sang, qu'elles tombent à terre, où elles ne manquent pas de laisser de leurs œufs, qui viennent à éclorre dans une quinzaine de jours. Il en sort des Essaims de petits, qui se perchent sur la première Plante qu'ils rencontrent, & tout ce qui vient à y froter est couvert de cette vermine, qui s'attache par tout, comme des bardanes.

Les Vers rouges ne se tiennent que dans de vieux Arbres, ou des troncs de bois pourri; & si l'on ne s'assied dessus, l'on ne court pas risque d'en atraper. Ils ne paroissent jamais qu'au milieu de l'Eté, & s'il vous arrive d'avoir de cette vermine, ou des Tiques, sur quelque endroit du corps, il sufit d'y verser un peu d'eau chaude, pour s'en délivrer aussi-tôt; mais à moins que d'y aporter quelque reméde de cette nature, ils sont si petits, qu'on ne sauroit les prendre qu'avec la pointe d'une aiguille, ou de quelque autre Instrument fort délié. Quoi qu'il en soit, la démangeaison qu'ils excitent, passe au bout de deux jours, quand on ne feroit pas la moindre chose, pour s'en garantir.

V. Les Hivers sont ici fort courts, & ils ne durent pas plus de trois ou quatre Mois. L'on y jouït même d'un beau Soleil,

leil, & d'un air serain, à une trentaine de jours près qu'on a de mauvais tems. D'ailleurs, on y voit quelquefois de rudes gelées ; mais elles ne continuent d'ordinaire que trois ou quatre jours, c'est-à-dire, jusqu'à ce que le Vent change ; car à moins qu'il ne soufle du côté des Montagnes *Appellatiennes*, entre le Nord-Est & le Nord-Ouest, il ne gèle point du tout. Ajoûtez à cela, que durant ces courtes gelées on a le plaisir de voir un Ciel toûjours serain, & que les Oiseaux & toute sorte de Gibier deviennent si familiers, qu'on en tue un nombre infini à la chasse.

Les pluies, excepté dans le cœur de l'Hiver, y sont fort agréables, & ne servent qu'à rafraichir l'air. Ce ne sont proprement en Eté que des Ondées, qui ne durent pas quelquefois plus d'une demi-heure ; mais elles dédommagent d'une longue secheresse, & font reprendre un air riant à toute la campagne.

J'ai ouï dire que ce Païs est exposé à un changement de tems subit & dangereux ; mais c'est une accusation injuste. Il est vrai qu'en Hiver, lors que le Vent tourne au Nord-Ouest, & qu'il passe sur ces vastes Montagnes, qu'on croit être couvertes de neige & de glace, la saison

y

y est fort rude; mais au Printems, en Eté, & en Automne, ces vents ne font que d'agréables Brises, qui tempérent la chaleur excessive, dont ce Païs seroit grillé, sans leur secours.

CHAPITRE XX.

Des Maladies qui regnent en Virginie.

I. PEndant que nous traitons du Climat de ce Païs, il ne sera pas mal-à-propos de dire quelque chose des Maladies, qu'on y voit. Elles n'y sont point causées par un air épais & couvert de brouillars, qui empêche la respiration, comme dans quelques Païs Septentrionaux; ni par une chaleur étoufante, qui accable ceux qui demeurent sous une Latitude plus Meridionale: mais elles viennent plûtôt de l'abus qu'on y fait des plaisirs, que la Nature y verse à pleines mains sur les hommes, pour leur avantage, & non pas pour leur destruction.

C'est ainsi que j'ai vû des personnes, incapables d'endurer la chaleur, se coucher presque toutes nuës sur l'herbe froide, à l'ombre de quelque Arbre, & s'y endormir souvent. Il y en a même d'assez imprudentes, pour s'y mettre le soir, & y passer quelquefois toute la nuit; pendant que la rosée, qui tombe du Ciel, & les vapeurs qui s'exhalent de la terre, font de si funestes impressions sur le corps, qu'il en nait de grosses maladies.

C'est ainsi que j'ai vû d'autres personnes, échaufées par quelque rude exercice, se dépouiller toutes nuës & s'exposer de cette maniere à l'air. J'ai vû même des hommes assez fous, pour boire, dans cet état, de grands traits d'eau froide, ou d'eau mêlée avec du lait, qui passe pour une liqueur beaucoup plus rafraichissante, que l'eau toute seule.

Enfin, c'est ainsi que j'ai vû diverses personnes, sur tout de nouveaux-venus, manger du fruit avidement, & s'attirer par-là des Indigestions & de cruelles Dyssenteries. En un mot, tous les excès de cette nature sont la cause de la plûpart des Maladies qui regnent dans ce Païs.

II. Il y a un autre défaut général parmi les habitans de cette Colonie; c'est qu'ils ne veulent faire aucun reméde qu'à l'extrémité : de sorte que de legéres indispositions, qu'on auroit pû guérir d'abord sans peine, deviennent incurables, forment une Cachexie universelle, & remplissent

pliſſent le corps d'humeurs ſcorbutiques, dont on ne ſauroit plus les délivrer.

III. Les nouveaux-venus ont donc grand tort, d'apeller la premiere maladie qu'ils y attrapent, ſoit Fiévre continuë, ou intermittente, ou toute autre indiſpoſition, qu'ils s'attirent par leur imprudence, ou par leurs excès, de l'apeller, dis-je, un Tribut qu'il faut paier au Climat.

Les Fiévres continuës, auſſi bien que les intermittentes, y ſont fâcheuſes, ſi l'on n'y aporte quelque bon remede. Il n'y a pas long tems que les Medecins y ont mis en uſage le Quina-Quina, & ils trouvent qu'il arrête preſque toûjours les accès. D'ailleurs, le Païs fournit diverſes Racines, que les Habitans prétendent être infaillibles, pour operer le même effet. On y jouït auſſi du bonheur de n'avoir que très-peu de Medecins, qui ſont même aſſez honêtes, ou aſſez habiles, pour n'emploier que de Simples, dont on trouve une grande quantité dans les Bois. Il eſt vrai, qu'il y a ſi peu de Maladies, & que les remédes en ſont ſi bien connus de tout le monde, que ce n'eſt pas la peine d'y exercer la Medécine, comme on la pratique ailleurs, d'une maniere qui tourne à l'oppreſſion univerſelle du Genre Humain.

La Cholique est la Maladie dominante des Isles *Caribes*, & non pas de la *Virginie*, où elle n'est produite que par les excès, dont je viens de faire le détail, & par l'usage trop fréquent de Boissons impures & mal-saines ; comme du Cidre & du Poiré tout-verds, d'une Liqueur qu'on fait avec les Pêches, du * *Flip* & du *Punch*, où l'on met quantité de jus de Limon, & de vilain Sucre, ou enfin d'une sorte de Biere, qu'on brasse avec de méchantes drogues fort venteuses.

CHAPITRE XXI.

Des Recréations, & des Divertissemens qu'on pratique en Virginie.

I. Les Jardins, les Plantations & les Vergers fournissent des Promenades toûjours agréables, où les Fleurs & les Aromates embaument l'odorat. Les Champs & les Bois sont remplis d'une infinité de Vegetaux & d'autres Productions rares, qui peuvent occuper utilement & divertir les Naturalistes les plus curieux. La Chasse & la Pêche y donnent de l'exercice & du plaisir en cent manieres diffe-

* C'est une Boisson cordiale que les *Anglois* font.

férentes. Il n'y a point de Lieu au Monde, où l'Hospitalité se pratique plus qu'ici, à l'égard des Amis & des Etrangers: mais le malheur est, que cette générosité est accompagnée quelquefois d'un peu trop d'intemperance. Les Maisons des Particuliers y sont éloignées les unes des autres, comme à la campagne en *Angleterre*; mais on y a ce double avantage; d'un côté, que tous les honêtes gens ont vû le monde, qu'ils savent bien vivre, & qu'ils n'ont pas ces airs tendus & formalistes, qu'on trouve ailleurs, & qui marquent plus de regularité, que de franchise; & de l'autre, qu'on s'y voit plus souvent, à cause de la bonté des chemins, & de la beauté du tems, dont on y jouït presque toute l'année.

II. Lors que les *Indiens* vont à la chasse du Cerf, ils ont le secret, comme je l'ai déja insinué, de s'en aprocher & de l'ateindre, sans en être aperçus. C'est ce qu'ils font à l'ombre d'une Vache artificielle, & c'est pour les imiter, que plusieurs de nos *Anglois* ont dressé leurs Chevaux à marcher doucement à côté du Chasseur pour le garantir de la vûë du Cerf. On abat aussi des Arbres, où les Cerfs viennent brouter, & l'on se met derriere en embuscade. Il y en a d'autres, qui après avoir obfervé les endroits de leurs champs, où les Cerfs vont manger des pois, qu'ils aiment beaucoup, y plantent des Pieux à une certaine diftance de la haie, de forte que les Cerfs venant à y fauter, s'empalent d'eux-mêmes dans ces Pieux.

III. On va ici à la chaffe du Liévre à-pié, & l'on s'y fert de Chiens métis, qui le prennent à la courfe, ou le forcent à fe retirer dans le tronc des Arbres creux, la retraite ordinaire de tous leurs Lievres, qui font pourfuivis de trop près. Lors qu'ils ont grimpé là, on allume un feu tout autour, la fumée les étoufe, & ils tombent au fonds de l'Arbre, d'où on les retire enfuite : mais fi l'on ne veut pas les tuer, on n'a qu'à les expofer un peu à l'air; ils reviennent bientôt de leur étourdiffement, & on peut les courir à nouveaux fraix.

IV. On y a une autre forte de Chaffe fort divertiffante, qu'on apelle Chaffe de la Vermine ; On y va de nuit, au clair de la Lune ou des Etoiles, & avec trois ou quatre petits Chiens. En Eté, l'on trouve dans les champs femez de Maïz, & autour des Plantations, quantité de *Raccoons*, d'*Opoffums*, & de Renards : mais en d'autres Saifons, il faut les aller chercher

cher dans les Bois. Aussitôt qu'on est arrivé sur les lieux, on anime les Chiens à la quête, & les Chasseurs suivent d'abord. Par tout où un Chien aboie, à coup sûr il y a du Gibier; mais avant qu'on en ait aproché, il arrive quelquefois que la Bête gagne le sommet d'un Arbre: alors on détache à ses trousses un jeune homme des plus agiles de la compagnie, qui est souvent réduit à lui livrer bataille, pour la pouvoir jetter du haut en bas: c'est ici que le plaisir augmente, de la voir aux prises avec les petits Chiens. D'ailleurs, on y améne toûjours les gros Dogues, parce que les Loups, les Panthéres, les Ours, les Chats sauvages, & toutes les autres Bêtes feroces sont en campagne la nuit.

On fait des trapes dans les Bois, pour prendre les Loups, & l'on y met des Fusils, en sorte qu'un Loup, qui vient saisir l'apas, tire la détente, & le Fusil se décharge dans son corps. Au reste ce qu'*Elien* & *Pline* disent, que les jambes des Chevaux s'engourdissent, s'ils marchent sur les traces d'un Loup, n'arrive pas ici; du moins, j'ai couru moi-même au grand galop après des Loups sans que je me sois aperçu de cela; & j'en ai vû prendre quelques uns en vie, qu'on trai-

noit

noit à la queuë d'un Cheval, sans que les personnes qui suivoient, aient jamais pris garde que leurs Chevaux boitassent en chemin.

V. Il y a quantité de jolies inventions, pour prendre les Coqs d'Inde sauvages. Entr'autres, un de mes amis avoit fait une grande trape, où il en prit une fois dix-sept tout d'un coup; mais lors qu'une troupe avoit donné dans le piége, il n'y en venoit plus, jusqu'à ce qu'on eut ôté les premiers.

VI. Les *Anglois* ont extrêmement perfectionné les Claies, dont les *Indiens* se servent à la Pêche; & ils se divertissent beaucoup à pêcher avec toute sorte de Filets, de-même qu'à la Ligne. Assis quelquefois à l'ombre d'un gros Arbre, vers les sources des Rivieres, je me suis amusé à ce dernier exercice, & je n'ai pas été plus de tems à prendre le poisson, qu'à le tirer du hameçon. L'on y pêche aussi, comme au *Pont-Euxin*, avec de longues Lignes, où il y a quantité de hameçons suspendus, à trois ou quatre piez de distance les uns des autres; mais au lieu que la nôtre est appuiée sur des Pieux, qu'on plante dans une Riviere, l'autre est soutenuë par des Courges.

VII. La chasse aux Oiseaux n'y est pas moins

moins agréable que la Pêche, & le Gibier y est aussi abondant que le Poisson. Il y en a de toutes les sortes, & l'on y trouve quantité de Castors, de Loutres, d'Ecureuils, de Perdrix, de Pigeons, & un nombre infini de petits Oiseaux.

VIII. La discipline que les Castors observent entr'eux est si admirable, qu'elle mérite bien que nous en disions ici un mot. Ils demeurent ensemble dans une Maison ; ils vivent sous une espece de Monarchie, & ils ont un Sur-Intendant, que les *Indiens* nomment *Pericu*. Celui-ci les conduit à leurs differentes tâches, qui consistent à renverser des arbres avec les dents, & en couper les branches d'une certaine longueur, propre à l'ouvrage auquel ils les destinent. Cela fait, il commande à plusieurs de se joindre ensemble, pour porter une de ces grosses branches à la Maison, ou à l'Ecluse qu'ils bâtissent ; il marche gravement à leur côté, pour voir que chacun ait sa part du fardeau; & il mord & sangle avec sa queuë, ceux qui s'amusent derriere, ou qui n'aident pas de toutes leurs forces. Ils bâtissent d'ordinaire leurs Maisons dans quelque Marais, & pour y élever l'eau à une hauteur convenable, ils font une Ecluse avec des troncs d'arbre, & une espece d'argile, qui tient fi ferme, que l'eau, qui paffe continuellement deffus, ne fauroit l'emporter. Dans l'enceinte de cette Eclufe, ils y retiennent affez d'eau, pour en faire un Refervoir; & s'il arrive qu'il y ait un Moulin fur le même Courant, au deffous de leur Eclufe, le Meunier ne manque pas de la rompre, en tems de fechereffe, pour fournir de l'eau à fon Moulin. En pareil cas, ils font fi habiles à leur ouvrage, que dans une ou deux nuits, ils reparent la breche. Quelquefois ils bâtiffent leurs Maifons fur un vafte Etang, où la Marée monte, & alors ils n'y font point d'Eclufe. Les portes, qui leur fervent à y entrer, font toûjours fous l'eau. Je me fuis trouvé à la démolition d'une de ces Maifons, & je fus furpris d'y voir des troncs d'arbre, de fix piez de longueur, & de dix pouces de diamêtre, qu'ils avoient charriez du moins l'efpace de cent cinquante Verges. Elle étoit compofée de trois Etages & de cinq Chambres, c'eft-à-dire qu'il y en avoit deux à la plus baffe, autant à celle du milieu, & une au fommet. Ces animaux ont beaucoup de fagacité & une adreffe merveilleufe, pour éviter tous les ftratagêmes du Chaffeur, qui n'en atrape guéres, quoi que le Païs en foit plein.

IX. Il

IX. Il y a une autre sorte d'exercice, où la Jeunesse prend beaucoup de plaisir, je veux dire la chasse des Chevaux sauvages, que l'on poursuit quelquefois avec des Chiens, & quelquefois sans Chiens. Quoi que ces Chevaux soient sortis de Cavales privées, ils sont devenus si farouches dans les Bois, qu'il est dificile de les aborder. D'ailleurs, comme ils n'ont point de marque, & que personne n'a droit de se les attribuer, ils apartiennent à celui qui peut les prendre : mais il lui en coûte d'ordinaire bien cher, puis qu'il gâte de bons Chevaux à leur poursuite, & qu'il n'a pour tout dédommagement que le plaisir de la Chasse. D'un autre côté, s'il vient à bout de les atteindre, il arrive presque toûjours que ces Chevaux sont morfondus, ou que leur âge les rend si sombres & si revêches, qu'il est impossible de les domter.

X. Les habitans sont si honêtes envers les Voiageurs, que ceux-ci n'ont besoin d'aucune recommandation auprès d'eux. Un Etranger n'a qu'à s'informer sur la route, de la Maison de quelque Gentilhomme, ou de toute autre personne qui tient bonne table, il peut y aller librement, & à coup sûr il y sera bien traité. Cette coûtume est si universelle dans le

Païs, que les Gentilshommes ne vont jamais en campagne, fans ordonner à leur principal Domeſtique, de regaler de tout ce que la Plantation peut fournir, ceux qui leur rendront viſite durant leur abſence. Il n'eſt pas juſques aux plus pauvres, qui ne veillent ſouvent une nuit entiere, ou qui ne couchent ſur un banc, ou ſur une chaiſe, pour donner le ſeul Lit qu'ils ont à un Voiageur fatigué.

S'il ſe trouve quelque Ruſtaud, qui, par un principe d'avarice, ou de mauvaiſe humeur, ne veuille pas ſuivre cette louable coûtume, il eſt noté d'infamie, & tout le monde l'abhorre. Mais je ſuis contraint d'avouër, quoi qu'à regret, que le Gouverneur, qui eſt aujourd'hui en place & qui ſuit la déteſtable maxime de gouverner par le moien des Factions, a preſque tout-à-fait bani l'uſage de l'hoſpitalité. Au lieu de ce doux commerce, qui réüniſſoit tous les Eſprits, on ne voit que des jalouſies & des animoſitez, qui les aigriſſent les uns contre les autres.

CHA-

CHAPITRE XXII.

Des productions de la Virginie, *& des avantages qu'on en pourroit tirer par la Culture.*

I. QUOI QUE nous ayions parlé dans le II Livre de la grande fertilité de ce Païs, j'ajouterai ici qu'il n'y en a point au Monde qui le surpasse à cet égard. Tout ce que l'on y seme, y réüssit à merveilles, & l'on n'y transplante rien, qui ne devienne meilleur. Cependant, on ne profite guére de cet avantage, & tout le commerce qu'on y fait, se réduit à celui du Tabac.

Il faut remarquer en particulier que les Pommes d'un autre crû, dont on y seme les pepins, n'y degénérent jamais, & qu'elles y sont aussi bonnes, ou meilleures que celles du Païs, d'où on les a tirées, sur tout si on les cultive avec soin & qu'on les ente. Malgré tout cela, il y a très-peu de gens qui les greffent, & beaucoup moins qui se donnent la peine de chercher du meilleur fruit.

Les Arbres Fruitiers y viennent si vite, qu'au bout de six ou sept années qu'on
les

les a plantez, on peut avoir un beau Verger, avec quantité d'excellent fruit. On fait de très-bon Cydre des Pommes, ou l'on en tire de l'eau de vie en abondance. Mais on a si peu de soin des Vergers, qu'ils tombent presque tous en ruïne, & qu'on laisse manger l'écorce des Arbres au Bétail.

Les Pêches, les Abricots, les Pavies, les Cerises & les Prunes y croissent sur des Baliveaux. Tous ces Arbres portent du fruit au bout de trois années, qu'on en a planté le noiau, & l'on n'a pas besoin, pour les rendre fertiles, de les greffer ni de les enter en écusson ; aussi je ne sache personne qui ait jamais pris cette peine.

Je croi que les Pavies & les Pêches viennent naturellement dans quelque endroit du Païs, car les *Indiens* en ont toûjours eu de plus belles & de plus de fortes que les *Anglois*. La chair des meilleures Pavies tient au noiau; on les apelles Prunes-Pavies, & il y en a quelques unes qui ont 12 ou 13 pouces de circonference. On voit ici de bons Ménagers, qui plantent quantité de ces fruits, pour en nourrir leurs Cochons; d'autres en font une liqueur, qu'on apelle *Mobby*, & qu'on boit comme du Cy-

Cydre, ou dont on tire de l'eau de vie, qui est la meilleure de toutes, après celle qu'on fait des Raisins.

La Vigne du plant d'*Angleterre*, & celle du crû de ce Païs raportent beaucoup, sur tout si on les taille; mais il y a très-peu de gens qui en aient dans leurs Jardins, & qui veuillent se donner la peine de les cultiver. L'année derniere, j'eus la curiosité de planter quelque peu de Muscat blanc, qui venoit d'une Souche, qu'on y avoit transportée d'*Angleterre*, & ils produisirent extrémement, par la méthode que je viens de marquer; la plûpart de ces Plants porterent de bons raisins dès la premiere année, & il y en eut un seul qui en porta sept belles Grapes.

Lors qu'on défriche quelque morceau de terre, & qu'on y laisse un Arbre, avec une Souche qui s'apuie dessus, elle produit quatre ou cinq fois plus que les autres qui sont dans les Bois. J'en ai vû moi-même une de cette sorte, qui avoit plus de Grapes, qu'une Charrete de *Londres* n'en sauroit porter. Malgré tout cela, on n'en transplante point dans les Jardins, & l'on se contente des Grapes sauvages, sans se mettre en peine de faire du vin, ni de l'eau de vie.

Le

Les Amandes, les Grénades & les Figues y mûriffent très-bien; mais il n'y a perfonne qui s'avife d'en avoir dans fon Jardin, d'en faire provifion, ni de les cultiver pour le trafic.

Il n'y a point de lieu au Monde, où l'on puiffe remplir un Jardin de Fruits, ou de Fleurs, plûtôt qu'ici. Les Tulipes y viennent au plus tard la feconde année qu'on a jetté leur femence en terre. Toutes les Herbes y ont une faveur, qu'on ne trouve pas dans celles d'un Climat plus Septentrional; & avec tout cela, on y voit peu d'endroits cultivez, qui méritent le nom de Jardin.

II. Tous les Grains, les Legumes & les Racines d'*Angleterre* y viennent, auffi bien qu'aucune autre part du Monde; comme le Froment, l'Orge, l'Avoine, le Seigle, les Pois, les Raves, &c. cependant, on n'en fait aucun commerce. Il eft vrai que leurs Pois font fujets aux calendres, qui les percent; mais le trou qu'elles y font n'endommage pas la femence, & n'empêche pas qu'on ne les puiffe bien manger. D'ailleurs, ceux qu'on ne cueille qu'au Mois d'*Août*, ne font point expofez à cette vermine.

On croit avec raifon, que ce feroit un peu trop de fatigue pour un feul homme,

de

de semer du froment, de le moissonner, de le moudre, d'en bluter la farine, & d'en faire du pain. Mais ce ne seroit pas un moindre embarras, si chaque Particulier de la Colonie, après avoir semé de l'orge, etoit reduit, pour l'emploier à son usage, à bâtir un Four à dreche & une Brasserie; le profit ne répondroit point à la dépense. Tout cela ne sauroit s'executer par une seule Famille; à moins qu'il n'y en eut plusieurs ensemble : mais de la maniere dont elles sont habituées, à l'écart les unes des autres, il n'y a ni Ville ni Marché, où elles puissent vendre leur Grain.

O y a semé du Ris, & l'on trouve qu'il y croît aussi bien qu'en *Caroline*, ou que toute autre part de la Terre habitable; mais il n'y a pas assez de monde réüni en Communautez, pour le nettoier, ni même des Achetteurs, & c'est pour cela qu'on n'en fait aucun negoce.

III. J'ai déja raporté au long dans le premier Livre de cette Histoire, qu'on avoit essaié diverses fois d'établir des Manufactures de Lin, de Chanvre, de Coton & de Soie; qu'on n'y avoit pas mal réüssi; qu'on les encourageoit, & que tous ceux qui n'y contribuoient pas autant qu'ils pouvoient de leur part, étoient mis à l'amende : mais aujourd'hui, bien
loin

loin de les encourager, le Gouverneur les croise de toutes ses forces, * selon l'avis qu'il en a donné au Parlement d'*Angleterre*.

L'Herbe de soie y croît naturellement en divers endroits du Païs, & on peut la faucher plusieurs fois l'année. Tout le monde voit les avantages qu'on pourroit tirer d'une Plante si utile, dont les fibres sont plus deliées que les filets du Lin, & plus fortes que ceux du Chanvre. † *Purchase* nous dit, qu'après la découverte de cette partie du Monde, on fit présent à la Reine *Elizabet* d'une Piece d'Etoffe, qu'on y avoit faite de cette Herbe de Soie. Mais depuis ce tems-là, nos *Anglois* n'ont pas fait le moindre usage de cette Plante, non pas même à l'imitation des *Indiens*, qui en font des Corbeilles, des Filets & des Lignes pour la Pêche.

IV. Les Brebis prosperent bien ici, & portent de bonnes toisons ; mais au lieu de les tondre, on soufre que les Epines & les Ronces les en dépouillent, ou qu'elles pourrissent sur un fumier avec leurs peaux.

Les

* Voy. Liv. I. pag. 147.   † Dans le IV. Tome de son *Pelerin*, p. 1786.

Les Abeilles, si l'on en prend quelque soin, rendent beaucoup de Miel, & l'on en peut faire deux recoltes l'année, & leur en laisser, outre cela, bonne provision pour l'Hiver.

Les Bœufs y deviennent fort gras, pourvû, sur tout, qu'on leur donne dequoi paître en Hiver. On y trouve aussi de vastes Marais, qui fourniroient les plus beaux Pâturages du Monde, si l'on vouloit faire quelque dépense, pour les secher; mais je ne croi pas qu'on ait desseché cent Acres de terre dans tout le Pais.

Il y a tant de Cochons, que l'on s'en trouve quelquefois embarrassé, & qu'on n'en fait presque point de cas. Aussi lors que les Executeurs du Testament de quelque Personne considerable font l'Inventaire de ses biens, ils ne passent jamais les Cochons en ligne de compte. Ces animaux courent par tout où ils veulent, & ils se nourrissent dans les Bois, sans que le Proprietaire en ait aucun soin. Il y a même quantité de Plantations, où il est assez dificile d'atraper les Cochons de lait, pour les marquer; mais si dans un Troupeau il y en a quelques uns de marquez, ceux-ci servent à déterminer le Proprietaire des autres, qui ne le sont point;

point; parce que les petits suivent toûjours leurs Meres.

V. Les Forêts produisent une grande varieté d'Encens & de Gommes aromatiques, comme aussi les Arbres qui portent du Miel & du Sucre, dont nous avons déja parlé ci-dessus: mais l'on n'en fait aucun usage, ni pour la vie ni pour le trafic.

On n'y manque pas non plus de Poix, de Godron, de Resine, de Terébentine, de Planches, de Bois de charpente, de Mâts, de Vergues, de Voiles, de Cordages & de Fer; & toutes ces choses y peuvent être facilement transportées par eau.

VI. Il y a cent autres commoditez de cette nature, que le Païs fournit, & dont les habitans ne tirent pas le moindre avantage. Ils ont beau voir que les Etrangers eux-mêmes en profitent, & qu'ils y font bâtir des Vaisseaux; bien loin d'encourager la Marine chez eux, ils y forment tous les jours quelque obstacle. Tous les Aromates & les autres raretez, dont le Païs abonde, ne leur servent de rien, & il faut qu'ils aient recours à l'industrie de l'*Angleterre*, pour se munir de la plûpart des choses qu'ils ont à leurs portes.

Quoi

Quoi que les Colonies voisines fassent un bon profit de leur Grain & de leurs autres Denrées, ceux de la *Virginie*, qui en ont de beaucoup meilleurs, négligent, non seulement d'en trafiquer, mais aussi de s'en pourvoir en cas de besoin. Contens de vivre du jour à la journée, ils ne se mettent pas en peine de l'avenir ; de sorte que si Dieu leur envoioit une Année de sterilité, on ne trouveroit pas dans le Païs dequoi entretenir ses habitans trois Mois entiers.

La malheureuse méthode qu'on y a suivie de faire les Plantations assez loin les unes des autres, est la cause qu'on ne fait presque aucun usage du Lin, du Chanvre, du Coton, de la Soie, de l'Herbe de foie, & de la Laine, & qu'on s'adonne uniquement à la culture du Tabac, qu'on devroit negliger, à moins qu'on ne pût le vendre à un bon prix.

C'est ainsi que mes Compatriotes s'y reposent sur les liberalitez de la Nature, & qu'ils ne tâchent pas d'en multiplier les dons par leur industrie. Ils y jouïssent, les bras croisez, de la bonté du Climat & de la fertilité du Terroir, sans vouloir presque se donner la peine de cueillir les fruits que la Terre leur présente. Je ne me hasarderois pas à leur faire ce reproche en public, si je n'esperois qu'il servira à les retirer de la funeste léthargie, où ils sont plongez; qu'il les excitera à se mieux prévaloir des avantages que la Nature leur ofre; & que s'il produit cet heureux effet, ils me pardonneront la liberté que je viens de prendre.

FIN.

TABLE

Table tirée des Listes de l'Année 1703.

Noms des Comtez, ou Provinces.	Acres de Terre.	Nomb. d'Ames.	Sujets à la Dime.	Femmes & Enfans.	N. de la Milice.	No. des Chev. legers.	N. d'Infanterie & Dra.	No.	Les Noms des Paroisses dans chaque Comté: D: desservie, V. vacante.
Henrico	148757	2413	915	1498	345	98	247	1½	Henrico, D.
Prince George	161239	4045	1406	2639	625	203	422	1½	Martin Brandon, D. Bristol, D.
Charles-City								1½	Wianoke, D. Westover, D.
Surry	111050	2230	880	1350	350	62	288	2	Southwark, V. Lyons Creek, D.
Isle de Wight	142796	2714	841	1873	514	140	374	2	Warwick Squeek, D. Newport, D.
Nansamond	131172	2530	1018	1511	591	142	449	3	Paroisse superieure, V. Par. inferieure, V. Chuckatuck, V.
Norfolk	112019	2279	717	1572	380	48	332	1	Riviere Elizabet, D.
Princesse Anne	98305	2037	686	1351	184	69	215	1	Lynhaven, V.
James-City	108362	2990	1297	1693	401	123	278	4½	Wallingford, V. Wilmington, D. James-City, D. Merchants-Hundred, V. Bruton, D.
York	60767	2357	1208	1149	390	68	312	3½	Hampton, V. York, D. Newpocoson, D.
Warwick	38444	1377	482	895	201	49	152	1	Denby, V. L'Isle des Murs, V.
Elizabeth-City	19000	1188	469	719	196	54	142	1	Elizabeth-City, D.
Nouvelle Kent	173104	3374	1325	2049	420	120	300	2	Blissland, D. Saint Pierre, D.
Le Roi Guillaume	84324	1834	803	1031				1	Saint Jean, D.
Le Roi & la Reine	131716	2843	1144	1598	698	189	509	2	Stratton Major, D. Saint Etienne, D.
Glocester	142450	5834	2628	3206	594	121	473	4	Petso, D. Abbington, D. Ware, D. Kingston, D.
Middlesex	49500	1632	776	856	199	56	143	1	L'Eglise de Christ, D.
Essex	140920	1400	1090	1310	438	139	299	1½	Farnham au Sud, D. Sittenburn, V. Sainte Marie, D.
Richmond		2622	1392	1230	504	122	382	1½	Farnham au Nord, D.
Stafford		2033	863	1170	345	84	261	2	Saint Paul, V. Overworton, D.
Westmorland		2736	1131	1605	451	133	318	2	Copeley, D. Washington, D.
Lancaster		2155	941	1214	271	42	229	2	L'Eglise de Christ, D. La Chapelle blanche de Ste. Marie, D.
Northumberland		2099	1168	931	522	130	392	2	Fairfield & Bowtracy, V. Vic cocomoco, D.
Accomack	209923	2804	1041	1763	456	101	255	1	Accomack, D.
Northampton	99384	2081	712	1369	347	70	277	1	Hungers, V.
XXV Comtez.	2164232	60606	25023	35583	9522	2363	7159	49	Dont 34. sont desservies, & 5. vacantes.

Outre l'Isthme du Nord. Les François Refugiez ne sont pas compris dans cette Liste.

TABLE

Des matieres contenues dans cette Histoire.

A.

ABeilles font beaucoup de Miel, Pag. 429
Accomack, Province, où il y a 9 Bourgs. 316
Age (grand) d'un Homme & de sa femme, 145
Aigle chauve fait la guerre aux Faucons-Pêcheurs. 215, 216, &c.
Andros (Le Chev. *Edmond*) est fait Gouverneur de la Virginie, 141. Il fit une innovation dans les Cours de Justice, 142. 346. Il encourage les Manufactures, & regle la Secretairie d'Etat, 144.
Argall (Le Capitaine) arrive en *Virginie*, 37. Il enleve *Pocahontas* fille du Prince Indien *Powhatan*, Ib. Il retourne en *Virginie*, pour y être Gouverneur, 50. Il chasse les *François* d'un Fort qu'ils avoient bâti au Nord de la N. *Angleterre*, 52, 53. Il les chasse ensuite de *Port-Roial*, 54. Il est rapellé en *Angleterre*, 55
Arbres Fruitiers réussissent parfaitement bien en *Virginie*, 423, &c.
Assemblée générale des Deputez de la Colonie *Angloise* à *James Town*, 55. Elle fit divers bons Reglemens, 57. Elle encourage les Manufactures, 95

B.

BAcon (Le Col. *Nathaniel*) se met à la tête d'une troupe de mutins, son caractere, &c. 105, &c.

TABLE

&c. Il va trouver le Gouverneur *Berkeley* à *James-Town*, 107. Il obtient la Commission de Général, pour servir contre les *Indiens*, 109. Il assemble les principaux Gentilshommes du Païs, &c. 111, &c. Il mourut dans la Province de *Gloucester*, 114. Il est fait Président du Conseil, 136

Baltemore (Le Lord) se transporte en *Virginie*, 72. Il obtient la proprieté de *Maryland*, 73. Il meurt avant que d'en prendre possession, & son Fils lui succede, 74.

Batt (Le Capitaine *Henri*) part d'*Appamattox*, pour faire de nouvelles découvertes, 96, 97, &c.

Berkeley (Le Chev. *Guillaume*) est fait Gouverneur de la *Virginie*, 76, 78. Il conclut une Paix de longue durée avec les *Indiens*, 80. Il secoüe le joug de *Cromwell*, 84. Il repasse en *Angleterre*, 85. Il retourne a son Gouvernement, 88. Il envoie le Capit. *Batt*, pour faire de nouvelles découvertes, 96. Il déclare *Bacon* rebelle, & assemble des troupes, pour le combatre, 110. Il convoque une Assemblée générale, pour retablir les affaires, 116. Il retourne en *Angleterre*, où il mourut, 118

Bermudes, un Vaisseau *Anglois* y echoüe, 30

Blair (*Jaques*) Ministre est envoié à *Londres* pour solliciter une Chartre en faveur d'un College &c. 138, 139

Bœufs deviennent fort gras en *Virginie*, 429

Brebis prosperent bien en *Virginie*, 428

Bristol (Les Marchands de) expedient 2 Vaisseaux en *Virginie*, qui en retournerent richement chargez, 17

Byrd (Le Colonel) est fort généreux envers les *François* Refugiez, 382, 384. Il a le plus beau Jardin du Païs, 403

Calu-

DES MATIERES.

C.

Calumet de paix, sa description 254, 256
Canots faits de l'écorce du Bouleau, 252
Caroline, la fertilité de son terroir, &c. 3
Castors, comment ils bâtissent leurs Maisons, &c. 419, &c.
Cédre, on fait de la cire, de ses baies. 195
Cerises, il y en a de trois sortes, 180, &c.
Charles I. (Le Roi) met la *Virginie* sous sa direction immédiate, 70
Charles (La Ville) 317
Chasse des Bêtes fauves par les *Indiens*, 221. & par les *Tartares*, 222. du Cerf, du Liévre, &c. 415, 416. des Chevaux sauvages, 421
Chataignes 180
Chesapeak (La Baye de) 22, 28, 165
Chicheley (Le Chev. *Henri*) est fait Lieutenant de Gouverneur en *Virginie*, 119, 127
Chinkapins aprochent du goût de la Chataigne, 184
Chrétiens (Les 2 premiers) qui se marierent en *Virginie*, 28
Cigales, qu'on mange aux *Indes* & ailleurs, 245
Cochons abondent en *Virginie*, 429
Cocharouses, titre que les *Indiens* donnent à ceux qui se distinguent par leur bravoure, &c. 283, 308
Colepepper (Le Lord *Thomas*) arrive en *Virginie*, sur le pié de Gouverneur, 120. Il passa 3 Actes fort avantageux au Pais, *Ib.* &c. Il en fit passer un autre pour son propre interêt, 122. Il hausse & baisse le prix de la Monnoie, 124, &c. Il gouverne d'une maniere despotique, 125. Il retourne en *Angleterre*, 127. Il repasse en *Virginie*, où il tâche de nouveau d'empieter sur les

T 2 droits

TABLE

droits du peuple, 128. Il brouille les Membres de l'Assemblée générale, 129, &c. Il tache de s'aquerir la proprieté de l'Isthme du Nord, 128, 130, &c. Il fit un reglement fort utile à l'égard des Cours de Justice, 132, &c. 345. Il retourne en *Angleterre* pour la deuxieme fois, 133

College (Projet d'un) en *Virginie*, 138. Le R. Guillaume & la R. *Marie* encouragent ce dessein, 139, 360

Colocasia, Féve d'*Egypte*, dont on fait du pain, 247

Colonie de 108. *Anglois*, qui s'établissent à *Roenoke*, 6. Ils abandonnent ce Poste, & se retirent sur l'Escadre du Chev. *Drake*, 10. Il s'en établit, 108. autres à *James-Town*, 24. La division se met entr'eux. *Ib.* Celle de *James-Touwn*, de 500. hommes qu'il y avoit, est reduite à 60. 34

Compagnie (La) de *Londres* envoie 3 Gouverneurs à la *Virginie*, 30. Ils y arrivent, 34

Compagnies (deux) s'établissent à *Londres* & à *Plimouth* pour le commerce de la *Virginie*, 20, 21.

Connecticut (Riviere de) 18

Conspiration des Domestiques contre leurs Maitres heureusement découverte, 90

Coqs d'Inde, de quelle maniere on les prend, 418

Coroners, quel est leur ofice, 335

Courges, ou *Calebaces*, 202

Cours Provinciales, établies en *Virginie*, 60

Cran (Baies de) ressemblent aux Groiseilles, 183

Croatan, Isle sur la Côte de *Virginie*, 14

Cromwell (*Olivier*) envoie une Escadre de Vaisseaux en *Virginie*, 81. Il opprime le Commerce de ce Pais-là, 82

Cryftal, (Autel de) qui avoit 3 ou 4 pouces en quarré, & un Rocher 177

DES MATIERES.

Cushaw, espece de Citrouille, 201
Curumiumon, sorte de fruit 247

D.

DAle (le Chev. *Thomas*) arrive en *Virginie* sur le pié de Gouverneur, 36. Il retourne en *Angleterre*, 39
Delawar (Le Lord) arrive en *Virginie*, en qualité de Gouverneur, 35. Il repart pour l'*Angleterre*, 36. Il est renvoïé en *Virginie*, mais il meurt en chemin, 51
Drake (Le Chev. *François*) arrive sur les côtes d'*Amerique* avec une Escadre de 23 Vaisseaux, 8

E.

E*ffingham* (Le Lord) Gouverneur de la *Virginie* tâche de revoquer les Actes de l'Assemblée, 128. Il met tout en œuvre pour amasser de l'argent, 134
Eglantier, porte des baies d'un cramoisi éclatant, 195
Elizabet (la Reine) encourage les decouvertes en *Amerique*, 2, 4. Elle fait de grands honneurs à *Pocahontas*, 48
Essex (La Province d') 317

F.

F*amine*, où les *Anglois* se trouverent reduits en *Virginie* 32
Faucons Pêcheurs, 215, 217
Fleur, bien extraordinaire pour sa figure, 198, &c.
Fraises excellentes 183
Framboises 183
François Refugiez font du vin à *Manacan*, 188. Ils plan-

TABLE

plantent des Vignes, qui réüffiffent bien, 197. Ils s'établiffent en *Virginie*, 380. Ils ont fait d'excellent vin rouge avec des Grapes fauvages, 381

G.

*G*Alions *Espagnols* pris par les *Anglois*, 6
Gates (Le Chev. *Thomas*) arrive à *James-Town*, avec 6 Vaiffeaux, & quantité de provifions, 36
George (Province du Prince) 317
Glands, il y en a de 7 fortes, 185, &c.
Goffnell (Le Capitaine) part de *Dartmouth* pour la *Virginie*, & fuit une nouvelle route, 15. Il trafique avec les *Indiens*, & s'en retourne en *Angleterre* richement chargé, 16
Greenville (le Chev. *Richard*) paffe en *Virginie* avec 7 Vaiffeaux, & retourne en *Angleterre*, 6. Il retourne en *Virginie*, laiffe 50 hommes à *Roenoke*, & repaffe en *Angleterre*, 11
Grenouilles d'une groffeur extraordinaire, 404
Groifeilles, il y en a de 2 fortes, 182
Guerre ouverte entre les *Anglois* & les *Indiens* & la fupercherie des premiers, 66, &c. Elle fe renouvelle, 77
Guillaume (La Province du Roi) 317

H.

*H*Arvey (Le Chev. *Jean*) Gouverneur de la *Virginie*, fe conduit fort mal. 75
Hattoras (Le Cap) 11, 14
Hennepin (Le Pere *Louis*) 254, 265, 271
Henrico, Ville que les *Anglois* font en *Virginie*, 37
Herbe de Soie, l'on en fit une Piece d'Etoffe. 428
Hickories, defcription de ce fruit, 184
Hickory, Arbre, dont les cendres fervent de Sel, 245,

DES MATIERES.

245, &c. Les noiaux de ce fruit broiez font une Liqueur blanche, 246
Homony, ce que c'est 243
Hospitalité, qu'on exerce en *Virginie*, 421, &c.
Houblon, il y en a quantité en *Virginie*, 195
Howard (Le Lord *François*) voy. *Effingham*. Il fait de grandes innovations dans les Cours de Justice, 136, 346. Il retourne en *Angleterre*, *Ib.*
Huckle (Baies de) il y en a de 3 sortes, 183
Huskanawement, & *huscanawer*, ce que c'est, 282,-287

I.

J*Agra*, espece de Sucre que les *Indiens* tirent du Cocotier, 193, &c.
James, ou *Jaques*, Nom donné à la Ville que les *Anglois* bâtirent sur la Riviere du même nom, 23. Elle fut réduite en cendres par le Capitaine *Rich. Lawrence*, 117
James-Town (La Plante de) produisit un plaisant effet sur des Soldats qui en mangerent, 197
Japonnois, de quelle maniere ils se guérissent de la Goute, 297
Idole, que les *Indiens* adorent, 268,-270
Jeffreys (*Herbert*) Gouverneur de la *Virginie* conclut la Paix avec les *Indiens*, 11. Il mourut l'année suivante, 119
Johnson Le Chev. *Nathaniel*) Gouverneur de la *Caroline*, 190
Indiennes, de quelle maniere elles s'ajustent. 233, &c. Elles sont chastes & de fort bonne humeur, 236, &c. De quelle maniere elles élevent leurs petits Enfans, 237, &c.
Indiens de la Virginie, de quelle maniere ils vivoient lors que les *Anglois* y arriverent, 5. Ils maltraitent les *Anglois* établis à *Roenoke*, &c. 7. massacrent ceux qui s'étoient retirez à *Croatan*, 14, 15.

TABLE

Ils maſſacrent de nouveau bon nombre d'*Anglois*, 32. Ils propoſoient les mariages bigarrez entr'eux & les *Anglois*, 38. Ils font un nouveau carnage des *Anglois*, 70. Ils avoient beaucoup de reſpect pour les Maiſons, où ils enfermoient les Images de leurs Dieux, &c. 176, &c. De quelle maniere ils préparoient autrefois le Tabac, 207. De leur tournure, de leur teint & de leurs habits, 225,-231. Ils tiennent le Mariage pour ſacré, & n'en viennent que rarement à une ſeparation, 235, &c. Ils forment des Communautez, & de quelle maniere ils bâtiſſent leurs Maiſons, 239, &c. 241, &c. De quelle maniere ils aprêtent leurs vivres, &c. 243,-249, 250. Ils endurent long tems la faim, 248. Dans quelle poſture ils prennent leurs repas, 249. De quelle maniere ils voiagent & reçoivent les Etrangers, 250,-257. Ils ſe ſervent de hieroglyphes, au lieu de lettres, 258. Leur Langage n'eſt pas le même par tout 259. Ils ſont timides & vindicatifs, 261. Ils excluent de la Couronne les enfans de leurs Rois, 262. De quelle manière ils célébrent leurs Fêtes, 262,-264, 289. Les cérémonies qu'ils obſervent à la concluſion d'une Paix, 264. De leur culte religieux, 265, 296. Quelle idée ils ont de Dieu & du Diable, 273, &c. Ils ofrent des Sacrifices à l'Eſprit malin, 275. &c. 281,-283. aux Rivieres & aux Fontaines, 293. Ils reconnoiſſent pluſieurs Dieux, & leur préſentent des ofrandes pour la moindre occaſion, 270, & 288. Ils partagent l'Année en 5. Saiſons, 289, &c. Ils ſont fort ſuperſtitieux, 290. &c. 293. Ils conſultent leurs Prêtres & leurs Devins dans toutes leurs entrepriſes, 292. Ils élevent des Pyramides & des Autels en diverſes occaſions, 293. Ils conſervent religieuſement

DES MATIERES.

ment les corps de leurs Rois, 295, &c. De quelle maniere ils scarifient &c. 297, &c. Ils prennent beaucoup de plaisir à se faire suer, 299, &c. De leurs Jeux & Divertissimens, 302, 306. Ils sont fort severes à punir les incivilitez, 307, &c. Jusqu'où ils avoient porté la Méchanique, 312, 315. De quelle maniere ils faisoient les Canots & défrichoient les terres, 314, &c.
Isle des Cochons, 35
Isle des Meuriers, 35
Isle longue, un Vaisseau parti de *Londres* y trafique avantageusement, 17
Itopatin succede à son frere *Powhatan*, 51
Jurez (petits-) de quelle maniere on les choisit, 348
Jurez (Grands-) de quelle maniere on les choisit pour le civil & le criminel, 349, &c.

L.

La Hontan (Le Baron de) 258, 259, 265. Il est refuté par l'Auteur, 271, &c.
Laurier, qui porte des Tulipes, 199
Loups, de quelle maniere on les prend, 417

M.

Macock, espece de petite Citrouille, 202
Magiciens des Indes, comment ils s'ajustent, 232. Ils ont beaucoup de crédit auprès du Peuple, 274, &c. De quelle maniere ils font leurs Enchantemens, 276, 281
Maiz, il y en a de 4 sortes, 204, &c.
Maladies auxquelles les *Indiens* sont sujets, &c. 296, 302
Manteo (*Indien*) embrasse le Christianisme, 12
Manufactures fort negligées en *Virginie*, 397, &c.

TABLE

Maracock fruit de la grosseur d'un œuf de Poule, 203

Mary-land (le Gouverneur de) en agit mal avec ceux de la *Virginie*, 93, 94

Matchacomoco, ou grand Conseil des *Indiens*, 260

Matthews, que *Cromwell* avoit fait Gouverneur de la *Virginie*, vient à mourir, & le Peuple met à sa place le Chev. *Berkeley*, 83

Melons de plusieurs sortes, 201

Meures, il y en a de 3 sortes, 182

Miel (Arbre qui porte du) 192

Mine de fer, trouvée en *Virginie*, 58, 175, 176. & de plomb, qu'on ne retrouve plus, 67, 68.

Mirte, avec ses baies, on fait de la cire, des chandelles & une emplâtre, 194

Monacàn (La Ville de), 380

Monadas, ou la *Nouvelle-York*, 103

Monnoie qui a cours en *Virginie*, 384-386

Montagnes, qu'on trouve en *Virginie*, 178, &c.

Moqueurs (Oiseaux) 402

Morrison (Le Colonel *François*) est fait Lieutenant de Gouverneur à la *Virginie*, 85. Il fit compiler un Corps de Loix, &c. *Ib.* 86, 87, 88.

Muskitos, ou Moucherons à longue queuë, 407

N.

Nansamond, les *Anglois* y font une Plantation, 28, 317

Nemattanow, Capitaine de Guerre *Indien*, est tué par deux jeunes *Anglois*, 63, &c.

Newport (Le nouveau) Plantation qu'un Capitaine de ce nom fait en *Virginie*, 59

Nicholson (Le Colonel *François*) Lieutenant de Gouverneur en *Virginie*, 126, 127, 137. Il passe divers Actes pour encourager le commerce & les Manufactures, 140. Il change de conduite,
&

DES MATIERES.

& il est rapellé, 141. Il passe du Gouvernement de *Maryland* à celui de la *Virginie*, 146. Sa mauvaise conduite, 147, &c. Il transporte l'Assemblée & les Cours de Justice de *James-Town* à *Middle-Plantation*, & forme le dessein de bâtir *Williamsbourg*, 148, &c. Il aquiert quelque reputation, par la prise d'un Pirate, faite en sa présence, 156, &c. Et par une générosité peu sincere, 158,-161. Il introduit la Chicane dans les Cours de Justice, · 346
Noix, qu'on apelle noires, 185
Northampton, (Province de) 316
Northumberland (La Province de) 318

O.

Oyseau bourdonnant, 402, &c.
Oiseaux sauvages, 218, &c. Moqueurs, 402
Olearius, 301
Oppechancanough, Frere ainé d'*Itopatin* se rend maître de tout l'Empire de *Powhatan*, 51. Il forme le dessein de massacrer tous les *Anglois*, 61, &c. Il fait un nouveau Massacre des *Anglois*, 76. Les qualitez de ce Prince, & son âge avancé, 77, 78, 79, 80. Il est conduit prisonnier à *James-Town*, où il fut tué, par un Soldat, 79

P.

Parlement d'*Angleterre* fait un nouvel Acte pour ruiner le Commerce de *Virginie*, 91. 92.
Passenger, Capitaine d'un Vaisseau de Guerre, prend un Pirate, 156, &c.
Patouwmeck, Riviere, 59
Pawcorance, mot qu'un petit Oiseau prononce, 294.
Peak

TABLE

Peak, ce que c'est, 310, &c.
Pêche des Indiens, 211, 214
Pêche, qui se fait à la Ligne, 418
Pentecôte, Nom donné à un Havre, 18
Persimmon, description de ce Fruit, 181, &c.
Pierres transparentes qu'on trouve en *Virginie*, 176
Plantes Medicinales, 200
Pocahontas fille du Prince Indien *Powhatan*, se marie avec *Jean Rolfe* Gentilhomme *Anglois*, 37, &c. Elle va en *Angleterre* avec son Mari, 39. Elle mourut à *Gravesend*, 49, 50
Poisson de Riviere & de Mer, 208, 210
Pone, c'est du pain fait de Maïz, 393
Port-Tabago, 318
Possum (La femelle du) a un double ventre, &c. 220
Potates d'une grosseur considerable, 206
Powell (Le Capit. *Nathaniel*) est fait Lieutenant de Gouverneur en *Virginie*, 15
Powhatan (Riviere) que les *Anglois* nommerent *James*, ou *Jaques*, 22
Powhatan, Lieu où les *Anglois* font une Plantation, & le Nom d'un Prince *Indien*, 29. Ce Prince fait la Paix avec les *Anglois*, 39. Il meurt en 1618. 51
Prêtres Indiens, de quelle maniere ils s'ajustent, 232. Ils ont beaucoup de pouvoir sur l'esprit du peuple: Quelle est leur doctrine, 274, &c. 304. Ils s'adonnent tous à la Medecine, 298
Puccoon, ce que c'est, 301
Punaises, 408
Punck, espece de bois pourri, 297

Quarry

DES MATIERES.

Q.

Quarry (Le Colonel) envoie un Memoire à Londres, touchant les affaires de la *Virginie*, 160, &c.
Quioccos, nom d'une Idole, 296
Quioccosan, ou le Temple des *Indiens*, 266, &c.

R.

Raleigh (Le Chev. *Walter*) forme le dessein de faire de nouvelles découvertes en *Amerique*, 2. Il part d'*Angleterre* pour aller joindre la Colonie de *Roenoke*, 11
Raisins, de six differentes sortes, 186, - 190
Revolte (causes de la) excitée en *Virginie* par Bacon, 99, &c. Elle finit par la mort naturelle de Bacon, 115
Richmond (La Province de) 318
Rockahomony, ce que c'est, 250
Roenoke, (Isle en *Amerique*) 108 *Anglois* s'y établissent, & l'abandonnent, 9, &c.
Roenoke, ce que c'est, 312
Runtees, ce que c'est, 311

S.

Saline, au Cap *Charles*, 58
Sectaires, qui se répandent en *Virginie*, & qu'on maltraite 89
Serpens venimeux font leurs petits en vie, 406. de toutes les sortes enchantent les Oiseaux & les Ecureuils, 406, &c.
Serpent à Sonnette (Racine du) 196
Serpent à Sonnette, son venin est mortel, &c. 405
Serpentine, Antidote excellent, 196
Sheriff,

TABLE

Sheriff, quelles sont ses fonctions, 326

Smith (Le Capitaine *Jean*) est envoié en *Virginie*, par la Compagnie de *Londres*, 21. Il s'en retourne en *Angleterre*, 31. Sa vigilance & son habileté, 33. Il présente un Placet à la Reine en faveur de *Pocahontas*, 40, &c. Il va saluer cette Princesse à *Branford*, 47

Sucre (Arbre d'où l'on tire du) 192, &c.

Surry (La Province de) 317

T.

Talc (Poussiere de) que les *Anglois* prirent pour de l'or, 26. Ils en chargerent 2 Vaisseaux, 27

Teinture (Racines & Plantes qui servent à la) 169

Tiques, sorte de vermine 409

Tuckahoe, Racine qui toute cruë est un poison virulent, & dont on fait du pain, 241

V.

Vers qui paroissent en Eté sur les Rivieres & qui rongent les Vaisseaux, 169

Vers rouges, 409

Vignes, d'où vient qu'elles n'ont pas réüssi à la *Caroline* & à la *Virginie*, 189. Elles raportent beaucoup, si on les taille, 425

Virginie, l'origine de ce nom, 4, 5. L'étenduë de ses bornes. 164, 166. La diversité de son terroir, & de ses productions, 170,-179. De la Police que les *Anglois* y ont établie, 319,-328. Elle est divisée en 25 Comtez, 329,-331. Quels Officiers publics il y a, 332,-338. Quels sont ses Revenus, 338,-342. De quelle maniere on y leve de l'argent pour paier les Dettes publiques, 343, &c. Quelles Cours de Judicature

il y

DES MATIERES.

il y a, 345,-353. Comment on y administre les affaires Ecclesiastiques, 354,-359. De la Milice du Païs, 363-366. De quelle maniere on y traite les Serviteurs & les Esclaves, 366,-371. Du soin qu'on y prend des Pauvres, 371,-373. Comment on y aquiert des Terres, 373,-379. De la Naturalisation qu'on y accorde aux Etrangers, 379,-384. De quelle maniere les *Anglois* peuplerent le Païs, 386,-389. Des Bâtimens que les *Anglois* y ont fait, 389,-391. Du prix de la grosse viande & de la Volaille, 393. Des Jardins Potagers qu'on y a, 394, &c. Des Liqueurs qu'on y boit, 395, &c. On n'y brûle que du bois pour le chaufage, 396. De la beauté & des incommoditez de son Climat, 398,-403, 410. D'où vient que les *Anglois* y tombent malades, 400, &c. 411,-414. De ses Productions & des avantages que l'on en tireroit par la culture, 423,-432

Uttamaccomack Indien de la suite de la Princesse *Pocahontas*, 48

W.

WErowance, sorte d'Officier parmi les *Indiens*, 282, 308, &c.
White (Jean) conduit une Colonie à *Roenoke*, 12. Il retourne en *Angleterre* & ensuite en *Virginie*, &c. 13, 14
Wisoccan, sorte de bruvage qui entête, 284, &c. 298
Wyat (Le Chev. *François*) est fait Gouverneur de la *Virginie*, 58, 59

Yardly

Y.

YArdly (Le Capit. George) est fait Lieutenant de Gouverneur en *Virginie*, 39. Sa mauvaise conduite, 50. Il retourne en *Virginie*, dont il est fait Gouverneur avec le titre de Chevalier, 55.

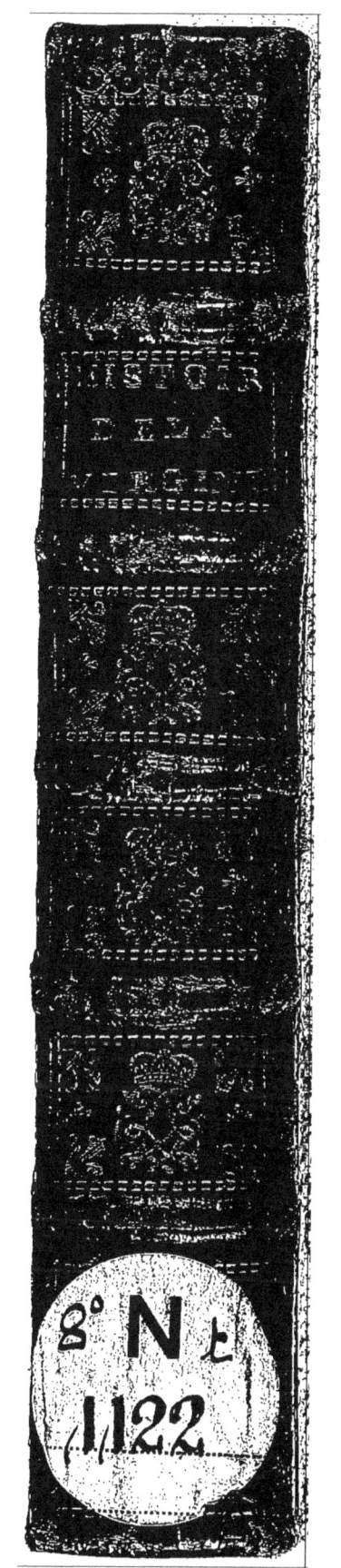

HISTOIRE DE LA VIERGINIE

8° N t 1122

www.ingramcontent.com/pod-product-compliance
Lightning Source LLC
Chambersburg PA
CBHW050609230426
43670CB00009B/1337